得中原者，為何得天下？

用地理看歷史

李不白 著

作者序

以地理方位為經，歷史典故為緯

中國是喜歡記錄歷史的國家，文化離不開歷史，要了解中國的文化，讀歷史是一項必不可少的功課。中國人常講「文以載道」，這個道是治國之道，要了解治國之道不可不讀史。以此而言，讀書更要讀史。可是歷史書太多，幾千年下來，積攢的歷史書可謂汗牛充棟，讀的時候常常無從下手，偶爾翻閱幾本，也只是九牛一毛，抓不住要點。單是把一個朝代的歷史搞清楚就已經是件不容易的事，更何況是幾千年的朝代更迭，各種事件循環往復，似是而非，往往弄得我們雲山霧罩。

其實三千年也好，五千年也罷，中國的歷史不管怎麼朝代更迭，都有一個內核沒變，就是「地理」。地理相對於歷史而言，它的變化極小，而中國的地形很特殊，不管幾千年的歷史如何風雲變幻，爭鬥的目標都圍繞著幾個大的地理方位。這幾個大的地理方位，我大致劃分了一下，稱它們為：荊州（荊襄、荊楚）、關中、江南（江東）、山西、河北、中原、山東、兩淮、巴蜀、百越、雲貴、河套、河西走廊、西域、塞北（蒙古高原和東北平原）等。

如果僅就幾個核心地區而言，它們恰好呈「井」字分布（見下圖）。

「井」字格局恰當地反映出它們之間的地理關係，而各個地理方位都有各自的特點，簡單來說就是：

中原：各個勢力爭鬥的中心，歷來有得中原者得天下之說；

關中：易守難攻，是最有可能稱王、稱霸的地方；

山東：既有山又靠海，形成很多天然良港，有漁鹽之利，經濟作用巨大；

荊楚：魚米之鄉，南方政權的門戶，對江東具有地理上的優勢；

江東：南方政權大本營，中國最富庶的地方，能供養整個帝國的中央系統；

巴蜀：天府之國，中國的糧倉，又處於長江上游，對下游的荊楚和江東具有地理上的優勢；

山西：自成一體，四面有高山阻隔，戰爭時期的避亂

所，北部的大同盆地是中原農耕文明和北方游牧民族爭奪的戰場；

河北：僅次於中原的平原地區，產糧大戶，北部的薊（北京）是抵抗游牧民族的重鎮。

河套：塞外江南，同樣是中原農耕文明和北方游牧民族爭奪的戰場。

在這張簡圖中，有些區域弱化了。比如兩淮，淮北被劃到山東，淮南劃到江南，事實也是如此，在歷史上，兩淮經常分屬山東和江南控制；還有漢中，可以歸為巴蜀的一部分，因為漢中很容易被巴蜀的勢力控制。

搞懂了這幾個地理方位的特點，我們再來看中國歷史，彷彿厚厚的典籍都變薄了，歷史並不複雜，離我們也不遠，彷彿就發生在眼前。

我試圖在以下的文章中，以各大地理方位為核心，以中國歷史上的經典事件為縱線，為讀者朋友重新梳理中國的歷史。

我希望這些讀書心得，透過我的文字能對你有所幫助。讓你以後在看歷史書時，不要陷入浩瀚的歷史典籍中迷失方向，而是心裡有一個大致的架構，任何歷史書在這個架構裡，都能找到它的座標。或者你只想了解一點歷史典故，也不妨一看。

二〇一九年九月十九日於北京

目錄

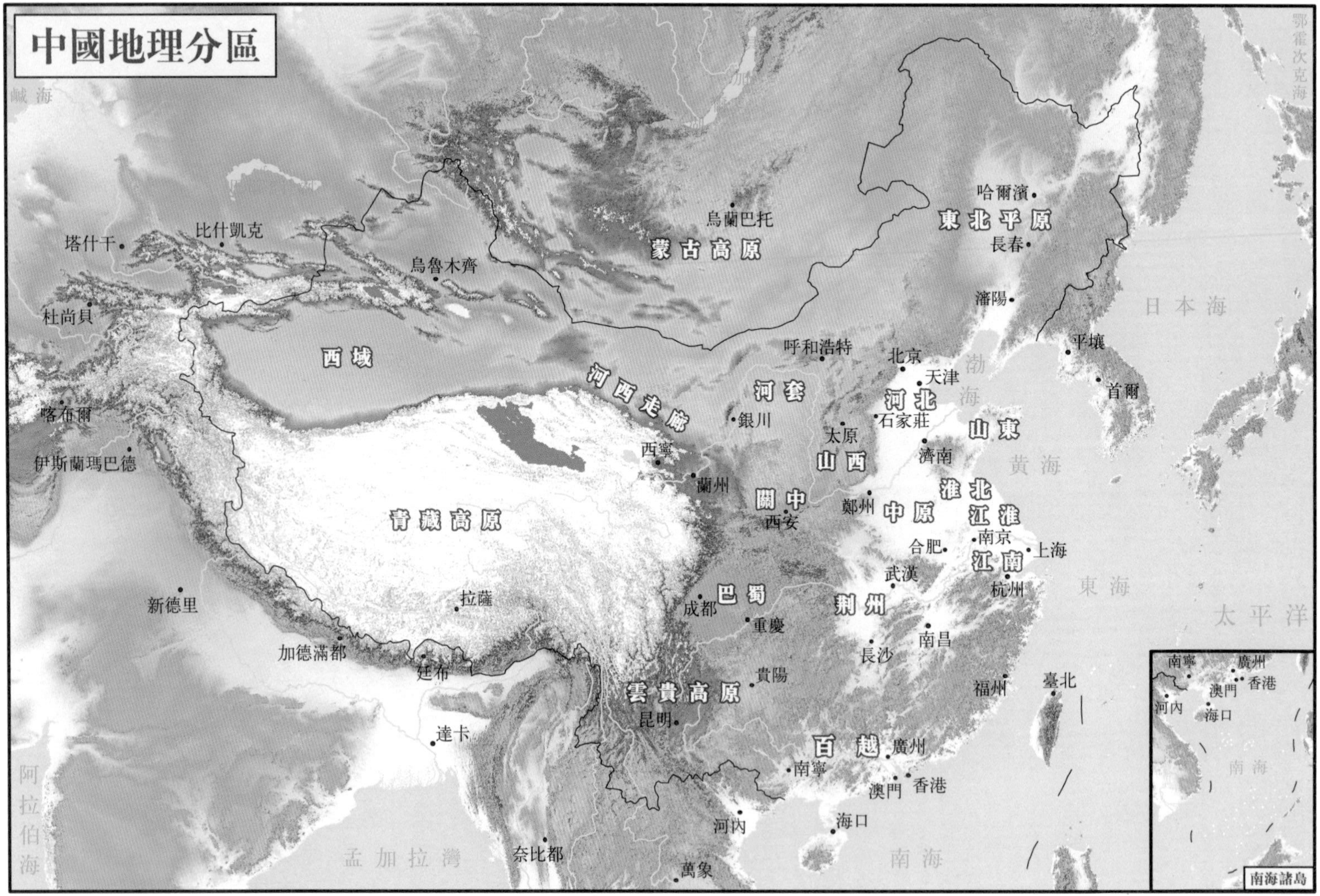

中國地理分區
鹹海
鄂霍次克海
塔什干
比什凱克
烏魯木齊
烏蘭巴托
蒙古高原
哈爾濱
東北平原
長春
杜尚貝
瀋陽
日本海
西域
呼和浩特
北京
平壤
河西走廊
河套
天津
渤海
首爾
喀布爾
銀川
河北
石家莊
山東
太原
伊斯蘭瑪巴德
西寧
山西
濟南
黃海
蘭州
關中
淮北
鄭州
中原
江淮
西安
青藏高原
南京
合肥
上海
江南
武漢
杭州
東海
新德里
拉薩
成都
巴蜀
荊州
重慶
南昌
太平洋
加德滿都
長沙
廷布
貴陽
福州
臺北
雲貴高原
昆明
達卡
百越
廣州
南寧
澳門
香港
阿拉伯海
河內
海口
孟加拉灣
奈比都
南海
萬象
南海諸島
南寧
廣州
澳門
香港
河內
海口
南海

第一章

三國古戰場，荊州在哪裡？

《三國演義》共一百二十回，有人做過統計，其中有七十多回提到了荊州，足見荊州在三國時期的重要性。首先可以肯定一點，三國時的荊州不是現在的荊州，現在的荊州（以前叫沙市，後來叫荊沙，最近才改叫荊州），在三國時期叫江陵，屬於南郡；直到南宋還叫江陵府，明朝時才叫荊州府。三國時期的行政區劃分為三級：州、郡、縣，州的長官稱刺史或州牧，郡的長官稱太守，大縣的長官稱縣令，小縣的長官稱縣長。也就是說，江陵是個縣，是南郡的首府（古稱治所），南郡又屬於荊州，荊州的首府在襄陽，它們之間是這種隸屬關係。

秦始皇統一全國時，改分封制為郡縣制，當時全國地方行政只有郡、縣兩級，為什麼到了漢朝又在上面出現一個州呢？

這麼說吧！皇帝一個人管全國那麼多郡、縣（最開始郡、縣還不是隸屬關係），很累，又不放心，於是派了幾個人去看管，這些人就叫刺史，看管的這一片土地就叫做州。時間長了，刺史就坐鎮地方不回來了，成為實際上的地方大員，本來是中央派出的監察機構，權力愈來愈多，也愈來愈大，最後成為與中央抗衡的地方政府。後來唐朝的道，宋朝的路，元、明、清的省都是沿著這個規律變化，開始是中央為了監察地方，最後成了最高層級的地方政府。比如今天中國的省，是從元朝開始的，當時叫行省，全稱是行中書省。中央有個中書省，行中書省就是代理中央到地方行使權力；最後行省慢慢發展，變成地方政府。清朝時的一省之長叫什麼？巡撫！巡察安撫地方的意思，本意是中央派駐地方的御史，最後卻成為地方政府的首腦。

這就是為什麼州從行政區劃變為城市的原因，前朝設的州變成了地方政府，後朝就縮小州的管轄範圍，另起爐灶設道、設路、設省，目的是替代原來的州，結果卻一樣，歷史總是這樣迴圈。

九州的稱謂來自大禹，傳說大禹建立夏朝，把天下劃分為九州，所以中國又稱九州。大禹還讓每州的州牧獻出當時相當金貴的銅，鑄成九鼎，象徵著權力。

三國時期共有十三個州，荊州只是其中之一。舉例來說，青州在山東一帶，曹操在山東起家，他的兵馬就叫青州兵；馬超在涼州，現在的甘肅一帶，是最西邊的州，手下的兵叫西涼兵；董卓也來自涼州。涼州靠近羌人聚集的地方，會養馬，騎兵很厲害。四川為益州，治所是成都，諸葛亮對劉備說：「益州險塞，沃野千里，天府之土，高祖因之以成帝業。」諸葛亮一生的願望就是讓劉備仿效先祖劉邦，先占有巴、蜀、漢中，然後奪取關中，從關中出函谷關平定中原，最後一統天下，光復漢室。

陶謙讓徐州，讓的可不是一個城市，而是淮北一大片領土。當時劉備離開涿郡已有十年，打了無數場大大小小的仗，軍功也不少，在各路諸侯紛紛搶占地盤時，他卻連個落腳的地方都沒有，這時陶謙要把徐州讓給劉備，你說他能不動心嗎？簡直雪中送炭！還有河北稱冀州，河南稱豫州，江東稱揚州（也不是今天的揚州）等。

從襄陽到江陵有一條大道，西側有座名為荊山的山，荊州的得名便源自於此。楚國以南蠻自居，周朝時周天子就稱之為荊蠻，所以這片土地常被稱為荊楚大地；又因為治所在襄陽，故又稱荊襄之地。

荊州實際上相當於中國現在的省級行政區劃，當然比現在的省大很多，主要包括現在的湖南、湖北，還有一部分的周邊區域，特別是河南的南陽地區，當時稱宛城，連接著中原。

三國最重要的戰爭「赤壁之戰」就發生在荊州。可以說，赤壁之戰前還不叫三國，曹操一家獨大，東吳相對弱小，西邊還有關中的馬騰、漢中的張魯、益州的劉璋，最可憐的劉備連個落腳的地盤都沒有；赤壁之戰後，才形成三足鼎立之勢。

赤壁之戰之所以這麼重要，是因為它改變了東漢末年整個戰爭格局，也改變了歷史的進程，而背後很重要的原因就是荊州獨特的地理位置。

荊州這個地方有多重要？可以這麼說，中國幾千年歷史中，要想統一中國，就必先取荊州，而誰掌握了荊州，就擁有奪取天下的主動權。

我們先來看看荊州這塊土地的地形。整個荊州地區（主要指湖南和湖北，不含河南南陽盆地等地）就像一個大口袋，襄陽就是這個口袋的出入口。中間是江漢平原、洞庭湖平原，東、西兩邊沿長江各有一個小出口，西邊是三峽，東邊是沿九江一帶的河谷。其他地方全部被大山包裹得嚴嚴實實，進出極其艱難。平原地區產糧，有糧就可以養兵，何況荊州地區雨水多，水稻一年兩熟，所謂「湖廣熟，天下足」，清朝時的湖廣包括湖南和湖北，實際就相當於荊州。荊州既能養兵，又好防守，可謂得天獨厚。從整個中國的地形上看，一旦控制了荊州，可以越過長江天險，順江而下控制江東，進而控制整個南方地區。

這裡最重要的據點就是「襄陽」，襄陽不光是荊州的關鍵所在，也是整個中國的腰眼。

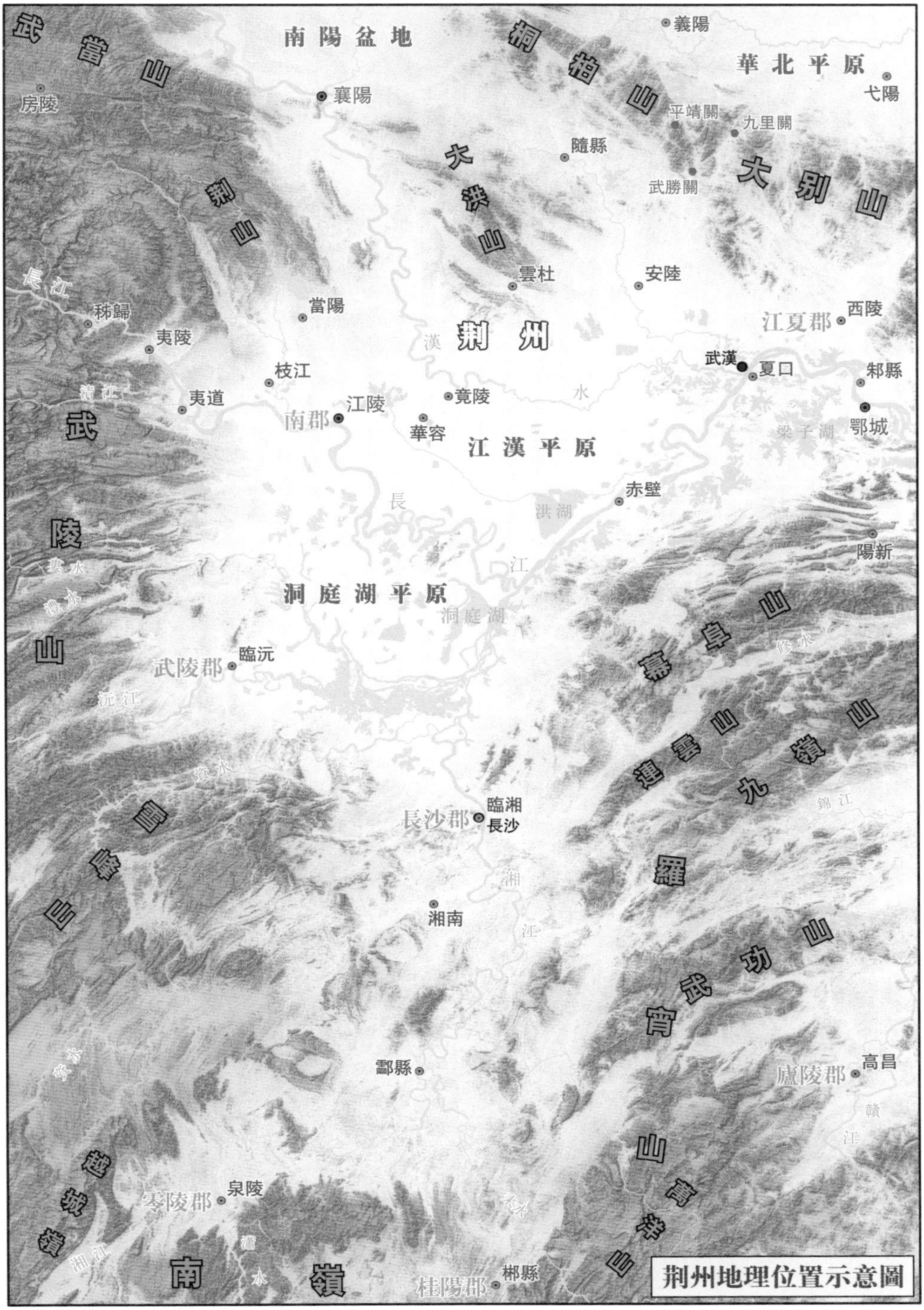
武當山
南陽盆地
桐柏山
義陽
華北平原
弋陽
房陵
襄陽
平靖關
九里關
隨縣
大洪山
武勝關
大別山
荊山
長江
秭歸
當陽
雲杜
安陸
江夏郡
西陵
夷陵
漢
荊州
武漢
夏口
邾縣
枝江
清江
夷道
江陵
南郡
竟陵
華容
水
梁子湖
鄂城
武陵山
江漢平原
長
赤壁
洪湖
陽新
江
洞庭湖平原
洞庭湖
幕阜山
修水
臨沅
武陵郡
沅江
連雲山
九嶺山
資水
雪峰山
臨湘
長沙
長沙郡
錦江
羅霄山
湘
湘南
江
武功山
酃縣
廬陵郡
高昌
贛
江
萬洋山
越城嶺
泉陵
零陵郡
湘江
瀟
水
耒水
南嶺
郴縣
桂陽郡

荊州地理位置示意圖

再來看看襄陽的地形，左邊大巴山（武當山、神龍架、荊山、巫山）是連綿不絕的高山深谷，右邊是桐柏山和大別山，大別山像一條東西走向的長城，正好把中原和兩淮擋在外面，一直延伸到合肥附近。為什麼孫權一輩子都在打合肥？就是因為合肥是荊州與江東、兩淮的連接點。守荊州只需守好三個點：北部出口襄陽是重點，西部是比較好守的三峽通道，東部從合肥到九江，沿長江是條峽谷，這條峽谷和三峽比起來寬多了，但也比較好守。

襄陽是個天然的軍事要衝，處於武當山和桐柏山之間，關口不大，只要守住襄陽，就能守住荊州。襄陽城在漢水邊上，交通便利，隔河相望的是樊城，二城成犄

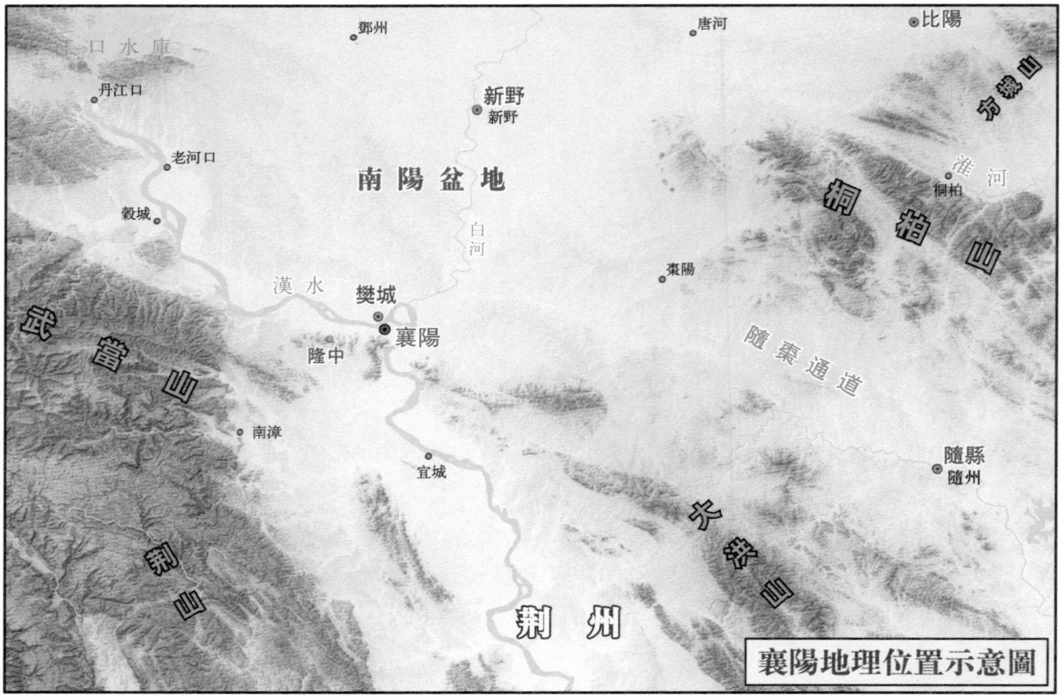

襄陽地理位置示意圖

角之勢，互相照應。襄陽曾經有一段時間叫襄樊，就是把二者的名字合在一起，現在又改了回來。這樣就能理解為什麼荊州的治所在襄陽而不在江陵，諸葛亮為什麼在這裡等別人三顧茅廬，而不是在江陵，因為誰控制襄陽，就控制了荊州的咽喉，就有奪取天下的希望。可惜劉表胸無大志，諸葛亮沒看上眼，不然就輪不到劉備了。曹操手下人才太多，去了也排不上座，沒什麼意思。諸葛亮在隆中（襄陽城西十公里）躬耕不是巧合，是從戰略眼光出發的有意考量，如果他去江陵附近種地，三分天下就沒他的事了。在襄陽種地，他就是臥龍；隨便找個地方種地，那就是真的農民了。

總之，襄陽一旦失守，江陵就難以獨存，整個荊襄九郡就會全部淪陷。

曹操打下襄陽，控制了荊州，下一個目標自然是順江而下，消滅東吳，當時劉備還沒有立足之地，曹操根本沒把他放在眼裡。但最後，卻在赤壁之戰大敗，實在是歷史上的一個偶然，要問曹操是怎麼死的，我看是冤死的。因為在歷史上奪取荊襄，繼而統一全國的事就順理成章地發生過無數次。

首先是春秋時期的楚國，核心地盤大致相當於荊州，首都在郢城，就是後來的江陵，現在的荊州市，江陵自古就是荊州地區的重鎮。屯兵之處必須是產糧區，山區屯不了兵，而這裡四面平坦，靠近長江和雲夢澤[1]，是屯兵的好地方。楚國先和巴人[2]作戰，控制長江三峽；東面控制了合肥一帶的江淮地區，就是伍子胥過昭關的地方；北面控制了襄陽——當時還沒有襄陽這個城市，在樊城這個位置有個鄧國，楚國滅了鄧國，據為己有，就以此為據點，北可問鼎中原，南可守住楚國門戶，可以說得心應手，進退自如。整個春秋時期其實就是楚國和中原諸侯爭霸的鬥爭，先和齊國鬥，後來和晉國爭。

吳國曾經打敗過楚國一次，就是伍子胥回來報仇的那一次，楚國差一點被滅國。但是，一旦楚國恢復元氣，仗著地理優勢，一口氣把江東和兩淮全部吃掉，成為諸侯中的超級大國。

至於後來秦國攻打楚國，主要就是從襄陽進兵。秦國滅六國前，先占領漢中和巴蜀，成為超級大國，接著兵分兩路攻入郢都，先出武關從鄀州（原鄀國）南下，再一路從巴蜀沿三峽水路東進，迫使楚國遷都到淮河邊上的壽春，這時楚國的地盤只剩江東和兩淮。其實當時楚國的命運就確定了，也注定了六國的命運，後面的滅國只不過是收尾工作。楚國再強，沒有荊州，單靠江東和兩淮是撐不住的；秦國有了荊襄，滅江東和兩淮是早晚的事。

這裡演習了兩遍，一是楚國滅吳越，二是秦國滅楚，都是從荊州沿長江而下，占領江東和兩淮。你看，歷史經常重演，只要具備相同的地理要素，時機一到，自然觸發。

再來是南宋時期，蒙古人南下時，在襄陽前後打了幾十年，最後一戰打了六年，終於把襄陽圍住，使襄陽城孤立無援，內無糧草，外無救兵，最後只能投降。以蒙古人的強悍，橫掃歐亞大陸所向披靡，在一座城池耗費六年時間是絕無僅有的。當然可以解釋成其他種種原因，但足以說明一點，襄陽對蒙古和南宋的重要性。蒙古人奪得襄陽，就能征服南方；南宋丟失襄陽，就喪失整個國家。

蒙古人為什麼不從別的地方，非要從襄陽進攻？前面說了，襄陽的地形是一個小缺口，附近沒有別的地方可以大規模用兵，蒙古人要南下，必須先占領襄陽。

說到蒙古人打襄陽，我們會想到金庸先生的《神雕俠侶》，其中很多大事發生在襄陽。但在歷史上，襄陽的守將不是郭靖、黃蓉，而是呂文煥，他的哥哥叫呂文德（小說裡是襄陽守將，是個窩囊廢）。歷史上的呂文德是南宋重臣，也是抗蒙名將，還是宰相賈似道的親信。呂文德先後轉戰江淮、荊襄和四川，和蒙古人作戰幾十年，提拔了一大幫呂家親戚，呂文煥就是其中之一。呂文德和呂文煥先後守襄陽，立下不少戰功。呂文德病死後，襄陽孤立無援，呂文煥向蒙古人投降，成為蒙古人攻打南宋的急先鋒，一直打到南宋的首都臨安（杭州），後來官至元朝的中書左丞。呂文煥本是抗蒙英雄，但後來當了漢奸，所以在小說中成了丑角，但這個人應該是呂文煥，而不是呂文德。

從地圖上看，杭州和襄陽根本不在一條縱線上，一個在東，一個在西，東西相差一千多里[3]，蒙古人既然是打南宋，從東邊的兩淮直接打杭州不是更直接，為什麼非要從襄陽繞過去打？有三個原因：

第一，兩淮地區河網密布，行軍極為困難，蒙古人以騎兵為主，講求速戰速決；行軍還是其次，主要是糧草輜重運輸不便。在古代戰爭中，糧草是非常關鍵的因素，所謂「兵馬未動，糧草先行」，古代的運輸方式落後，一萬斤糧食運出去，能有一半運到戰場上就不錯了，路上丟的、被搶的不計其數，所以戰爭非常消耗糧食。還有輜重，像攻城車、投石車、紮營要用的帳篷等要運過去，對道路的要求更高了。

第二，就算蒙古人先占領淮河，前面是長江天塹，水師不行，要過江不容易，我們假設一下，如果蒙古人屯兵長江北岸，南宋的兵馬就可以分兩路包抄，一路從襄陽向東，沿淮河截斷蒙古人的後路，另一路從江南攻擊蒙古人的前方。兩面夾擊，蒙古人就慘了。

第三，也是最重要的原因，兩淮離江南近，無論東吳也好，南宋也好，都會派重兵把守。這裡又有運河相連，從春秋時期，吳王夫差就修建了邗溝，把長江和淮河連在一起，水路運輸非常發達，兵馬、糧草、輜重等支援十分便捷。如果從這裡進攻，雙方會形成拉鋸戰，今天你打過來，明天我打過去，傷敵一千，自損八百，最後雙方都損失慘重，誰也討不到便宜，這種戰法勞民傷財，歷來都是兵家大忌。

所以蒙古人要打南宋，必須先取襄陽，單走江淮行不通。

從西邊呢？從關中下漢中，再取四川，然後順江而下？這一路山高險阻，極其難打，蒙古人確實打了，結果大汗蒙哥就死在四川。對曹操來說，這條路線卻不現實，當時馬騰占據關中，漢中有張魯，西川有劉璋，張魯、劉璋雖不足道，但關中卻不是一、兩天就能打下來，尤其馬騰有個兒子馬超，驍勇異常，曹操後來吃過他不少虧。而當時荊州刺史劉表剛死，內部正在奪權內訌，正是進攻的好時機。從戰略上講，先打襄陽一點問題都沒有，打下襄陽，占領荊州，順江而下打東吳就順理成章。

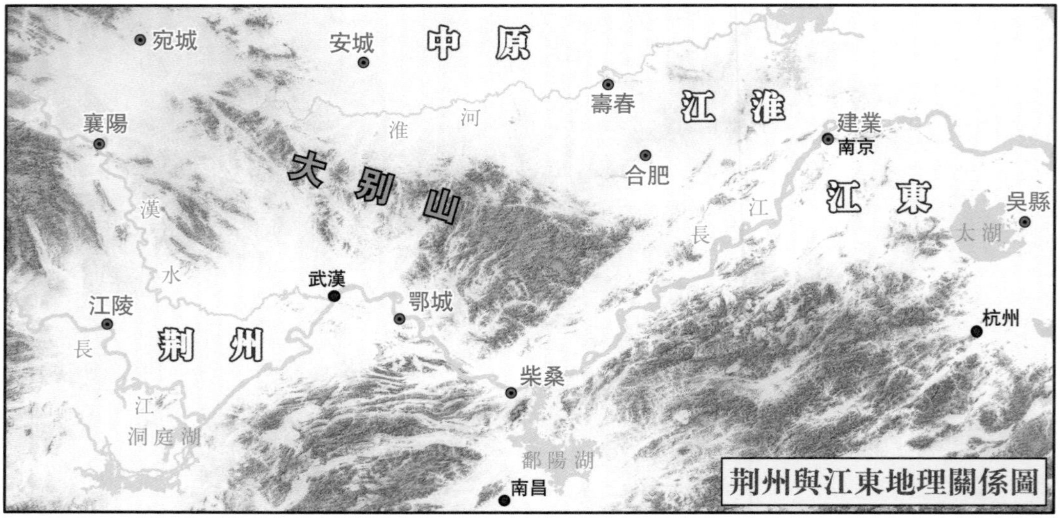

荊州與江東地理關係圖

最保險的辦法是三條線同時進攻，以襄陽為主，左右兩側互應，後來的西晉就是這麼打的。赤壁之戰後，曹操才醒悟過來，不急著吞併江南，先平定西邊再說，於是主力攻打關中，南方以守為主，關羽才能在荊州守這麼多年。

後來搶荊州殺關羽的並不是曹魏，而是曾經的盟友東吳。這兩家本來關係不錯，為什麼東吳非要和劉備過不去？因為劉備占據著荊州，東吳就睡不好覺。

說完了襄陽，讓我們把目光往南移。

從襄陽到江陵，沿著荊山是一條南北走向的通道，當陽在這條線上（今當陽以東，荊門以南，張飛在這裡喝斷了長坂橋）。再往南一點就是麥城，當陽只是小縣城，麥城比當陽還小，連縣都算不上，關羽最後退守麥城，實在是窮途末路了。

麥城往南不遠就是江陵，補充一點，現在荊州市的東南方，有個江陵縣，也在長江邊上，和當時的江陵沒什麼關係，對岸的公安縣倒是歷史悠久，和當時的江陵隔江相望，成犄角之勢；同理，再往南的華容縣也不是曹操敗走的華容道，當時的華容道位於現在的潛江附近。

話說回來，曹操剛占領襄陽時，劉備帶著軍隊和百姓一路南逃，為什麼會到當陽？說明劉備一開始是想逃往江陵，反正劉表一死，荊州易主，一片混亂，這時如果能占住江陵，還能抵擋一陣子。可惜他帶著百姓，跑得太慢，曹操攻勢猛烈，後來一看形勢不利，就從當陽拐了彎，向東往江夏找劉琦去了。劉琦看在諸葛亮的面子上，不得不收留劉備。況且，憑他的能力，曹操一來，江夏也保不住。

劉琦當時是江夏郡太守，還是諸葛亮給出的主意。

怎麼回事呢？劉表病重時，蔡夫人開始奪權。其實劉琦、劉琮都是劉表元配生的，蔡夫人是繼母，但劉琮的妻子是她的姪女，所以蔡夫人偏愛劉琮，想廢長立幼，讓劉琮繼位；通常廢長立幼，長子就只有死路一條。劉琦感到性命不保，向諸葛亮求救，諸葛亮一開始再三推脫，說這是你們的家事，外人不便參與。其實呢，蔡夫人還是諸葛亮老婆黃月英的小姨，是很近的親戚，諸葛亮確實不便參與。後來劉琦使了一計，把諸葛亮騙上高樓，派人抽走梯子，然後跪下對諸葛亮說這裡沒有第三人，出你之口，入我之耳，不會有第三人知道，不然我就不起來，你沒梯子也走不了。諸葛亮無奈，就說了一句：「申生在內而亡，重耳在外而安！」

什麼意思呢？這句話又牽扯到另一個很長的故

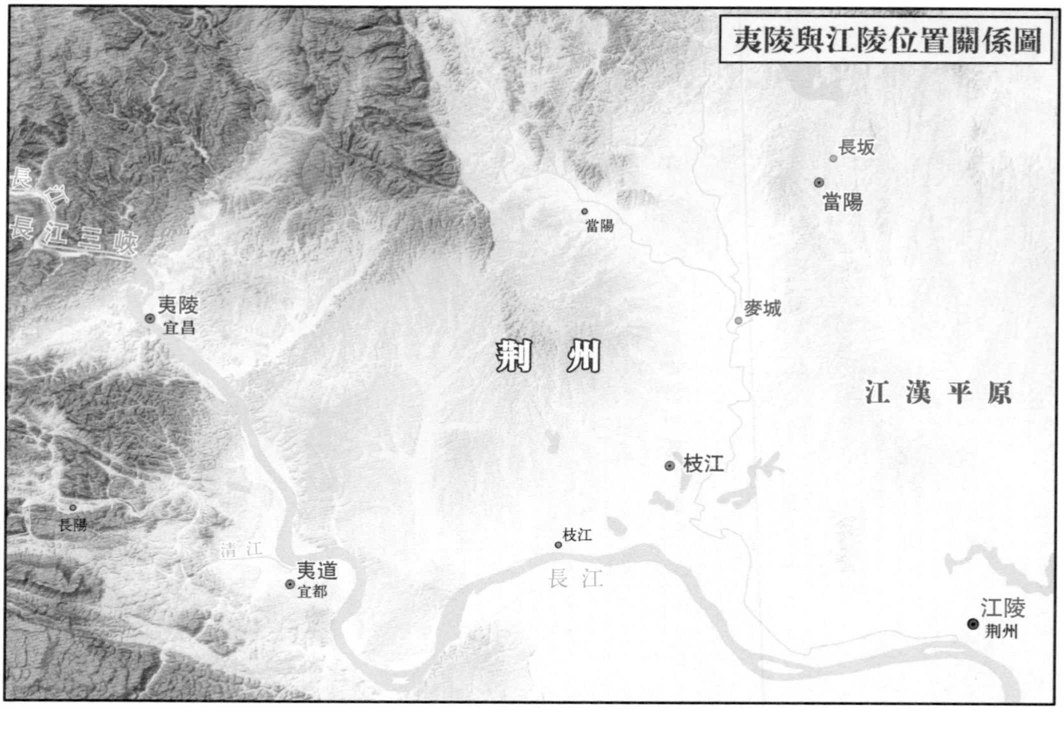

事，簡單說一下。春秋時，晉國內亂，晉獻公的幾個兒子爭奪位子。申生是嫡長子，本來最有資格繼位，卻在奪位的過程中死了；二兒子重耳出逃，在外流亡了十九年，直到晉獻公幾個兒子鬥得你死我活，幾乎沒有繼承人了才回國繼位，就是大名鼎鼎的晉文公，後來當上了中原霸主。

諸葛亮的意思很明顯，就是說劉琦你快逃吧！有機會就回來，沒機會就在外面待著。諸葛亮還出了個主意給劉琦，說江夏挨著東吳，防守空虛，劉表總擔心東吳趁虛而入，如果你這時向父親請示防守江夏，解決他的心頭之患，他肯定答應。劉琦果然按照諸葛亮的主意去守江夏了，這個主意既保全劉琦的性命，也不至於得罪蔡夫人，最終還替劉備留了一條後路，可謂一箭三雕。而劉琮繼位後，曹操大軍南下，最後被殺。

江陵是荊州產糧養兵的地方，只要守住襄陽，從江陵的兵源和糧草就會源源不斷地補充上來。當陽和麥城都是這條線上的中轉站，如果襄陽丟了，江陵很難守住。關羽守荊州時，襄陽在曹操手上，能守五年，可以說非常不容易。

到了江陵，就到了長江邊上，我們沿著長江說說幾個重要城市。

夷陵，就是現在的宜昌，這個名字怎麼來的呢？是因為它的地形，用一句話概括就是「水至此則夷，山至此則陵」。萬里長江經過三峽後到了這裡，水變得平緩，山變得像丘陵，再往前就是江漢平原。

這裡需要解釋一下，「陵」字最早的意思是大土山，山陵、丘陵就是這個意思，後來的帝王們死後都喜歡找個風水寶地，一般處於山地與平原的交界處，就是丘陵地帶。這種地方從科學的角度上說都處於坡地，排水快，不容易積水，棺槨不易腐爛，帝王埋葬後，還要把土回填成山陵狀，本意也是利於排水，於是也叫〇〇陵。慢慢的，「陵」就成為帝王陵墓的專用詞。雖然夷陵的確是楚國先王們的埋葬地，但名稱來源和楚王墓沒有關係，早期有很多叫陵的地名，比如夷陵往上一點的西陵峽，也和山有關，與墓無關。只是「陵」字被歷代帝王們用得太多後，感覺這個字總帶有一絲陰氣。

夷陵控制長江三峽的出口，與江陵有長江相連，補給十分方便，而它的上游是著名的長江三峽，所以也是易守難攻。白帝城就在三峽，「朝辭白帝彩雲間，千里江陵一日還」說的就是這段水路，早上坐船從白帝城出發，晚上就到江陵了。東吳攻占荊州，先占領江陵，接著很快就控制夷陵，等於切斷了關羽的退路，那時，關羽手下的兵將哪裡還有戰鬥意志！後來劉備派大軍從蜀漢出發，想替關羽報仇，東吳大將陸遜就是守在這裡，把出口死死堵住。劉備想進攻又過不去，後面到成都是長長的峽谷，補給十分困難，所以在這裡發生了火燒連營（史稱夷陵之戰）。這一仗，劉備敗得很慘，一氣之下就死了，蜀漢元氣大傷。從地形上看，陸遜即使不用火攻，只要守住夷陵這個出口，時間一長，劉備的軍隊不是戰死就是餓死，總之失敗是必然的。後來劉備撤退到白帝城，陸遜不敢追，也是這個原因，峽谷裡行軍難，運糧更難，逆水而上，一旦中了埋伏，後果不堪設想。《三國演義》說諸葛亮在這裡布了八陣圖，能抵十萬精兵，其實還是地形的作用，諸葛亮可不是劉璋，劉備從這裡入川打劉璋沒問題，陸遜要是敢從這裡進攻蜀漢，那就是找死。

夏口，屬江夏郡，就是現在的武漢，正好處於古代的雲夢澤。三國時期，雲夢澤剛剛沉積下來，但還不穩定，所以當時只是個小地方，劉琦就駐紮在這裡，後來與逃跑的劉備合在一起。孫、劉聯合後，劉備駐守夏口，當時劉琦已經病重，劉備成了江夏的實際主人。

漢水從遙遠的漢中出發，經過襄陽，最後在這裡匯入長江。這樣看來，襄陽不光有陸路南下到江陵，還因靠著漢水，可以走水路到長江，再經夏口到江陵，所以夏口也是一個很重要的位置。現在的武漢包括武昌、漢口、漢陽三鎮，以武昌為大，但主要是元朝以後發展起來的。元朝定都北京，中國原來的重心長安－洛陽－開封一線逐漸衰落，京廣線（北京、石家莊、鄭州、武漢、長沙、廣州）發展起來，武漢地處京廣線正中央，又得長江、漢水之利，才有了後來的大武漢。元朝以前，中部地區

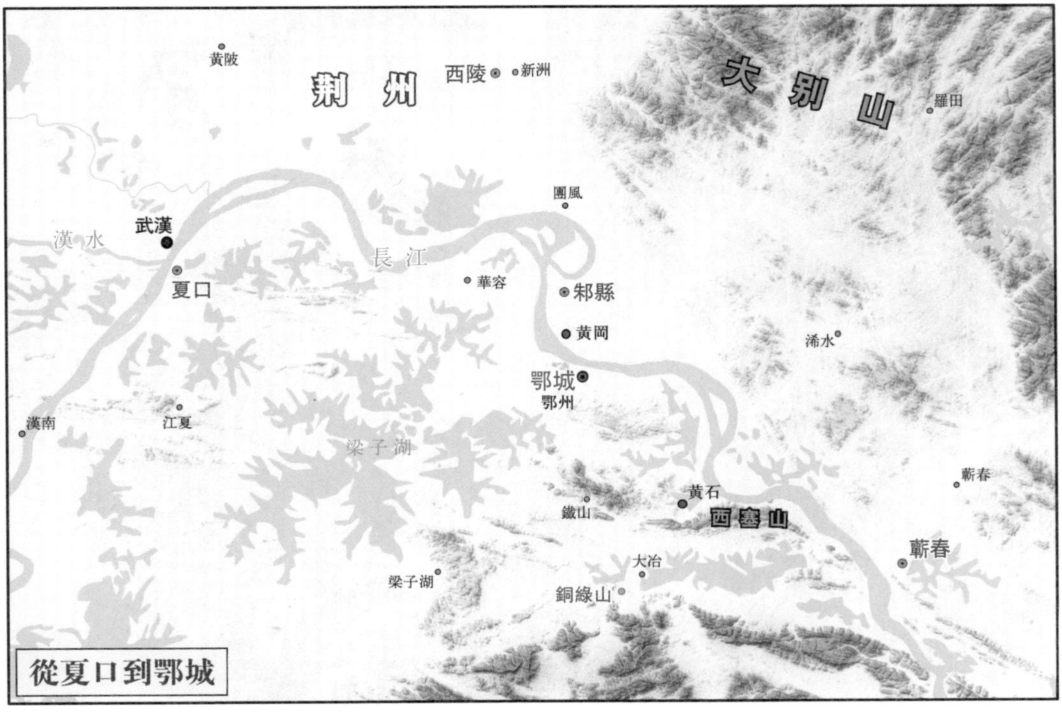

從夏口到鄂城

的縱向主線是洛陽－宛城－襄陽－江陵，杜甫有詩「即從巴峽穿巫峽，便下襄陽向洛陽。」元朝以後，武漢成為中部的重鎮，取代襄陽和江陵的位置。在近代，很多大事發生在這裡，最有名的就是武昌起義，結束中國幾千年的帝制；還有國民革命軍北伐後把首都從廣州遷到這裡（正是這時把武昌、漢口、漢陽三鎮合一改名為武漢）；後來又有抗日時期的武漢會戰。武昌是最早進行洋務運動的地方，有很好的工業基礎，在中國近代，武漢是僅次於上海的工業城市。從太平洋過來的遠洋巨輪，可以從上海沿長江一直開到武漢。九省通衢主要說的是武漢，大型輪船開到這裡就得卸貨裝車，再往上走就不行了。武漢的上游，就是從夷陵到武漢這一段，水道彎彎曲曲，長江剛出三峽，水流變緩，沉積了大量泥沙（遠古時期形成雲夢澤，後來形成江漢平原和洞庭湖平原），水道淺，河床高，只能讓一些小船行進；這一段長江經常發生決堤，有點像黃河。一九九八年大洪水時，電視經常播放的畫面：一個軍人為了救小女孩而犧牲了。那個地方是簰洲灣，正好在武漢上游，只要簰洲灣不出事，武漢就不會出事。武漢的下游水道比較直，排水快，泥沙不容易沉積，對航運來說，是條黃金水道，何況它連著上海、連著太平洋。

鄂州，或者叫鄂城，因春秋時曾有個鄂國而得名。鄂國原本是商朝的諸侯，最早位於山西，周滅商後，鄂國故土被晉國所併，之後遷到南陽，又被周王征討。鄂國不服，從中原遷到長江以南，最後被楚國吞併。易中天老師曾講到，楚方言裡有一句「不服周」，就是不服氣的意思，其實最早是鄂國人說的。比如兩個鄂州小孩打架，打贏的會問打輸的說：「你服不服周？」打輸的小孩說：「我不服周！」原本我以為這個周字只是語氣助詞，沒想到大有來頭。

從鄂州開始，平原消失，進入山地，中間是長江，兩邊是高山，沿江的兩岸是兩條狹長的長廊，一直到廬江，大別山消失，眼前是一派江南水鄉風光。這裡是從東吳進入荊州最便捷的通道，也是春秋時吳、楚兩國連年征戰的戰場。鄂州連接著東吳的柴桑（九江），是東吳派兵進入荊州的必經之地，可以說在整個赤壁之戰的過程中，東吳的軍隊就是經過這裡源源不斷地派往荊州。孫權稱帝時，把這裡做為首都，改名為武昌（不是武漢的武昌）。但東吳的人很不喜歡這裡，覺得離他們的大本營（姑蘇）太遠，後來又遷都回建業（南京）。等到孫皓為了控制荊州，想把首都再遷回鄂州時，吳國的士大夫就作了一首詩：「寧飲建業水，不食武昌魚。」意思是我情願在南京喝水，也不要到鄂州吃魚。所以武昌魚不是產自現在的武昌，而是鄂州。毛澤東到武漢時，也作了一首詩：「才飲長沙水，又食武昌魚。」武昌魚從此名聲大震。直到現在，正宗的武昌魚都是產自鄂州附近的梁子湖，並不是產自武昌。別看鄂州現在很小，很長一段時間，鄂州是荊襄地區最大的城市之一，湖北簡稱「鄂」就是和鄂州有關。為什麼不簡稱「楚」？估計是怕湖南不答應，湖南人在嶽麓書院的門匾上寫著：「惟楚有才，於斯為盛。」意思是楚國的精華都在這裡呢！

鄂州的長江對面就是黃州[4]，黃州有個地方叫赤壁，但赤壁之戰並不是發生在這裡，三國時這裡還是一片蠻荒，也沒有黃州這個城市。現在，武漢上游的蒲圻市已經改名為赤壁市，就是為了爭赤壁這個名。

黃州之所以被當作赤壁之戰的發生地，是因為蘇東坡的一篇〈赤壁懷古〉：「大江東去，浪淘盡，千古風流人物。故壘西邊，人道是，三國周郎赤壁……」這首詞是在黃州寫的。黃州因蘇東坡而出名，蘇東坡也因黃州而迎來人生的轉捩點，就是余秋語所說的「蘇東坡突圍」。蘇東坡被貶到黃州時，剛經歷過「烏臺詩案」，官場失意，卻意外地在文場上得意。到黃州後，工資太低不能養家，租了一塊荒地耕種，這塊地就叫東坡，於是替自己取了個號叫「東坡居士」（姓蘇，名軾，字子瞻，號東坡居士）。東坡不是他的名字，而是號，我們習慣叫蘇東坡，就是有了東坡居士這個號後，他在文壇的名聲達到鼎盛。

蘇東坡在黃州基本上是個閒人，正事不讓他做，還有人監管，於是就把心思花在別的地方，寄情於山水，和古人對話；還有一件事就是研究吃，東坡肉就是這時琢磨出來的。文章就不用說了，蘇東坡在黃州寫下了大量詩文，而且風格突變，徹底開啟思路，題材廣泛，不拘一格，從此在文壇成為領袖級人物。〈赤壁懷古〉是當時的代表作，這首詞一出來就影響深遠，以至於很多人誤以為黃州就是赤壁之戰發生的地方。

但是，蒲圻市不開心啊！心想，赤壁之戰明明是在我這裡開打，怎麼一提到都只說黃州，好像不關我的事，那乾脆來個狠招，把名字改成赤壁，看誰還敢搶！

為什麼說赤壁之戰發生在蒲圻而不是黃州？其實有個簡單的判斷方法：

第一，曹操占領襄陽後，肯定是一路南下奪江陵，這是最便捷的道路，江陵又是重鎮，有糧有錢。他的大軍基本都在漢水以西，不會繞道跑到黃州。黃州沒什麼重鎮，想要從這裡過長江打東吳，後勤補給是個大問題；而且如果往東去黃州，應該取道隨縣（今湖北省隨州市）和江夏，就不會經過當陽縣，也不會發生長坂坡之戰。

第二，從幾個地名上判斷，赤壁之戰時，諸葛亮派張飛、趙雲去埋伏，說：「以烏林起火為號。」現在赤壁的隔江對面，還有烏林這個地方，屬洪湖市。烏林往西會路過華容（不是現在湖南的華容，在湖北潛江以南），再往西，就是江陵。這幾個地名連成一條東西向的直線，相隔不遠，符合曹操逃跑的路線。如果是在黃州被打敗，完全沒有必要繞一大圈到江陵，直接往北撤就可以了。

第三，從字面上看，所謂赤壁，就是東吳火燒曹軍時，火光照亮了對岸的石壁，絕對不是照亮自己這邊的石壁，曹操在江北，照亮的一定是長江南岸，黃州在長江北邊，如果赤壁之戰真的發生在這裡，照亮的石壁也是對岸的鄂州，而不是黃州。黃州確實有個

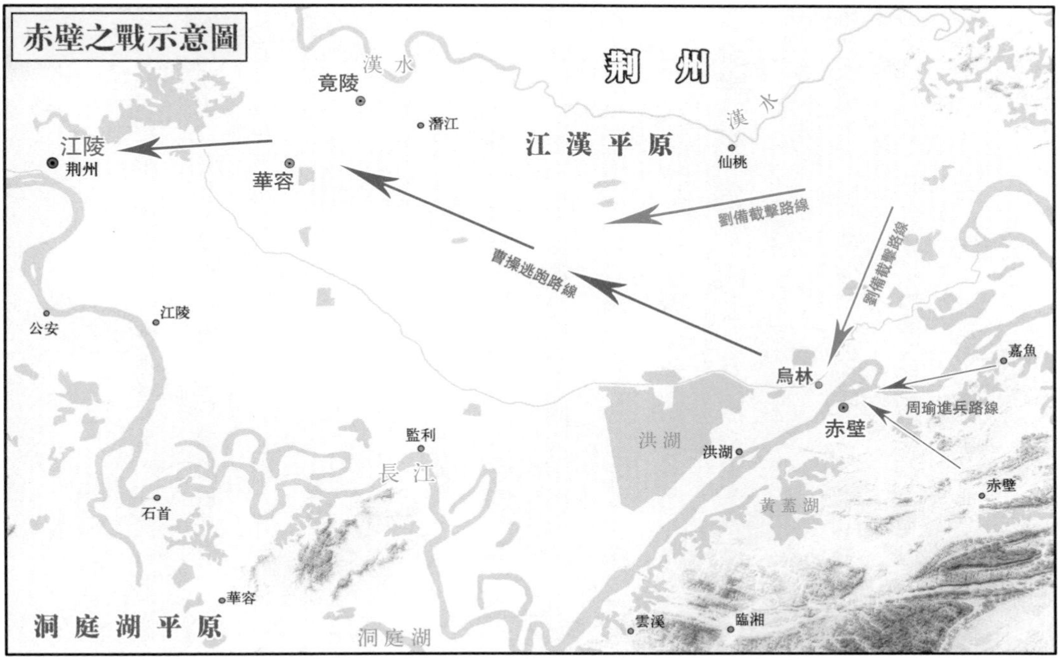

地名叫赤壁，但只是巧合，和赤壁之戰沒有關係。

還有一點，成語「萬事俱備，只欠東風」，杜牧的詩「東風不與周郎便，銅雀春深鎖二喬。」說的都是東風，《三國演義》也是諸葛亮借東風，才破了曹操的百萬大軍，都不是說南風。黃州這段長江是西北－東南走向，如果在這裡火燒曹營，最好是吹西南風，最少也要正南風，東風肯定是不行的，燒不到北岸，反而會燒到自己；而蒲圻的長江是西南－東北方向，東風或東南風正好，火借風勢，正好燒到長江北岸。

鄂州往東就是黃石，是個港口城市。黃石是近代張之洞煉鐵才逐漸發展起來，當時沒什麼人煙，只有西塞山是東吳的軍事要塞，唐朝詩人劉禹錫寫的〈西塞山懷古〉就是指這裡。黃石原是大冶縣的一個小港口，大冶自古產銅，楚國的銅就是產自這裡，春秋戰國是青銅時代，武器都是銅製，鼎和編鐘也是銅造，就連錢也是銅錢，楚國的強大離不開這個銅礦。現在那裡有個銅綠山古銅礦遺址，非常壯觀，像個巨大的天坑一樣。大冶不僅有銅礦，還有鐵礦和煤礦。晚清洋務運動時，湖廣總督張之洞將這裡的鐵礦和煤，透過黃石港運往漢陽煉鐵、製造武器，「漢陽造」幾乎見證了整個中國近代史，從辛亥革命打響的第一槍，一直用到朝鮮戰爭。

再往東就是東吳的柴桑（今九江），周瑜平時就駐紮在這裡，附近的鄱陽湖是訓練水軍的絕佳場所。現在九江市內有個點將臺，據說就是當年周瑜點將發兵的地方。東晉時稱潯陽，白居易的〈琵琶行〉：「潯陽江頭夜送客，楓葉荻花秋瑟瑟。」說的就是這裡；最後還有一句：「座中泣下誰最多？江州司馬青衫溼。」潯陽又稱江州。《水滸傳》的宋江刺配江州，在潯陽樓上題了首反詩：「心在山東身在吳，飄蓬江海謾嗟吁。他時若遂凌雲志，敢笑黃巢不丈夫。」這個潯陽樓目前還在，不過是二十世紀八〇年代重建的。

從九江開始，在長江拐個彎，一直到南京，這一段長江幾乎呈南北走向，長江的東邊就稱為江東；而對於中原政權來說，它在長江的左邊，也稱江左，江東和江左指的是同一個地方。古代的地圖為了方便帝王觀看，和現在正好倒過來，是上南下北，左東右西，《山海經》可以當作一部地理著作，以〈南山經〉開篇，也是遵從這個習慣。江東或江左，現在經常稱江南，實際上比荊州還要靠北一點。九江屬於現在的江西，但江西這個名字並非因為在長江西面，它還是在長江南面，唐朝時，江西屬於江南道，後來又劃分出一個江南西道，簡稱江西。從九江開始，進入揚州地界，不再屬於荊州。但這一帶是荊州進入江東的必經之地，俗稱吳頭楚尾，我一併說說。

在南京的下游，當時江面太寬，根本沒有渡口。而南京上游這段，長江南岸沼澤遍地，只有從安徽合縣一帶過江，穿過馬鞍山，進入一片平坦地帶，直入吳國腹地，所以去江東的渡口主要在這裡。當年伍子胥過不了昭關，急得一夜白了頭，他要去的漁邱渡就在這裡；項羽不肯回江東，自殺的烏江渡也在這裡。這裡的烏江是個地名（現烏江鎮，當年的烏江亭），不是一條江，在中國古代，江就是針對長江，叫江水，江東、江左都是以長江為參照物，不是隨便一條河就可以稱為江；同樣的，河針對黃河，稱河水，河南、河北、河東、河西都是以黃河為參照物；其他的河都稱〇〇水，像漢水、丹水、易水、渭水等。烏江就在長江邊上，有個渡口叫烏江渡，所以李清照說：「至今思項羽，不肯過江東。」好多電視、小說裡把烏江當成一條江，說得煞有其事，如果真是那樣，李清照應該說：「至今思項羽，不肯過烏江。」中國境內倒是有條江叫烏江，但是在貴州，距離項羽的地盤好幾千里；而且在秦、漢時也不叫烏江，叫延江水（延續長江的一條河水）。項羽要回的江東，就是春秋時吳國的故地，戰國時被楚國占領，成為楚國故地，是項羽反抗暴秦的大本營。孫權占據這個地方後，起用最早的名稱——吳。因為在江東，我們習慣稱東吳。

當時的東吳不僅控制江東，還控制了荊州東部，勢力已然不小，為什麼還要聯劉？劉備要聯合東吳沒話說，以他的力量，自保都不夠，可吳國為什麼聽從了諸葛亮的建議聯劉抗曹呢？其實從地勢上不難看出，曹操的主要目標就是衝著東吳而來，根本沒把劉備放在眼裡，如果任由曹操滅了劉備，繼而占領荊州，東吳也保不住，這就叫做脣亡齒寒。畢竟劉備手上有劉琦這張牌，在荊州還是有些勢力，這個時候能和東吳同仇敵愾的就是劉備了。

孫、劉聯合一點也不奇怪，奇怪的是曹操為什麼敗了？中國南方除了吳、楚兩個繁華之地可以養兵之外，其他地方都是山區，沒有大平原，難以形成強大的割據勢力，有了吳、楚，也就有了整個南方。按照歷史的經驗，曹操從北方來，先占領襄陽，再奪取荊州，然後順江而下，一舉滅掉東吳，繼而統治整個中國南方，是順理成章的事。結果壞就壞在渡江這件事，水師不行，又碰上周瑜和諸葛亮兩位大神，結果敗得一塌糊塗，元氣大傷。從此以後，曹操再也沒有下過江南，也許到死都不明白，為什麼歷

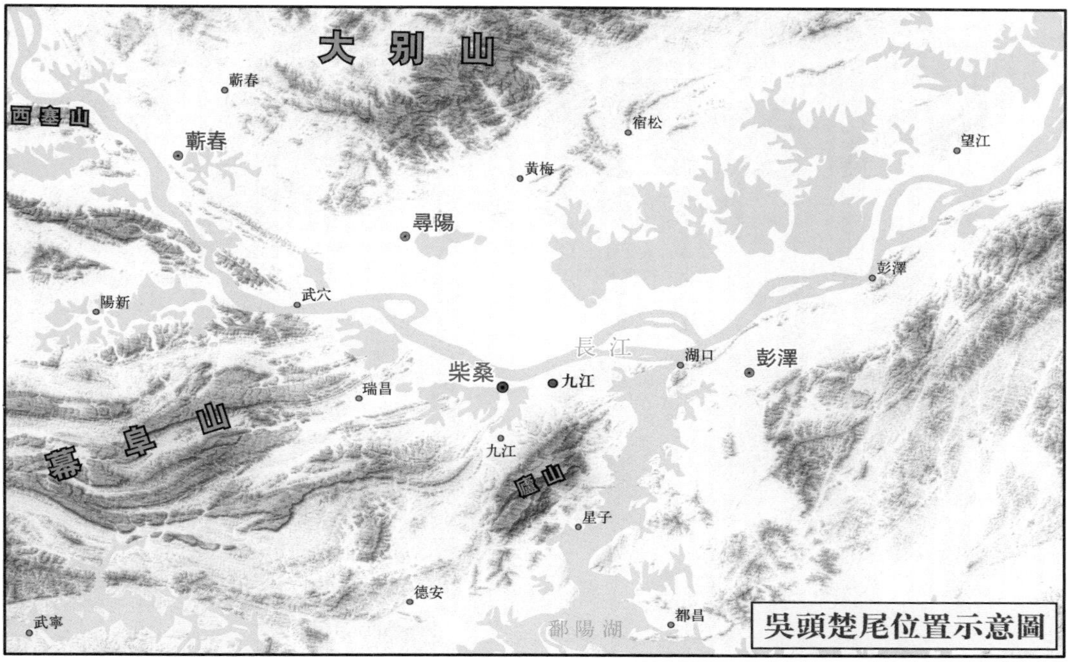
大別山
蘄春
西塞山
蘄春
宿松
望江
黃梅
尋陽
彭澤
陽新
武穴
長江
湖口
彭澤
柴桑
九江
瑞昌
幕阜山
九江
廬山
星子
德安
都昌
鄱陽湖
武寧
吳頭楚尾位置示意圖

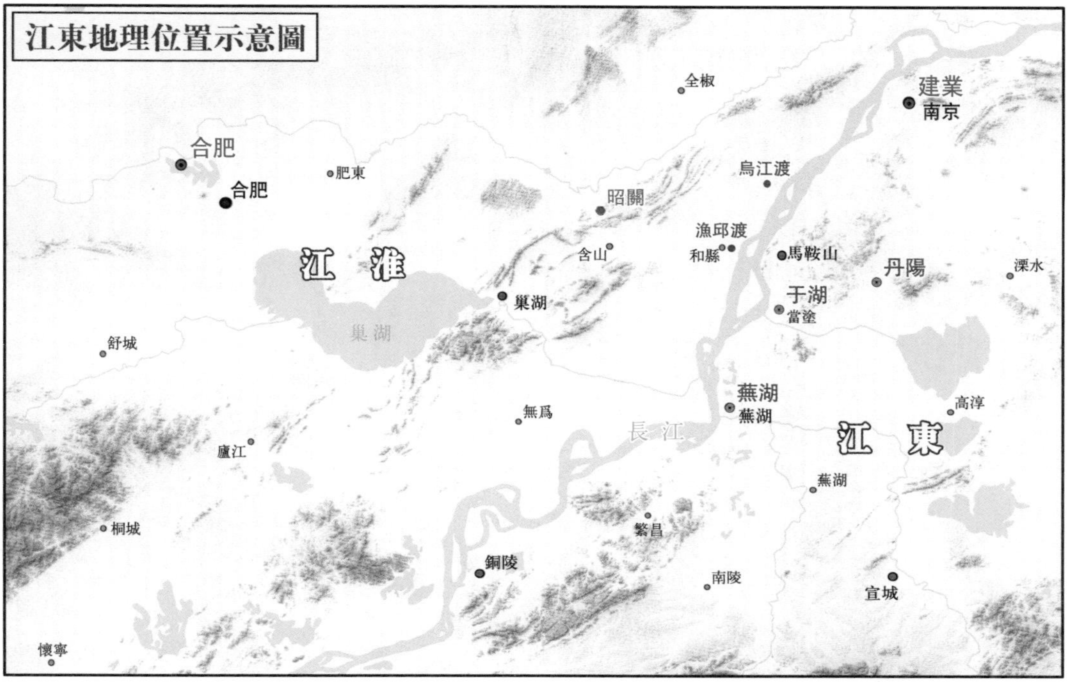
江東地理位置示意圖
全椒
建業
南京
合肥
肥東
合肥
烏江渡
昭關
漁邱渡
和縣
含山
馬鞍山
江淮
丹陽
溧水
巢湖
于湖
當塗
巢湖
舒城
蕪湖
蕪湖
無爲
高淳
長江
江東
廬江
蕪湖
桐城
繁昌
銅陵
南陵
宣城
懷寧

史反覆上演的事，到他手裡就演砸了！

曹操兵敗後，退出荊州，但仍控制著襄陽和東邊的合肥，讓東吳寢食難安。合肥在江東的門口，又是荊州與江東連接線上的重鎮。關羽沒了襄陽，荊州守得很辛苦，相當於脖子被別人掐著。三國鼎立時，只要荊州這個地方稍有變動，就會影響到整個戰略格局。曹操占據著襄陽，準備隨時重返荊州，孫權一天不拿下荊州就一天睡不好覺。劉備呢？好不容易有了一塊地盤，當然不肯輕易放棄。而且從荊州進攻許昌，遠比從成都進攻長安方便。襄陽以北就是南陽盆地，再往上就是中原地區，曹操的首都許昌就在這裡。也是先秦的華夏地區，後來關羽攻打襄陽，史稱「威震華夏」。

本來荊州自從曹操退出後，安寧了一段時間，關羽攻占襄陽當然是戰略需要，但也引起了連鎖反應。首先是曹操緊張了，一度嚷嚷著要遷都；二是關羽北上後，江陵一帶防守薄弱，給了東吳可乘之機。所以說，關羽守著半個荊州，遲早守不住，要想荊州穩妥，必須占據襄陽，但占據襄陽就會引起一連串的反映，最終反而把荊州丟了；東吳要想睡得踏實，也得先占有荊州。三足鼎立，荊州就是個火藥庫，牽一髮而動全身。

諸葛亮在隆中給劉備的規劃方案是：先占領荊州為基業，然後奪取整個西川，進而奪取關中，最後從荊州和關中兩個方向包抄曹魏，統一天下。可惜的是，荊州沒守住，先失去了一條腿，劉備也死了，諸葛亮六出祁山都沒拿下關中，最後「出師未捷身先死，長使英雄淚滿襟」！

曹家最終也沒能統一中國，曹魏滅了蜀漢後，取代曹魏的西晉吸取教訓，一方面在益州（四川）大造船隻，訓練水師，從長江順水而下；另一方面從兩淮地區進兵牽制東吳，而重點就放在荊州一帶。馬步軍（陸軍）自襄陽南下，配合從四川下來的水師，順利奪取了長江中游的控制權，然後水陸併發，沿江而下，直逼東吳。吳國滅，西晉統一中國。

最後以劉禹錫的〈西塞山懷古〉[5]結束荊州這個章節，詩裡描寫的就是西晉沿江而下滅掉吳國的故事，也是三國時代的絕響。

曹操如果看到這一幕，不知道該做何感想，也許只能長嘆一聲「唉」！

王濬樓船下益州，金陵王氣黯然收。
千尋鐵鎖沉江底，一片降幡出石頭。
人世幾回傷往事，山形依舊枕寒流。
今逢四海為家日，故壘蕭蕭蘆荻秋。

注釋

1. 又稱雲夢大澤，中國歷史上最大的淡水湖之一，面積最大時推斷約有四萬平方公里，但現在多已成為陸地，僅剩普通農田和零星水體交錯。
2. 古代人群，居住在現在的重慶、湖南和湖北一代，春秋時曾建立巴國，後來被秦國和楚國併吞。
3. 和現在的公里有所區別，一里約五百公尺，二里約一公里。
4. 現改名為黃岡，但當地人還是習慣稱黃州。說到這裡，再多嘴一句，中國建國後，很多城市改名沒有考慮到它的歷史文化，襄陽改叫襄樊、荊州改叫沙市就是個例子，還有很多人例舉的，比如蘭陵改叫棗莊，大名鼎鼎的蘭陵王成了棗莊王，趙雲的口號「我乃常山趙子龍」成了「我是石家莊趙子龍」，意思就差遠了。
5. 西塞山指現在黃石的西塞山，張志和的〈漁歌子〉：「西塞山前白鷺飛，桃花流水鱖魚肥。」指的是浙江湖州的西塞山，不是同一個地方；王濬是西晉益州刺史；益州即為四川；金陵指南京，當時應稱建業；石頭指石頭山，或稱石頭城，南京古城夾在石頭山和鐘山之間，石頭山原靠近長江，是一座天然屏障，東吳末帝孫皓在這裡出城投降。

第二章

關中大地，王者之氣

關中是指渭河下游，從寶雞到咸陽、西安，以及渭南這一帶，這是一個盆地，號稱八百里秦川，東臨黃河，其餘三面都是高山險阻。北面是黃土高原，有黃龍山、子午嶺，西面是隴山，南面是秦嶺。自古以來就是兵家必爭之地，易守難攻。

為什麼叫關中？因為在過去，進出秦川只有四個險要關口：東面是函谷關，南面是武關，西面是散關，北面是蕭關。

東面，隔黃河相望是山西。黃河在華陰拐了個彎，向東流去，黃河南面，有一條狹長的通道通往洛陽，通道上有個著名關口「函谷關」。函谷關北面是黃河，南面是崤山，最窄的地方只能通過一輛戰車，守關中，主要就是守函谷關。秦始皇統一中國，從這裡出兵中原。後來劉邦、項羽滅秦時，與楚懷王約定，先入關中者王之。劉邦一開始打算從函谷關入秦，不料洛陽久攻不下，只好往南從武關進攻；項羽因北上救趙而耽誤了時間，等他趕到函谷關時，才知道劉邦已經攻下咸陽。

函谷關在秦、漢以前都是一夫當關、萬夫莫敵的重要關口，但畢竟離關中腹地太遠，補給相對困難。位於黃河拐角處的潼關，離長安很近，補給方便，到了東漢後，逐漸取代函谷關的地位。

潼關還有個好處，防止位於山西的敵軍南過黃河包抄後路。黃河不同於長江，長江冬天不會結冰，稱為天塹；黃河在北方，冬天河面會結冰，結冰後就和平地沒什麼區別，春秋時期著名的「崤之戰」就是個例子。秦國千里迢迢，出函谷，過洛陽，去攻打中原的鄭國，結果被鄭國商人弦高施了一計，以為鄭國有防備，只好回來。當時正是冬季，黃河已結冰，回來的路上要過崤山時，遭到晉國軍隊的兩面夾擊，秦軍被堵在峽谷之中，進退兩難，最後全軍覆沒。這一戰讓秦國很多年都不敢再圖謀中原，只能向西發展，秦、晉兩國從此結下世仇。

當然，崤之戰發生時，這裡只有峽谷，沒有關隘，崤之戰讓秦國認識到了函谷的重要性。直到戰國，秦國奪取這塊地方時才修了函谷關，從那時開始，進出秦國都要經過函谷關。齊國的孟嘗君從秦國逃脫時，走的就是函谷關，雞鳴狗盜的成語就出自於此。最有名的當屬老子（李耳）騎青牛西出函谷了，老子原來在洛陽周王室的圖書館工作，那時的書都是竹簡編成，很貴也很重，一般人接觸不到這麼多書，老子趁著工作之便，讀了很多書，學問很高。從洛陽去秦國，路過函谷關時，關令尹喜知道老子學問好，一定要他留下點什麼才肯放行。老子無奈，只得在那裡停留半年，寫下了五千字的《道德經》，後來被道家奉為經典，老子則被奉為道家始祖。

潼關取代函谷關還有一個原因是黃河下切，道路日益狹窄，影響交通，這裡就不細說了。

武關，在關中的東南方。從陝西的藍田到河南的南陽盆地，有一條狹長的通道穿過秦嶺，武關就在這裡，位於今天的丹鳳縣，丹水也發源於這裡。丹水也叫丹江，是漢江的第一大支流，漢江又是長江的第一大支流。丹江和漢江交匯的地方就是丹江口，一九五八年修建了水庫——丹江口水庫，南水北調中線的水就是從這裡調往北京，這裡的水比長江乾淨許多。

前面說過，劉邦攻秦時，本來打算從函谷關進攻，但後來改從武關進攻。武關是咸陽、長安的南大門，出了武關就是南陽盆地，往南直叩襄陽，往北就是中原。秦、楚兩國的交往或爭鬥，走的就是這條

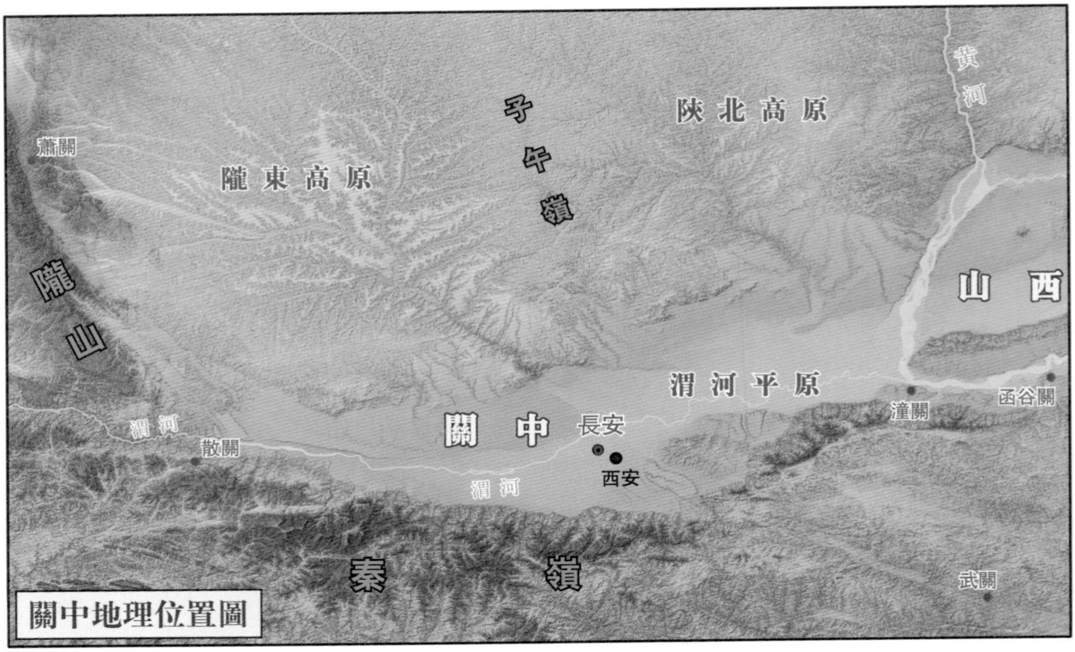

關中地理位置圖

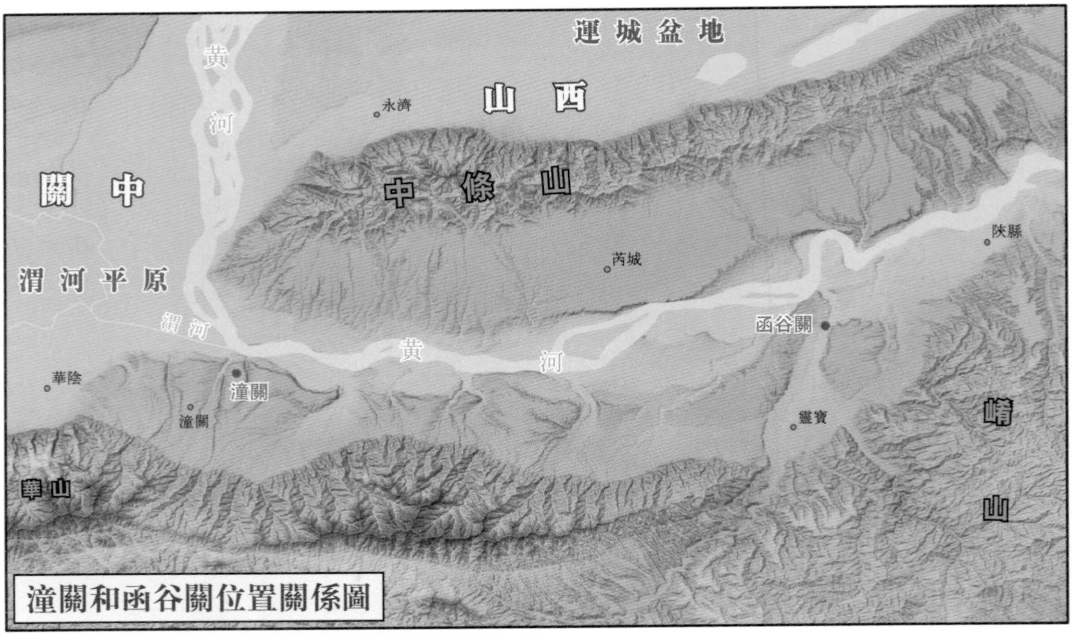

潼關和函谷關位置關係圖

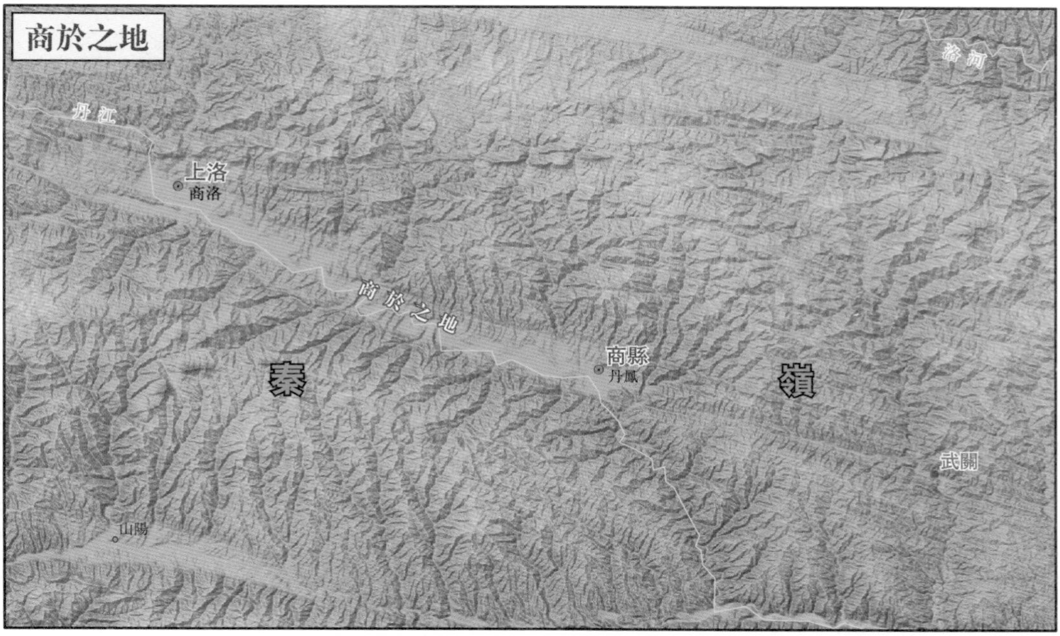
商於之地
洛河
丹江
上洛
商洛
商於之地
商縣
丹鳳
秦
嶺
武關
山陽

渭河
千河
陳倉
寶鷄
岐山
陳倉
扶風
禮泉
咸陽
渭河平原
興平
長安
散關
五丈原
眉縣
關中
渭河
周至
戶縣
陳倉道
褒斜道
斜水
故道水
太白山
首陽山
鳳縣
褒水
秦
儻駱道
嶺
留壩
佛坪
子午道
寧陝
洋縣
勉縣
城固
漢水
陽平關
南鄭
漢中
石泉
南鄭
漢中盆地
西鄉
穿越秦嶺的道路

通道。春秋時，武關屬於商於，也就是今天的丹鳳縣。商於原本屬於楚國，後來秦國因變法而強大，占領了商於之地，秦君就把這塊地封給變法的功臣，稱為商君，就是我們熟悉的商鞅。商鞅原是衛國人，稱衛鞅；同時是公族之後，又稱公孫鞅；被封為商君後，才稱為商鞅。

散關在寶雞市陳倉以南，是關中通往漢中的咽喉要道；漢中是塊小盆地，緊鄰巴蜀。從關中到漢中，要穿越秦嶺，這裡山高水險，極其難走，古代時根本沒辦法修路，多用棧道。曲折的谷道大致有四條：自西向東分別是陳倉道、褒斜道、儻駱道、子午道。

過了散關往南就是陳倉道，韓信「明修棧道，暗度陳倉」的故事就發生在這裡。當年劉邦先到關中，項羽懷疑劉邦有取代自己的野心，擺了一場鴻門宴，想殺劉邦，最終還是心慈手軟沒下手；項羽後來自稱西楚霸王，故意封劉邦為漢中王，讓秦國的三個降將守關中，監視劉邦。劉邦為了表示自己無意稱霸中原，前往漢中後，就把從關中通往漢中的棧道都燒掉。等劉邦累積足夠的實力，要與項羽一較高下時，韓信就讓樊噲、灌嬰等人率兵從祁山道佯攻隴西，自己偷偷從陳倉進入關中。

褒斜道，或者叫斜谷（斜水的河谷），因為漢中是商朝褒國（烽火戲諸侯的褒姒出生地）所在地，這裡有條褒水，褒水連接斜水的谷道，也叫褒斜道。從斜谷出去就是關中的五丈原，諸葛亮最後就是死在這裡，這裡其實離長安已經不遠了。斜谷在戰國時發生一件事，秦國大將司馬錯認為應該先取蜀國，然後順江而下取楚國，這是很有戰略眼光的思維，用四川的糧和關中的兵，就可以橫掃天下。秦國就是從斜谷道出兵，先占領漢中，然後占領巴蜀，最後順長江攻占了楚國的郢都。

儻駱道極為險峻，難以用兵。我在地圖上嘗試畫出這條道路時，發現它穿越了好幾條分水嶺，這種路除了當地山民，大規模的軍事行動一般不會採用。

子午道，或者說子午谷就比較有名了，主要是因為魏延。子午谷正對著長安，諸葛亮六出祁山時，魏延曾建議直接出子午谷，直逼長安，不用繞道祁山（陳倉的西面，現隴南市的禮縣），後來的歷史證明，這是個餿主意。明末闖王高迎祥就用了魏延的方法，結果遭到孫傳庭伏擊，全軍覆沒，自己被俘押往北京，凌遲處死，李自成就接過闖王這個旗號，打到北京。

我們來看看諸葛亮六出祁山的路線：

一出祁山

諸葛亮恢復與吳國的聯盟、平定南中後，準備北伐曹魏。第一次北伐在蜀漢建興六年（西元二二八年）春，令趙雲等作疑兵，擺出由斜谷（眉縣南）進攻郿城（眉縣北）的架式，以吸引魏軍；自己則率主力向祁山（今甘肅隴南禮縣祁山鎮）方向進攻，隴西的天水、南安、安定相繼投降。諸葛亮還收服了姜維，後來成為他的得力接班人。可是馬謖不聽諸葛亮的勸告，被張郃打敗，丟失街亭；趙雲出兵也不利，最後諸葛亮不得不退回漢中。

街亭在橫貫隴山的番須道西口，番須道開通於東漢光武帝時期。在此之前，從隴右到關中唯一的通

巴蜀和隴右地理關係圖
通渭
番須道
莊浪
街亭
渭源
渭河
襄武
隴右
張家川
關隴道
秦安
漳縣
清水
武山
冀縣
隴西高原
上邽
天水
麥積
臨渭
岷縣
西縣
祁山
秦嶺
禮縣
祁山堡
宕昌
強川口
沓中
建威
西和
兩當
河池
徽縣
陳倉道
祁山道
成縣
白龍江
隴南
康縣
略陽
白水江
陰平
陽安關
摩天嶺
玉壘關
白龍江
白水關
朝天
青州
涪江
平武
廣元
葭萌關
劍閣
劍閣
元壩
陰平小道
江油
巴蜀
北川
江油
蒼溪

道是關隴道，番須道開通後，關隴古道逐漸荒廢。直到今天，番須道仍在使用，而關隴道已經廢棄，即使我們用現代化設施，在這裡修路也是困難重重，更何況是古人，由此可以想見關隴古道的險峻。當時番須道已經取代了關隴古道的地位，而街亭就是番須道的咽喉。

隴山東邊是關中，西邊是隴西，街亭是這兩個地方的出入口。諸葛亮這次北伐，基本占領了隴右，可街亭一丟，等於大門被魏軍占領，隴右也保不住。馬謖丟了街亭不是一件小事，等於這次北伐成果全部泡湯，諸葛亮只好揮淚斬馬謖了。

二出祁山

第二次北伐是同年冬天，諸葛亮趁東吳陸遜在石亭打敗曹休，趁機走陳倉道，出散關，包圍陳倉（今

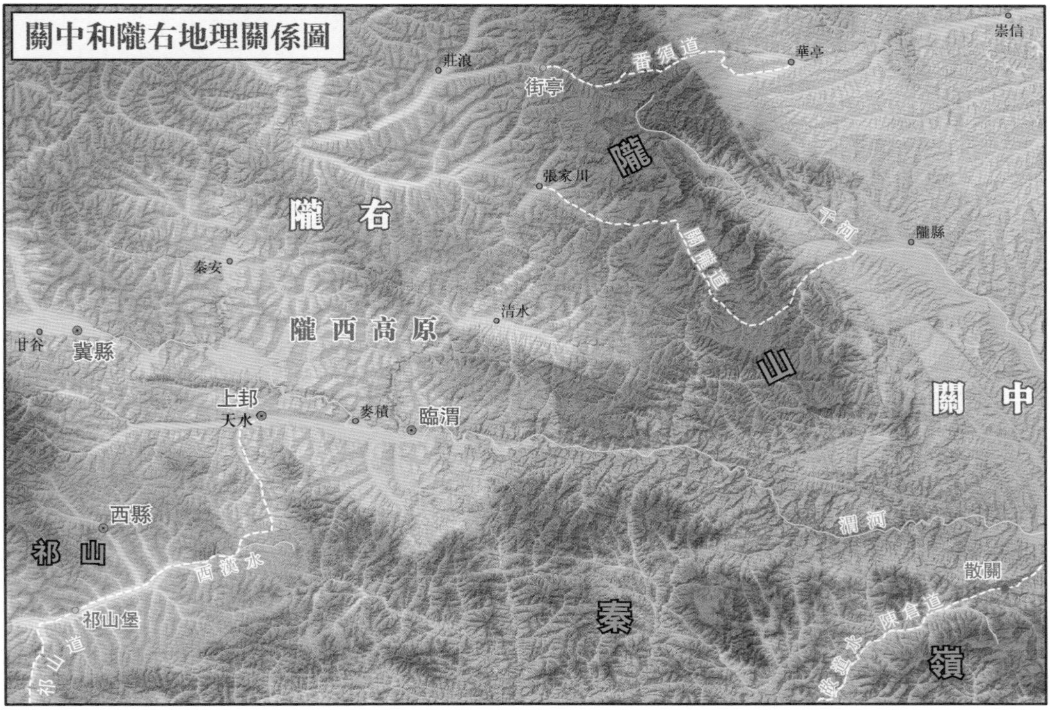

寶雞），結果攻打二十多天也沒打下來，魏國援軍趕到，不得已又退回漢中。這一次，和當年韓信走的路一樣，但結果差別很大，最終也是無功而返。韓信面對的敵人是項羽，當時項羽的主力在攻打齊國，關中由幾個秦國降將把守，諸葛亮面對的卻是曹操的精銳主力。

三出祁山

第三次北伐是建興七年（西元二二九年），諸葛亮進攻武都（今甘肅成縣）、陰平（今甘肅文縣西北），打敗魏國援軍，占領二郡，留了些軍隊防守，自己率部回師。第二年，魏軍從子午谷、斜谷主動進攻漢中，諸葛亮派兵防守，由於連續大雨，子午谷、斜谷等道路不通，魏軍無功而返。這次，諸葛亮只是打通通往祁山的道路，他的戰略目標還是先占據隴右，再由隴右向關中推進。

四出祁山

第四次北伐是建興九年（西元二三一年），蜀軍包圍祁山，魏軍統帥司馬懿迎戰，他知道蜀軍遠來，軍糧不多，於是憑險固守，根本不出來應戰。諸葛亮想誘敵深入，但司馬懿追趕得很謹慎，蜀軍一停，他就紮營防守，也不追擊。恰巧這個時候，劉禪聽信讒言，說諸葛亮早晚要稱帝，於是下令諸葛亮退兵，加上蜀軍糧草快用完了，諸葛亮只好班師回朝，並在班師的途中用伏兵殺了魏國名將張郃。

五出祁山

第五次北伐是建興十二年（西元二三四年）春，諸葛亮率十萬大軍出斜谷口，到達郿縣，在渭水南岸五丈原紮營。這次是諸葛亮比較冒險的一次行動，五丈原離長安只有一百多公里，算是深入關中腹地了。但司馬懿很謹慎，深溝高壘，不與蜀軍作戰，他還是料定蜀軍遠來，糧草運輸困難，難以久持，想把蜀軍拖垮；諸葛亮也有準備，在渭水分兵屯田，做長期作戰的準備。諸葛亮在這次出兵前曾與孫權約定同時攻魏，結果吳軍攻魏失敗，撤回江東，蜀軍只好與魏軍單方面周旋。到了八月，諸葛亮積勞成疾，病情日益嚴重，不久就與世長辭。諸葛亮死後，姜維等遵照他的遺囑，祕不發喪，全軍退入斜谷。

諸葛亮出師北伐實際只有五次，其中真正出兵攻打祁山只有兩次，一次走陳倉道，一次走斜谷，還有一次只是占領兩座城池，打通到祁山的道路；至於第六次，就是三出祁山時魏軍反攻的那一次，不是諸葛亮主動出擊。後人為了敘述方便，就說成「六出祁山」。

可以說，從漢中到關中的路，能試的諸葛亮都試了，唯一沒走的是子午谷。子午谷正對著長安，有重兵把守，諸葛亮素來用兵謹慎，絕不會冒這麼大的風險。諸葛亮的戰略規劃還是以祁山為基地，占領隴右，然後慢慢向關中推進。從五次北伐可以看出來，最關鍵的因素是補給線太長，取糧困難，導致最終失敗。如果能先占據隴右，就地取糧，勝算就大得多。這條路也是當年秦國的發展之路，秦國最早在隴右養馬，周王室東遷後，才開始一步步向關中推進。

四關之中最北面的蕭關在六盤山的東麓，現在寧夏的固原縣，是關中通往河西走廊的咽喉要道，也是絲綢之路的必經之地。絲綢之路從長安出發，經蕭關，過河西走廊，入西域，蕭關不僅是軍事關口，還是商貿要道。六盤山又叫隴山，西邊就是隴西，或叫隴右，就是蘭州、天水一帶，成語「得隴望蜀」說的就是這裡。六盤山往東三百公里就是延安，共產黨紅軍四度赤水後，穿雲貫高原，過大雪山，一路人跡罕至，過了六盤山，才算看到了生存的希望，當年毛澤東在此豪邁地寫下一首〈清平樂．六盤山〉：「天高雲淡，望斷南飛雁。不到長城非好漢，屈指行程二萬。六盤山上高峰，紅旗漫捲西風。今日長纓在手，何時縛住蒼龍？」

關中三面環山，東臨黃河，中間是渭河平原，在中國的地形獨一無二。這裡可以養兵，好防守，離中原又近，極易形成地方割據勢力；一旦形成氣候，就可以出函谷關進軍中原。從西周到漢、唐，綿延一千多年，一直是中國的首都，也是全國的政治中心。雖然中間有過幾次東遷，但歷來洛陽都是長安的副都，如果失去關中做為根基，洛陽難以獨存。

這裡也是華夏文化的發祥地，早在商朝時，周人就在這裡繁衍。周人的發祥地在西岐（現陝西岐山），所謂鳳鳴岐山就是這裡。周人擁有關中，逐漸坐大，就有東進滅商的想法了。

商朝在黃河中游的中原地區，長年受黃河改道氾濫之苦，所以總是不停遷都，最後遷到朝歌（現河南淇縣）。中原一馬平川，無險可守。周人有關中做後盾，實力非凡，結果可想而知。牧野一戰，周人大獲全勝，紂王自殺殉國。武王滅商後，建立周朝。

周朝是中國歷史上第一個也是唯一一個只稱王不稱帝的朝代，之前的三皇五帝不用說了，後面的秦始皇大家也知道，商朝的亡國之君紂王，歷史記載稱帝辛，也是帝而不是王。周朝後來把首都遷到鎬京（今西安），同時在中原建了副都洛邑（今洛陽），以王天下。普天之下，莫非王土，就是從這裡開始。

周朝實行封建制，把天下的土地分封給幾百個諸侯，自己坐鎮中央，就是從岐山到洛陽，這裡屬於王畿[1]。四周由諸侯做為屏障，再往外非華夏族人就稱為蠻夷，即所謂南蠻、北狄、東夷、西戎。一開始諸侯國都很小，很多諸侯國與

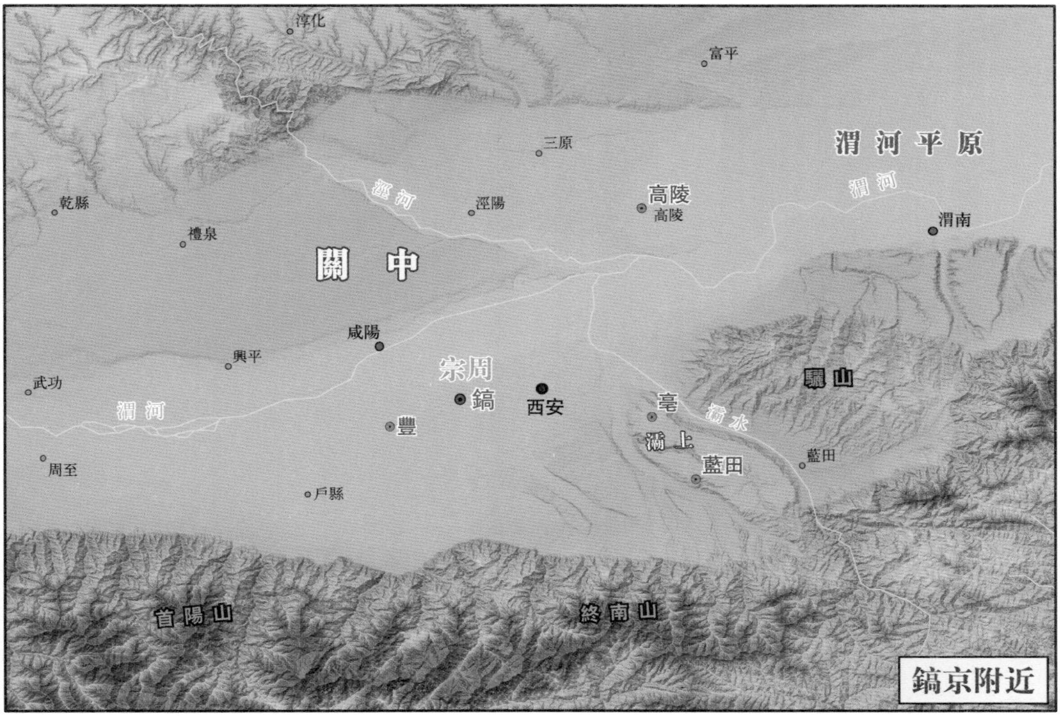

蠻夷雜處。當時的秦國更小，連個爵位都沒有，只是個附庸國，位置就在隴西的西犬丘。隴西產馬，秦國就是負責替周天子養馬，名副其實的「弼馬溫」。

轉機就在周幽王身上，大家都知道烽火戲諸侯的故事，歷史上褒姒有沒有這麼做不得而知，但周幽王對她百般寵愛倒是真的，以至於立褒姒為后，立她的兒子為太子；原來的王后是申國人，就被廢了。申國在哪裡呢？就在宛城（今南陽），替周天子守著南大門。申侯一看女兒被廢，外孫當不成王，於是就不幹了，聯合犬戎打入鎬京（今西安）。請神容易送神難，犬戎一來就失去控制，一路燒殺劫掠，一把火把鎬京燒成廢墟；幽王、太子被殺，褒姒失蹤。申侯的外孫繼位，就是平王。鎬京被毀，沒法待了，周平王只好東遷洛陽，史上稱平王東遷，從此西周變成東周。秦國在這場變故中護駕有功，被封為伯爵。周平王對秦伯說，反正鎬京一帶已被戎人占領，是個爛攤子，你要是有本事收回來，這個地方就是你的了。秦國經過幾代人的努力，逐步平定周邊的犬戎，占據關中，就是周人的老家。周朝從此衰落，王者之氣隨著關中一併傳到了秦國人手裡。

秦國人繼續演繹著周人的故事，在關中積蓄實力，一旦時機成熟，就東出函谷問鼎中原。

關中平原本來就很富有，到了秦始皇手上更上一層樓。秦國總共進行過三大水利工程：都江堰、靈渠和鄭國渠。鄭國渠在關中，本來是個陷阱，不是秦國想修的。當時興修水利是一件非常消耗國力的事，沒有現代化機械，只能靠民工，徵調民工必然會影響徵兵，更會影響農業生產，對農耕國家來說很容易動搖根本。韓國是秦國的東鄰，秦國東出中原首當其衝的就是韓國，於是韓國想了個計策，派一個叫鄭國的人去幫秦國興修水利灌溉工程，藉此消耗秦國的實力。秦國人上當了，修到一半發現有詐，於是要殺鄭國，鄭國說：「修渠只是為韓國拖延幾年壽命，卻為秦國立下萬世之功。」這話說得好，秦王便命鄭國繼續修渠。花費了十餘年總算修完，果然如鄭國所說，為秦國立下了萬世之功。有了鄭國渠，八百里秦川更加富有，秦始皇能統一全國，鄭國渠功不可沒。

但真正讓秦國強大，僅靠鄭國渠是不夠的。秦國能統一六國，關鍵還是在變法，而最先變法的並不是秦國。

整個春秋時期，中原各路諸侯輪番稱霸，秦國一直想衝出函谷關，在中原露個臉，但沒能成功。秦穆公只是向西拓地千里，東面有強大的晉國阻擋，秦國想衝出關中很難。

戰國時，魏國在李悝的變法下率先稱霸。魏文侯以李悝為相，以吳起為將，一度占領河西之地，壓得秦國喘不過氣來。吳起是個一心只在工作上的變態狂，殺妻求將，與士兵同吃同住。秦國在吳起面前，連戰連敗，毫無還手之力，幾乎到了生死存亡的地步。魏文侯死後，魏武侯繼位，吳起功高蓋主，受到權臣猜忌，於是逃往楚國，才給了秦國喘息之機。

吳起在魏國時，只展現出軍事才能，到了楚國後，受到李悝影響，也開始變法。楚國在吳起變法下更加強大，向南攻打百越，擴張地盤。楚國不像魏國，楚國是個傳統大國，貴族勢力大；魏國剛從晉國分割出來，貴族勢力的根基還不深。吳起變法引起楚國貴族勢力的不滿，等支持吳起的楚悼王一死，貴族們就聯合起來要殺死吳起。吳起一看走投無路，躲到楚悼王的屍體後面，貴族們向他射箭，射到了楚

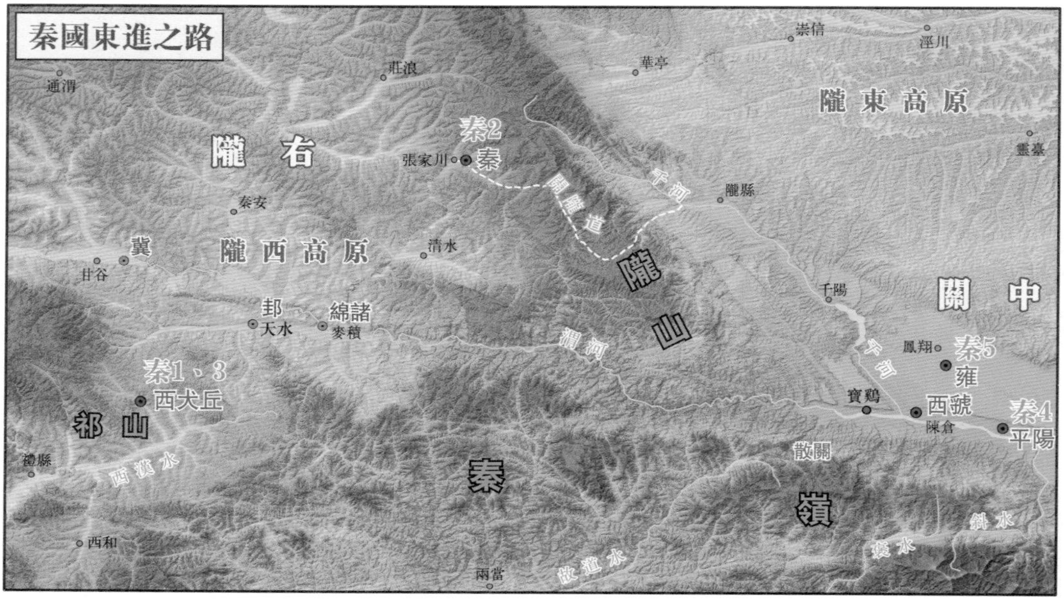
秦國東進之路
崇信
涇川
華亭
莊浪
通渭
隴東高原
靈臺
隴右
秦2
張家川
秦
關隴道
汧河
隴縣
秦安
冀
甘谷
隴西高原
清水
隴山
千陽
關中
邽
天水
綿諸
麥積
渭河
汧河
鳳翔
秦5
雍
秦1、3
西犬丘
寶鷄
西虢
陳倉
秦4
平陽
祁山
禮縣
西漢水
散關
秦嶺
西和
兩當
故道水
褒水
斜水

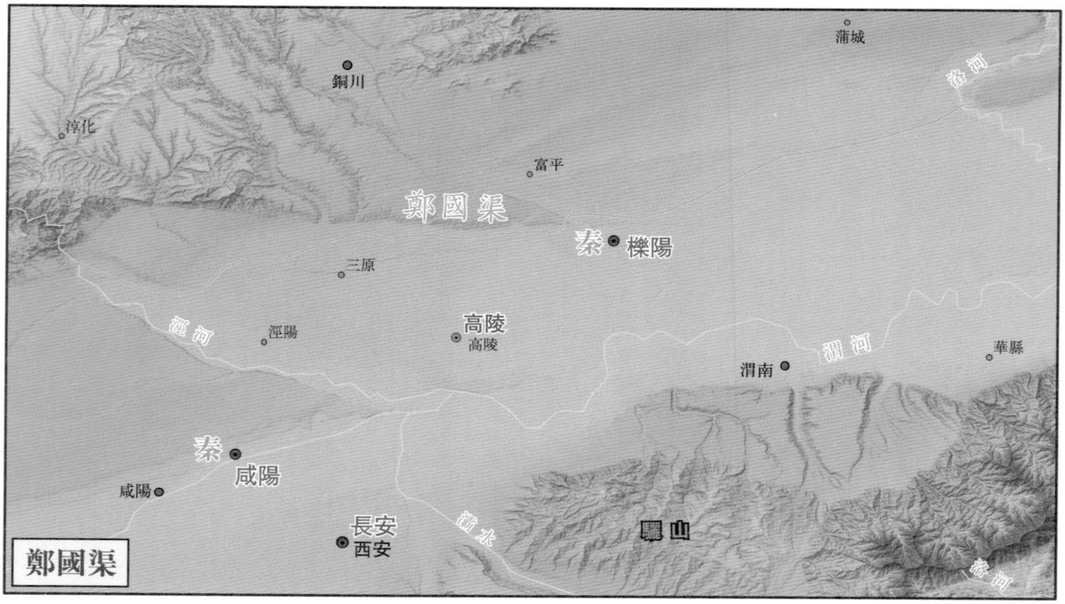
蒲城
洛河
銅川
淳化
富平
鄭國渠
秦
櫟陽
三原
涇河
涇陽
高陵
高陵
渭河
華縣
渭南
秦
咸陽
咸陽
長安
西安
灞水
驪山
洛河
鄭國渠

悼王的身上；楚國的法令，傷害楚王的屍體滅三族。楚肅王繼位後，把向楚悼王射箭的人統統處死，吳起的屍體也被車裂（五馬分屍）；吳起臨死想到用這個方法替自己報仇，確實聰明。但是吳起一死，他在楚國立下的法令就廢止了，楚國又回到了老路上。

魏國和楚國因變法而強大，讓列國看到變法的力量，紛紛效仿。秦國地處西部邊陲，一直被中原諸侯看不起，更對變法有強烈的渴望，這時商鞅就出現了。商鞅變法深受李悝和吳起影響，其實他們的變法本質上沒什麼區別，只不過商鞅做得更徹底，執行得更嚴酷。

商鞅變法的本質用一句話就可以概括：改分封制為郡縣制。

什麼是分封制？周朝創立之初，除了王畿之外，把天下土地分封給諸侯，諸侯在自己的土地上建國，所以分封制也叫封建制；諸侯在自己的國中完全自治，有自己的軍隊、自己的法令，周王不干涉諸侯國的內政。同樣的，諸侯國的國君自己留一塊土地，剩下的土地分封給卿大夫；卿大夫的封地叫家，在自己家裡，卿大夫有自己的家規和家兵；卿大夫往下是士，屬於最低一級的貴族，有貴族的身分，但沒有土地，只能自己學好文武藝，貨與帝王家，這叫修身。士修身，卿大夫齊家，諸侯治國，王平天下，修身、齊家、治國、平天下的本意是指這四個等級貴族的職責。

與分封制配套的貴族承襲制度叫宗法制，核心是嫡長子通吃，大意是：天子的嫡長子繼承王的爵位和財產，其他諸子封侯；諸侯的嫡長子繼承爵位和一切財產，其他諸子封大夫；大夫的嫡長子繼承大夫的爵位和財產，其他諸子成了沒有財產的士。

諸侯國中，卿大夫既是爵位，也是職位，而且世襲罔替[2]。這樣一來，卿大夫做為諸侯國君的臣子，勢力愈來愈大，還不能隨意撤換；這還是其次，最主要的是卿大夫占有土地，世代承襲，實力愈來愈強，有些已經超過國君，例如魯國的三桓、晉國的六卿。

商鞅變法就是要廢除這一套。首先世襲的官位沒了，世襲的土地也沒了，一切以軍功為準，功勞大的封爵，功勞小的、即使殺一個人也讓你分田分地。可以想像，商鞅這麼一搞，秦國貴族會有什麼反應。過去每打下一座城池，國君就會把這座城分封給功臣，現在沒有了，直接變成郡縣，郡縣長官由國君任命，稅收上交國庫。郡縣制並不是商鞅的發明，第一個設郡縣的是楚國，早期從丹陽向東擴張時，滅了權國，不分封，改為權縣，設縣公替國君管理。不只是楚國，其他六國都有設郡縣，只是比較少，分封還是主流，只有商鞅把秦國一刀切地，全部改為郡縣。

商鞅變法讓秦國空前強大，立下不世之功，被秦孝公封為君，擁有商於之地的十五城，所以稱商君。這個封君和以前的分封不同，商鞅只擁有商於之地的稅收權，行政權和土地權還是屬於國家，而且封君只傳兩代，過了第三代就得交回國家，大概就是所謂的富不過三代。戰國時很多國家都有封君，像魏國的信陵君魏無忌、趙國的平原君趙勝、楚國的春申君黃歇、齊國的孟嘗君田文，俗稱戰國四公子，是列國為了吸引、留住人才進行的封賞活動。

郡縣制的結果就是貴族勢力減弱，國君勢力增強，實際上就是由封建制轉變為中央集權。分封制的結果是分權，國家實際由貴族聯合統治，國君一個人說了不算；而郡縣制的結果是集權，全國的權力集於國君一身，其他官員全都成為國君的上班族，國君可以任意裁撤殺罰。

這樣一來，秦國的貴族開始消亡，國家實力大大增強。可以這樣說，秦國是傾全國之力在打仗，而其他六國只是部分貴族在打仗，結果可想而知。

商鞅的變法，受損最大的是原有的貴族。和楚國一樣，等支持變法的秦孝公一死，貴族就起來討伐商鞅；和吳起一樣，商鞅最終也被車裂。但和楚國不一樣的是，秦國並沒有因為商鞅一死就廢棄制度，而是延續下來繼續執行。秦始皇統一天下後，又把這個制度推向全國。

與郡縣制配套的是愚民、弱民政策。商鞅認為要讓人民好管、聽話，跟著國家政策走，人民最好傻一點，像六國的百花齊放、百家爭鳴，人民太聰明了，不好管，你讓他殺人，他會對你講仁義，你讓他使詭計，他罵你沒道德；還有，老百姓最好沒有錢，「民富則國弱，民弱則國富」，有錢就沒人玩命上戰場，利益的刺激效果會大打折扣，始終在溫飽線上掙扎的人才會為了生存去種田，或者去打仗，也沒閒功夫琢磨國家政策是否合理。後來秦始皇「焚書坑儒」不是偶然的舉動，這個行為和商鞅的政策一脈相承，就是為了控制言論，實行愚民政策。後世的帝王鑑於秦朝亡得太快，沒有像秦始皇那樣赤裸裸祭出法家大旗，而是採用「外儒內法」的政策，外表用儒家那套安撫人心，骨子裡還是法家那套。商鞅那套並沒有隨著秦朝滅亡而消失，反而愈演愈烈，到清朝時達到極致。

分封制和郡縣制的鬥爭，一直持續到漢朝，項羽想要恢復分封制，劉邦想搞郡縣制卻又怕走上秦始皇的老路，最後漢初立國時，創了個折衷的半分封半郡縣的國家。這場鬥爭最終在漢武帝的推恩令結束，分封制徹底消亡，中國成為中央集權的國家。

到底是分封制好還是郡縣制好？仁者見仁，智者見智。歐洲自羅馬帝國覆亡後，沒有實現大統一的集權政府，在封建制的基礎上發展出現代民主國家，日本的封建制一直延續到近代，現代民主政治很容易在這裡生根發芽。相反的，中國的中央集權只會帶來政權更迭，不停地推倒重來，陷入一個閉環。有人說，在明朝時資本主義就已經萌芽，如果不是滿清入關，也許中國就能發展出資本主義，但這完全是一廂情願的妄想。明朝末年不叫資本主義，頂多算家庭代工。集權的土壤也產生不了民主思想，就算滿清不入關，李自成當了皇帝也只是下一個迴圈，還是一切推倒重來，並不會比明朝進步。

封建制度下的嫡長子繼承制自然地產生資本主義，而民主是各種勢力角力後的妥協結果。漢武帝的推恩令廢除了嫡長子繼承制，改為諸子平分，這樣資本被分散，愈來愈小，產生不了資本主義，只能產生家庭代工；周朝時，國君經常向卿大夫妥協，而在中央集權下，所有權力集於皇帝一身，皇帝絕不會向大臣妥協。秦始皇還開啟了負面示範，就是誰有實力誰就可以當皇帝，不像日本的天皇萬世一系，也不像武王伐紂，需要一大套理論來支持自己的行動，比如順應天命、有道伐無道等，陳勝、吳廣就更直接了：「王侯將相，寧有種乎！」赤裸裸地表明我要替代你了，絲毫不加掩飾。秦國攻入楚國郢都時，一把火燒了當時世界上最華美的楚王宮，也成為不良示範，後來項羽火燒阿房宮不過是以牙還牙。只不過秦始皇焚書坑儒時，把六國的書都燒了，我們看不到楚宮的華美和火燒楚宮的慘狀，項羽的行為卻被人記錄並流傳下來。後來的歷代帝王一旦奪取天下，就一把火燒了前朝的宮殿，似乎都成了慣例；只有

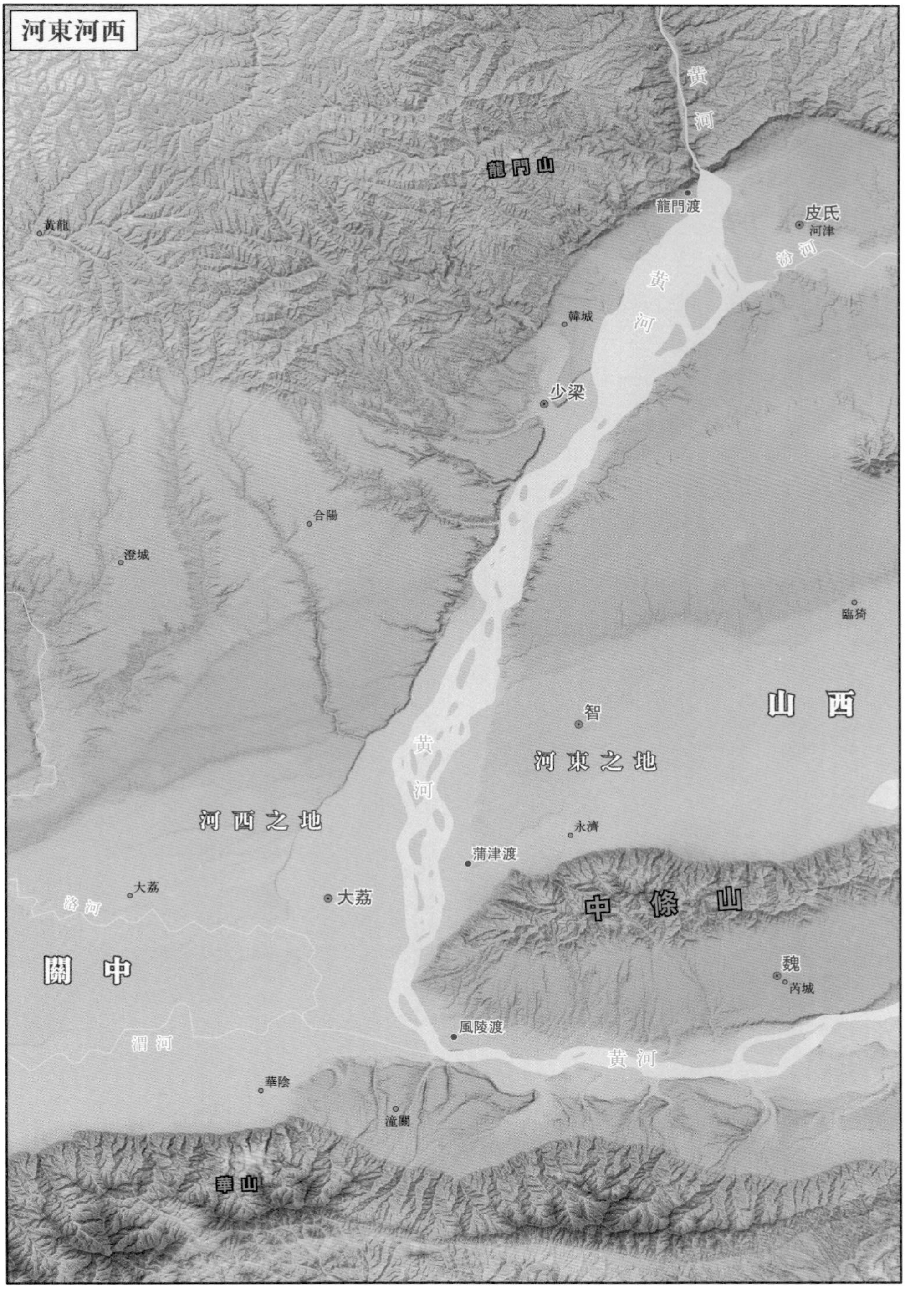
河東河西
黃河
龍門山
龍門渡
皮氏
河津
汾河
黃龍
韓城
少梁
合陽
澄城
臨猗
智
山西
河東之地
河西之地
永濟
蒲津渡
大荔
大荔
洛河
中條山
關中
魏
芮城
風陵渡
渭河
華陰
潼關
華山

滿清例外，滿清打著替崇禎帝報仇的旗號入關，主要的敵人是李自成，所以他們沒有燒掉前朝的宮殿。

秦國在這套法律體系下，伴隨貴族消亡，從前的詩書禮義不見了，什麼一諾千金、士為知己者死也不要了，人們往往以國家利益的名義，為達各種目的而不擇手段。

比如商鞅，前面說過魏國曾經占據河西之地，一直壓著秦國，秦國什麼時候把河西之地收回來呢？就是在商鞅手上。當時魏國剛在馬陵之戰遭受齊國重創（孫臏打敗龐涓），秦國趁魏國實力尚未恢復之際，大舉攻魏。秦孝公二十一年（西元前三四一年）九月，秦孝公派商鞅進攻河西之地，魏國派公子卬迎戰。兩軍對峙時，商鞅派使者送信給公子卬說：「我當年在魏國時，和公子相處得很快樂，現在你我成為敵對兩國的將領，不忍心相互攻擊，要不咱倆見個面，訂個盟約，痛痛快快地喝幾杯，然後各自撤兵，讓秦、魏兩國相安無事。」公子卬念在舊情的分上就去了，結果被商鞅埋伏的甲士俘虜。魏軍群龍無首，商鞅趁機攻擊魏軍，魏軍大敗，魏惠王被迫割河西之地求和。商鞅因為這次功勞被封了商於之地，有了商君這個稱號。

秦惠文王繼位後，商鞅被誣告謀反而被迫逃亡。逃亡路上，他想住旅店，結果店主說，商君有令，沒有憑證（最早的身分證，商鞅的發明）的客人不能住宿，否則連座，這就叫「作法自斃」。秦國不能待了，只能逃亡鄰國魏國。還好魏國沒有把他騙進來殺了，魏惠王只是怨恨商鞅背信棄義，將他驅逐回秦國。商鞅走投無路，只能回到商於之地起兵造反，結果兵敗被殺，屍體被車裂，家人被滅族，真是自作自受。

商鞅欺騙朋友只是在戰場上，兩軍陣前，兵不厭詐，還說得過去。與張儀相比，商鞅只是使詐，張儀就徹底不要臉了。

魏國被齊國打敗後開始衰落，秦國趁機而起，開始東擴。六國合縱對付秦國，楚王是縱約長。六國裡最強的是齊、楚，只要這兩國聯盟，秦國的東擴計畫就寸步難行。於是張儀出使楚國，說只要楚國與齊國斷交，秦國就把商於六百里地割給楚國。楚懷王答應了，於是和齊國斷交。等楚懷王派人去秦國交割土地時，張儀直接耍賴，說是六里，不是六百里，楚懷王氣壞了，兩國就此開戰。

楚懷王這麼容易上張儀的當，這不是笨嗎？其實不是，在禮崩樂壞的戰國時代，楚懷王是禮樂文明培養出的最後一代國君，他認為張儀是窮苦人出身，從小沒有接受過貴族教育，不懂得做人要講誠信。楚懷王的悲劇很像當年的宋襄公，宋襄公當年講求禮儀，敗給了還有蠻夷之氣的楚國。但在楚懷王時代，楚國經過幾百年的發展，不但吸收了華夏文明，而且比華夏還華夏。楚國的衣服、舞蹈、音樂，還有楚王好細腰[3]，都是中原諸國追捧的時髦事物。為什麼有個成語叫「楚楚動人」？因為楚國的一切東西都是美好的，楚成了美好的代名詞。

更讓楚懷王想不到的是秦昭王。秦昭王更過分，直接把楚懷王騙到武關，然後要他割地保命。楚懷王寧死不從，秦國就一直扣留他，三年後，楚懷王在咸陽鬱鬱而終。

秦國這種做法在楚國人民心中埋下仇恨的種子。後來項羽起事時，擁立楚懷王的孫子為義帝，仍以楚懷王為旗號在楚地起事，一呼百應，楚國故將紛紛來投，正是利用人們對楚懷王的同情心。

孔子說春秋是個禮崩樂壞的時代，那是他沒有看到戰國時發生的事。春秋時雖然王室衰微，但秩序還在，從齊桓公打著尊王攘夷稱霸中原開始，各路諸侯都必須給周王面子，也要給霸主面子。到了戰國，這些都不要了，一切以利益為重。孟子見梁惠王[4]，梁惠王直接問他能帶來什麼利益，孟子大失所望，感嘆仁義道德已經沒有市場了。六國都這樣了，秦國更是有過之而無不及，一直向戎狄學習，而不是師法中原，對華夏禮儀那套東西拋棄得比誰都快。話說回來，秦國只顧利益、不要臉皮的精神，倒是很合劉邦的胃口，所以他全盤接受了秦國法律制度和法家的內核；項羽反而做不來這種事，他要執行分封，回到過去禮樂文明的社會。項羽最終不肯回江東，兵敗自殺，正是士人那種不成功便成仁的精神體現；如果是劉邦，肯定是好死不如賴活著。劉邦和項羽都是楚國人，正應驗了那句話：「楚雖三戶，亡秦必楚。」漢朝實際上最終是個秦制和楚文化的雜交體。漢朝的音樂、舞蹈、服飾、漆器等軟性的東西都是楚國的，但硬性的東西如法令、制度還是屬於秦國。

秦國的郡縣制能夠集中力量辦大事，讓秦國從一個邊陲小國，躍身成為令中原諸侯聞風喪膽的超級大國。但有個問題，以國家的名義剝奪人民的財富，終究是要還的。老百姓大部分的糧食都用來交稅，還要服兵役，法家講究嚴刑竣法，一切不利於戰爭的行為都會受到嚴厲處罰，像經商、遊手好閒等都被禁止，違反就殺頭。唯一的上升之路就是上戰場殺敵，殺愈多獲得的回報就愈多。在這種激勵政策下，整個國家就是一臺精密的戰爭機器，用現在的話說就是軍國主義。秦國上至達官貴人，下至黎民百姓，都是這臺機器上的螺絲釘。這種體制缺少人文關懷和對生命的尊重，以軍功為獎勵的政策把人類最血腥和自私的一面發揮到極致。同樣的，在這種體制下，秦國需要不停發動戰爭和兼併土地以維持機器的運轉。一旦戰爭結束，靠立軍功的激勵方式無效了，整個國家就會出現問題。所以，秦始皇統一全國僅維持了十五年，兩個楚國人（項羽、劉邦）起來把秦國滅了。

我花了大量筆墨說商鞅變法，不僅因為發生在關中，還因為這對中國歷史發展影響太大了。可以說，直到今天，我們仍能看到商鞅的影子。說完了商鞅，我們還是回到關中這片土地。

劉邦繼續複製秦國的統一之路，從漢中暗度陳倉奪取關中，然後向東進兵中原，統一天下。他的舉動再次證明，擁有關中才能問鼎中原。相反的，項羽稱霸後，定都彭城（今徐州），說明他根本沒想當皇帝，只想做個春秋霸主，否則不會放棄關中和洛陽。彭城是個四戰之地，附近一馬平川，無險可守，誰都可以打過來，一旦四面受敵，守都守不過來，還怎麼號令天下。項羽後來果然疲於四處征伐，劉邦卻在蜀漢兩地偷偷發展，積蓄力量。

劉邦更是進一步證明，擁有巴蜀，再取關中，然後問鼎中原，這個套路是成熟可行的。有了巴蜀的糧，關中的兵，就可以橫掃天下。諸葛亮後來的三分天下，就是想學劉邦，光復漢室，所以他讓劉備先打巴蜀，再取漢中，而他後來六出祁山，就是為了奪取關中。如果能奪取關中，就算荊州丟了也不會影響大局，可惜六出祁山也是無功而返。諸葛亮的偉大不在六出祁山的鞠躬盡瘁，而在於隱居隆中時，未出茅廬就已經看清天下形勢，三分天下完全按照他的規劃而來。只是後來有兩件事他沒料到：關羽失荊州，那時離《隆中對》已過了十二年；第一次出祁山，劉備不在了，失去後方強而有力的支持，更是二十年之後的事。能料定天下十年之內的政治走向，已經是非常了不起，管仲、樂毅遠遠比不上。

漢朝定都長安，中間王莽篡漢，東漢定都洛陽。三國時，曹操挾天子以令諸侯，定都許昌，西晉又搬回洛陽。緊接著，五胡亂華，東晉南渡，躲到江南偏安一隅，北方亂成一鍋粥，長安和洛陽仍是北方的中心。東晉滅亡後，南北朝時期，南方宋、齊、梁、陳繼承東晉的華夏正統，始終以南京為首都，北方政權的首都時而長安，時而洛陽。一直到隋、唐，長安迎來了最輝煌的時刻。

唐朝開創者李淵是隋朝的唐國公，守太原，和隋煬帝楊廣實際上是表兄弟。李淵趁楊廣下揚州時，先取關中，然後以關中和河東地區（山西黃河以東地區）為根據地，逐步剿滅群雄，統一中原。做為親戚，唐朝繼承了隋朝的一切，包括科舉，也包括首都長安和洛陽。

唐朝的長安城不僅是中國的中心，也是世界的中心。當時全世界大約有一億人，而長安就有一百萬人，也就是說，全世界百分之一的人都在長安。即使在今天，世界上也沒有任何一個城市可以比擬。但最輝煌的時刻意味著即將衰落，關中畢竟只是個小盆地，只有五萬多平方公里，養活不了那麼多人。隨著社會的發展，人口的增多，中央政府的官僚機構愈來愈龐大，做為全國的政治經濟中心，關中顯然力不從心。關中做為四塞之地，固然好守，但同時有個弊端，全國各地的物資要運往關中十分困難。這時，洛陽的地位逐漸顯現出來。洛陽地處中原，交通方便，把全國的物資運往這裡方便許多，特別是隋煬帝修建大運河後，洛陽更成為天下中心。但洛陽三面環山，北臨黃河，平地比關中還小，所以開封又進一步取代了洛陽。到了北宋，開封成為首都，稱為東京，洛陽還是做為副都，稱西京。之前長安稱西京，洛陽稱東京。

其實早在唐朝之前，隨著社會人口的發展，關中太小的問題就突顯出來了。隋煬帝修建大運河，並不是為了下揚州遊山玩水，而是為了解決首都人民的飲食問題。隋朝的大運河分南北兩條，中間在洛陽交匯。其中南方這一條，從江南運來的物資，首先到達濟水邊上的汴梁（開封），再由這裡運往洛陽或長安。隨著大運河的地位愈來愈重要，汴梁的地位也就水漲船高。

江南的糧食物資到了開封或洛陽，再運到長安，只能透過黃河。黃河雖稱為母親河，但只是針對上游的人民，比如隴西和河套；隴西被認是華夏文明的發源地，河套就不用說了，四周都是沙漠，只有黃河滋養出了幾個綠洲，那裡號稱塞外南江，所以又有「黃河百害，唯富一套」的說法。黃河經過黃土高原，到了中下游時，對人們來說卻是百害無一利。通常大江大河有三利：航運、漁業、灌溉。這三樣黃河都沒有，黃河的上游經過黃土高原鬆軟的土質，含沙量巨大，造成河水淺，難以行船；漁業就不說了，這麼渾濁的水，能存活的魚不多；又因為含沙量高，不能直接灌溉農田，必須要修特殊的溝渠才能利用；也因為泥沙量大，下游河床愈來愈高，比普通人的房子還高，河水常常沖出河床改道，氾濫成災。黃河氾濫的害處在中國歷史上比比皆是，大禹一輩子都在治水，是因為黃河氾濫；商朝首都一遷再遷，也是因為黃河氾濫。黃河幾次改道，都替中國人民造成無以數計的損失。

黃河又是逆流，冬天還結冰，難度大，時間也保證不了，其效果可想而知。所以，要把洛陽的物資透過黃河運往關中，實在是一件非常難艱的事。實際在唐朝時，皇帝們就經常待在洛陽，很多人也把洛陽當首都。劉禹錫的〈賞牡丹〉：「唯有牡丹真國色，花開時節動京城。」洛陽產牡丹，劉禹錫稱洛陽為京城。杜甫的〈聞官軍收河南河北〉：「即從巴峽穿巫峽，便下襄陽向洛陽。」杜甫在四川聽說官軍收復了河北，高興不已，急著要回洛陽而不是長安，可見當時洛陽雖是副都，卻已是全國人民心目中的中心。

宋朝以後，首都進一步東移到開封，從《清明上河圖》可以看出，當時開封的繁華阜盛，無與倫比。這個時候，中國的經濟重心已經到了江南，再把江南的物資費盡周折運到關中，損耗大，吃力不討好。宋朝又是重文輕武的朝代，努力發展文化經濟，不太看重山川險要之類的軍事要塞。

關中就是從這時候起失去以王天下的地位，再也沒能成為中國的首都。中國的經濟、政治中心，進一步向南、向東遷移。

注釋

1. 天子都城附近的土地。
2. 世襲罔替意旨世襲次數無限，而且繼承者繼承被繼承者原有的爵位。
3. 楚靈王偏愛細腰的士臣，故稱「楚王好細腰，宮中多餓死」。
4. 即魏惠王，魏國把河西之地割給秦國後，為避免秦國的鋒芒，把都城從安邑（山西運城）遷到大梁（河南開封），人們習慣稱他為梁惠王。

第三章

江南富庶，衣冠南渡

江南，按字面意思是長江以南，但在歷史或文學書當中，通常指江東，古吳越之地。這裡北臨長江，南靠大山，東面是大海，中間以太湖為中心是一片湖泊縱橫的平原，河網密布，是中國最富有的地方。這裡是花柳繁華之地，富貴溫柔之鄉；這裡吳儂軟語，風輕水柔，是水鄉澤國，人間天堂。但這是現在，以前的江南可不是這樣。

早在春秋時期，這裡還是一片蠻荒，民風彪悍，斷髮紋身，跣足而行。直到春秋中期，吳越之地還沒有登上中國的歷史舞臺，是兩個楚國人改變了這一現狀。這兩個人是誰呢？一個是巫臣，一個是伍子胥，他們從

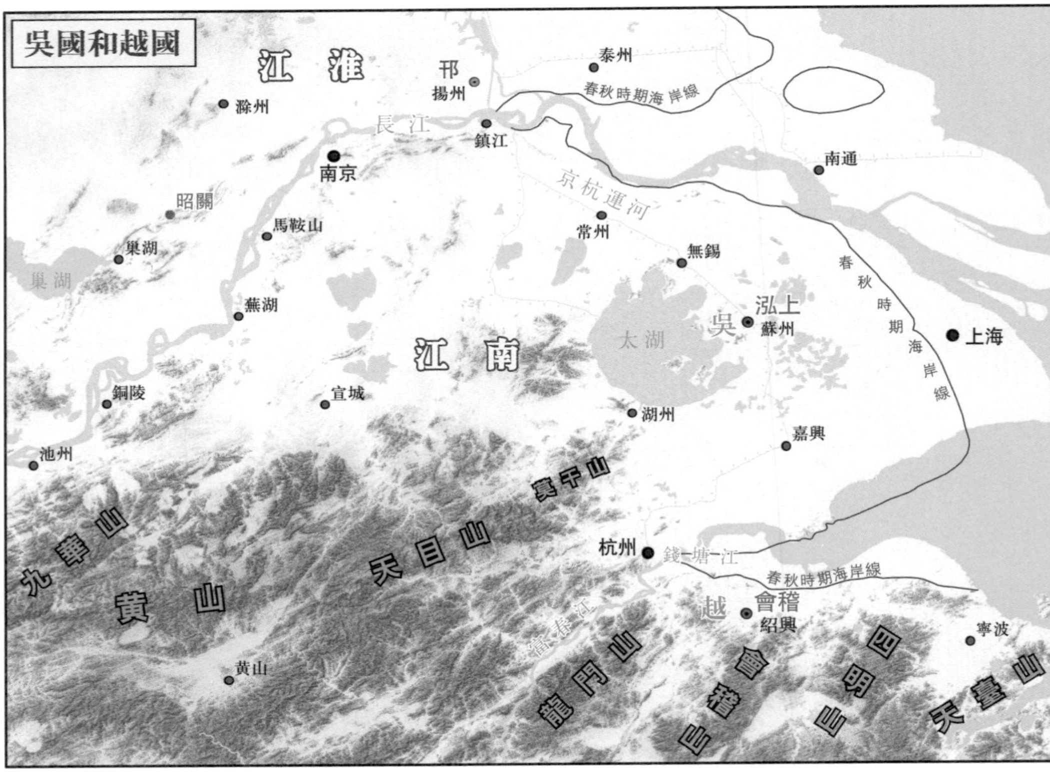

楚國叛逃的原因，都是因為女人。

春秋中期，晉、楚百年爭霸。兩國連年戰爭，最後誰也制服不了誰，形成僵局。這時晉國想出一個主意，扶持楚國背後的吳國來進行牽制，這樣楚國就無暇顧及中原。出這個主意的人叫巫臣，是個先知式人物。巫臣原本是楚國人，屈氏，和屈原同一個家族，原本是楚國大夫，屬於公族，也姓羋，和楚王同姓，也就是說，祖上和楚王是一家；楚王是羋姓熊氏，巫臣是羋姓屈氏。屈家不光出忠臣，也出叛徒，我們知道成語「唯楚有材，晉實用之」，巫臣就是其中一個。

在這裡，有必要說一說先秦時的姓氏，不然大家看見這些名字會感到奇怪，也容易混亂。

我們就拿熟悉的《羋月傳》做例子吧！有心的人會發現，羋月的父親叫熊商，父女倆怎麼不同姓呢？和現代人只有姓名不同，先秦時期的人，代表個人的符號主要有四個：姓、氏、名、字。比如羋月父親的楚威王：羋姓、熊氏、名商。至於字是什麼已不可考，誰叫人家是王呢，有字也沒人敢叫。實際上也不是不可考，只是秦始皇焚書坑儒後，除了魯國的國史《春秋》留了下來，其他史書都被燒了，我們現在不知道而已。拿另一個熟知的人來說吧！屈原：羋姓、屈氏、名平、字原。你沒有看錯，屈原也姓羋，也是楚國公族之一，那為什麼不叫屈原為「羋原」呢？聽我一一分解。

先挑簡單的說：名和字。

我們知道民國時還在用名和字，之後就只有名，沒有字了。古人一出生就有名有姓，成年後由父母取個字，「待字閨中」就是這麼來的，父母取了字，表示妳成年了，可以出嫁了。在過去，稱字表示尊重，直呼其名是很不禮貌的行為。諸葛亮下軍令，向來都是「雲長」去哪裡守候，「翼德」去哪裡埋伏，「子龍」從哪裡突襲等，絕不會說關羽去衝鋒，張飛去斷後，趙雲從中間埋伏，有些影視就這麼寫臺詞，這是因為編劇不了解這些常識。至於名，是小時候父母取的，用來自稱，表示謙虛，比如劉備要發言，一定說備如何如何，絕不能說玄德如何，否則就是不禮貌了，除非是在敵人面前，比如趙雲叫陣時常說：「我乃常山趙子龍也！」這個時候就不用謙虛了。

再說姓和氏。先秦的姓和氏是分開的，和秦、漢以後有很大的不同。

所謂姓，望文生義，女生也，表明是哪個女人生的，我們看一些古老的姓都是女字旁，比如姬、姜、姒，包括秦國的嬴姓，裡面也帶一個女字，就是這個道理。姓的起源在母系社會，當時的人只知道是誰生的，搞不清父親是誰，也可能是當時還沒有父親這個概念，所以只表示是哪個女人所生，一旦繼承姓就不會更改。姓的作用主要是別婚姻，也就是同姓不婚，因為同姓的往上數幾代，最終都是一個媽生的。氏則不同，變動很大，也很隨意，有的以地名，如許、鄭；有的以官名，如司馬；有人以身分，如公孫；有的以祖上某個顯赫人物名字中的一個字為氏。籠統來說，氏是姓的分支。老子生了幾個兒子，有點出息的兒子就可以自立門戶，有自己單獨的氏，但姓還在，也不會變。比如孔子的祖上有個人是宋國的貴族，官至大司馬，叫孔父嘉（名嘉，字孔父，字在前，名在後，連著叫，先秦時的人經常這麼稱呼，所以顯得很奇怪），後來他的子孫逃到魯國，就以孔為氏。宋國國姓是子，孔父嘉是公族，也姓子；所以孔子是子姓，孔氏，名丘，字仲尼。千萬別以為孔子姓孔，或者把姓氏倒過來念。那孔子為什麼不叫子子，或者子丘呢？這就涉及到下面這個問題。

女稱姓，男稱氏。

前面說了，姓的作用是別婚姻，女稱姓，就是讓前來提親的男方知道是否同姓，避免同姓結婚的情況。中國人很早就知道，同姓結婚容易生出傻子。既然女方已經表明姓，做為提親方的男姓就沒必要再表明了。男人要表現的是功績，凡是有功績的男人都有自己的氏，稱姓是一件很可恥的事，代表你是個啃老族。未成年的男子呢？要嘛用父親的氏，要嘛乾脆就叫公子某，再往下就是公孫某。所以孔子正確的叫法是孔丘，他可以自稱為丘，師長或好友可以叫他仲尼，孔子是後世對他的尊稱。

好，問題差不多了。像《羋月傳》裡給人的感覺她姓羋，怎麼父親姓熊，是不是搞錯了？其實就是女稱姓、男稱氏的原因。羋月這個叫法並沒有錯，叫熊月卻不合理，女子稱氏的情況也有，但極少。但先秦時期，女子的名字只在提親時告訴對方，外人無從知曉，史書也無記載，羋月這個名字也只是猜測，她的原型是羋八子，「八子」就和妃子、貴人一樣只是稱號，不是名字。但按照先秦的叫法，很少把姓放在前面稱呼，比如齊國的兩位公主，有文采的叫文姜，嫁給宣公的叫宣姜。姜是齊國的姓，都是放後面稱呼。再如我們熟知的孟姜女，翻譯成現代話就是姜家的大女兒，或者直接叫「大姜」。

孟、仲、叔、季表示排行，伯、仲、叔、季也是排行，區別是伯表示嫡出，孟表示庶出。武王伐紂時，有兩位孤竹國的公子伯夷和叔齊叩馬而諫，表示周人是商朝的臣子，怎麼能以臣伐君呢？這是大逆不道。武王本想殺了他們，姜子牙勸住了，說這兩位是大賢，他們說得並沒有錯。周人取得天下後，這兩位公子為了表示氣節，不食周粟，在首陽山下采薇而食。後來有人就對兩人說：「普天之下，莫非王土；率土之濱，莫非王臣。」意思就是，你不食周粟，這野菜也是長在周王的土地上，也是屬於周王，於是兩人連野菜也不吃了，最終餓死在首陽山。

單從名字上看就知道他們是家裡的老大、老三，伯代表老大，叔代表老三。像鄭莊公的兄弟叫叔段，也是這個原因，其實莊公和叔段中間還有個兄弟，只不過因為出身庶出，史書很少提及。春秋時吳國有位大賢叫季札，家裡老四；季不光指老四，如果家裡的孩子超過四個，老大稱伯，老二稱仲，從老三開始都稱叔，最小的稱季。這種習慣到漢朝還存在，比如曹操，字孟德，表示是家裡的長子，但屬於庶出；司馬懿，字仲達，家中老二；孫策，字伯符，家中老大；孫權，字仲謀，家中老二。這種對排行的慣稱還會影響到姓氏，前面說過國君的兒子稱公子，那孫子呢？就稱公孫，後來就成為姓氏。公孫往後過了三代，就不能再帶公字，如果是老大家裡傳下來的就稱孟孫，老二家裡傳下的就稱仲孫；同理，老三家的稱叔孫，老四家的就稱季孫。孟孫、仲孫、叔孫、季孫也可以成為氏，像魯國的三桓：孟孫氏、叔孫氏和季孫氏，就是魯桓公的三個兒子傳下來的三個家族，長期把持著魯國的朝政，孔子就出生在三桓專權時期。

先秦時的文獻所記錄的女子，其實都不是她們的名字，只是一個稱呼，有的是在姓前面再加一個排行，比如孟姜；有的是在姓前面加上丈夫的號，如宣姜；有的是在姓前面加上丈夫的氏，如夏姬。所以，芈月做為楚國的小公主，按當時的叫法應該叫「季芈」，用我們現代的話說就是「小芈」。就像

《羋月傳》裡的燕國太后孟嬴，即嬴姓長女的意思。還有更多的例子，褒姒翻譯過來就是褒國姓姒的女子，姒姓在先秦也是大姓，褒國就是後來的漢中，褒同時也是褒國公族的氏。鄭姬、蔡姬等最初的意思是鄭國的姬姓女子，或是蔡國的姬姓女子；秦始皇的母親趙姬，就是趙國姬姓女子的意思。東周時期除了楚國、齊國、秦國、宋國等少數諸侯外，大多數諸侯國都姓姬，所以他們的女兒也姓姬。姓姬的女子太多了，後來就成為美女的代稱，比如唐詩裡面經常稱少數民族的美女為胡姬。因為周朝的統治前後長達八百年，也是姓氏大暴發的年代，所以中國現在的姓大多源於姬姓。

那麼，秦國和楚國的王子、王孫們應該怎麼稱呼？

秦國，嬴姓秦氏。《史記》說嬴姓趙氏，其實也不太對，為什麼呢？商朝時，有位嬴姓猛將叫飛廉，他有兩個兒子，大兒子叫惡來，小兒子叫季勝。季勝這一支，後來替周穆王駕車有功，被封在趙地，就以趙為氏，這個趙氏後來從晉國裡分出來，就是戰國時的趙國；大兒子惡來這一支一直沒什麼功勞，就借用了季勝的功勞，也以趙為氏，直到替周天子養馬有功，被封在秦地，就應該以秦為氏。所以秦國的王族，包括秦始皇，正確的稱謂應該是秦某，羋月的丈夫嬴駟應該稱秦駟，秦始皇就是秦政，而不是嬴政。同樣的道理，楚國，羋姓熊氏，羋月的父親應該稱熊商，而不是羋商；羋月的哥哥應該稱熊槐，而不是羋槐。

搞清了先秦的姓、氏以及排行的關係，我們就可以從一個人的稱呼上大致看出他的身分。

我們知道一個成語「楚雖三戶，亡秦必楚」，「三戶」不是三戶人家，而是羋姓的三個大氏族：屈氏、景氏、昭氏。他們是楚王的近親，也都姓羋，是楚國公族的代表。

話說回巫臣，羋姓，屈氏，名巫，或巫臣，字子靈。做為楚國的公族，巫臣在楚國也混得風生水起，按道理不應該和楚國結仇，起因就是一個叫夏姬的女人。

夏姬本是鄭國的公主（鄭國姓姬，所以她也姓姬），嫁給了陳國的司馬夏御叔為妻，所以稱為夏姬。前面說了，這個夏是她老公的氏，不明白的人可能會以為，怎麼兩口子都姓夏？其實不是，這是先秦時期人物稱謂的習慣。

夏姬是個絕色美女，不過生性淫蕩，歷史上的妲己、褒姒等紅顏禍水，和她比起來，簡直是小巫見大巫。夏姬出嫁前就和自己的庶兄私通，後來嫁給夏御叔不到九個月就生下兒子，取名叫夏徵舒，孩子到底是誰的，我們就可以想像了。等孩子十二歲時，她老公就死了，怎麼死的也說不清，她按捺不住寂寞，先後和陳國的兩位大夫私通，他們互相爭風吃醋，還把陳國國君陳靈公也拉了進來。靈公是後人給國君的諡號，是對國君一生做為總結；從諡號上看，這個陳靈公就沒什麼好結果，靈字就是不得好死的意思，例如趙武靈王是餓死的，楚靈王是上吊死的，這個陳靈公怎麼死，稍後我們就知道了。

一女三夫，我們難以想像這四個人是怎麼鬼混在一起的。再說夏姬的兒子一天天長大，終於成年了，繼承父親的官職——司馬。古代男子二十歲行冠禮，代表成年；女子十五歲及笄，笄就是我們俗稱的簪子，及笄就是把頭髮挽起來插上簪子，表示可以嫁人了。我們大致算一下，夏姬這時至少已經三十六歲，這三個陳國大人物還天天圍著她轉，魅力確實非同小可。要知道在春秋時期，即使是貴族，生活條件並沒有那麼好，也沒有像現在有那麼多保養品。

這三個人經常在夏姬家飲酒作樂，還經常拿夏徵舒的長相開玩笑，說他長得像三人中的誰，是誰的私生子（估計夏徵舒長得不像父親）。夏徵舒正是血氣方剛的年紀，哪受得了這些，有一天終於按捺不住，把陳靈公殺了，另外兩個人跑得快，從狗洞裡逃走，跑到楚國報信。

當時陳國是楚國的小跟班，尊楚國為霸主。國君被殺，這還了得，做為老大的楚國就得出面了。於是楚國出兵一舉滅掉陳國，抓了夏徵舒，處以車裂，又抓了夏姬，帶回來交給楚王處理。楚莊王一看夏姬長得國色天香，不由得也動了心，想納為妃子，這個時候巫臣就站了出來。

巫臣說：「陳國弒君犯上，大逆不道，所以楚國出兵討伐，是正義之舉，大王今天要是娶了這個女人，天下人就會說你是為了貪戀美色，打著正義的旗子來滿足自己的私欲。」楚莊王是個雄才大略的君主，一心想稱霸中原，一聽這話有道理就放棄了。

但還有一個人也看中了夏姬，就是楚王的弟弟公子側（官至司馬，字子反）。於是巫臣又勸說：「這個女人是個不祥之物，凡是接觸過她的男人都不得好死，陳國也因她滅亡了，天下美女那麼多，公子何必在這棵樹上吊死？」子反也是聰明人，彷彿看出點什麼了，就說：「我不娶可以，你巫臣也不能娶。」

於是楚王就把夏姬賜給一位貴族連尹襄老（聽名字像個老頭子，是個鰥夫；連尹，楚國主射之官），但這位襄老顯然沒那個福氣。第二年，晉楚爭霸的邲之戰打響，晉國大敗，楚莊王隱忍多年，終於透過這一戰成就了霸主地位。正是在這一戰中，襄老戰死，屍體被晉國拿走；襄老的兒子沒有急著為老爹報仇，而是急著回家霸占夏姬。晉國後來把襄老的屍體放到鄭國，鄭國正好處於楚國和晉國之間，是個受氣筒，這兩個大國誰想展示一下肌肉都是先拿它試試；鄭國無所適從，乾脆做個牆頭草，誰來了就投降誰，沒有原則，也沒有底線。晉國這一仗雖然輸了，但畢竟是大國，直接把襄老的屍體還給楚國會覺得很沒面子，所以放到鄭國，意思是讓楚國自己去取。鄭國正好是夏姬的娘家，巫臣傳話給夏姬說：「妳只要回到鄭國，我就娶妳。」於是夏姬向楚王求情，說要去鄭國取回襄老的屍首。巫臣也極力唆使楚王答應這個合理要求，於是楚王答應了，夏姬回到鄭國。

巫臣說得容易，但做為楚國的重要人物，想離開沒那麼容易。一直等到八年後，晉國和齊國打起來了，齊國向楚國求救。楚國派巫臣出使齊國，巫臣走到鄭國，帶上夏姬，就投奔晉國去了。這時夏姬已經四十多歲，還能讓巫臣為了她拋家捨業，實在是很不簡單。從這裡可以看出，巫臣為了達到自己的目的，可以隱忍多年，也可以看出他的老謀深算。

這個時候楚莊王已經死了，在位的是楚共王，但子反還在，他得到這個消息後暴跳如雷。此前巫臣還得罪了楚莊王的弟弟子重（子重後來成為楚國的令尹，也就是宰相），有一次楚軍打了勝仗回國，子重請求把申邑（申國，後來的宛城）封給他。楚莊王原本答應了，申公巫臣卻認為那裡是軍事要地，不能隨便分，於是楚莊王就不給子重了。現在，報復的機會終於來了，子重、子反帶著人把巫臣全家殺光，還順手把襄老那位兒子的全家也滅了。巫臣得到這個消息後痛苦不已，發誓要讓楚國從此不得安寧。

巫臣受到晉國重用，被封為邢邑（今河南溫縣）大夫，替晉景公出了連吳抗楚的主意。怎麼做呢？當時吳國還很落後，和楚國根本不是同等級的，讓他們招惹楚國，豈不是雞蛋碰石頭嗎？

巫臣的計畫是，先強吳，讓吳國發展強大。只要吳國強大了就會擴張，首當其衝的目標就是鄰居楚國。如果在楚國東面豎立一個強大的敵人，楚國就無暇北顧了。就像冷戰時期美國扶持日本牽制蘇聯一樣，我離你太遠，打架不方便，直接在你眼皮底下扶持一個敵人，時時牽制你，你就沒精力和我鬥，我好騰出空間來大力發展。這一招，二千多年前，我們的祖先就玩過。

當時的吳國是什麼狀況呢？

吳國僅占據太湖一帶，首都在姑蘇。當時還是蠻夷之地，雖然經過幾代吳王的治理，還是很落後，和中原也沒什麼來往，不會駕車，不會行兵布陣。

春秋時的戰爭以車戰為主，一輛戰車由四匹馬拉著，上面站著三個軍士（也稱戰士，由貴族組成），左邊的拉弓放箭，中間的駕車，右邊的持長武器勾刺；一輛戰車要配置約七十二名步卒（由平民組成），稱為一乘。所以當時的百乘，接近八千人，千乘之國就是大國了。四匹馬拉的戰車，在當時就像坦克一樣，在戰場上非常有衝擊力，但不好駕馭。四匹馬如果協調不好，不但增加不了戰鬥力，還會起反作用。所以中原的貴族從小就要學六藝：禮、樂、射、御、書、數，其中的御就是駕車，是一項技能，要透過長久練習才能掌握好。

戰車是中原的產物，身處南方的吳國既不產馬，也不懂御車，要想和楚國抗衡，談何容易！

於是巫臣親自跑到吳國，教吳國人駕車、行兵布陣、行周禮、種田種地，總之巫臣把楚國的先進技術全教給了吳國，吳國人才緊跟著華夏文明亦步亦趨。巫臣還把兒子留在吳國當外交官，接替他在吳國未竟的事業。

在巫臣和他兒子不斷支援下，吳國逐漸強大，經常派兵在吳、楚邊境騷擾，讓楚國非常頭疼，果然無暇顧及中原。到了春秋末期，吳國已經強大到可以與楚國抗衡，兩國之間戰爭不斷，進入僵持階段。

這時候，另一個楚國人出場了，就是伍子胥，也是個先知式人物。

伍子胥與楚國結仇，起因也是一個女人，她是秦國公主（孟嬴），本來要嫁給楚國太子建。太子建有兩個師傅，一個是太師伍奢，一個是少師費無極，到秦國迎親的是費無極，他看秦國公主長得漂亮，為了討好楚平王，極力勸說楚平王納為己有，楚平王不是楚莊王，見色起意就答應了。時間一長，楚王漸漸老去，太子總有一天要繼位，費無極擔心太子繼位會報復，於是誣陷太子謀反。

太子一向敬重伍奢，討厭這個費無極，所以費無極對楚平王說伍奢是同謀。楚平王信了，要抓太子；太子逃往宋國，伍奢被抓。但伍奢還有兩個兒子在外面，費無極知道如果只殺了伍奢，這兩個兒子將來一定會來報仇。於是逼著伍奢寫信給兒子，說如果你兩個兒子回來，我就放了你們全家，如果不回來，就殺你全家。明眼人一看這就是個騙局，大兒子伍尚為人忠厚，明知是計還是回來了，和父親一同被殺；二兒子伍員（伍子胥）隻身逃到宋國去找太子，結果宋國內亂，兩人又逃到鄭國。在鄭國，太子建因為參與政變而被殺。伍子胥只好一人出逃，沿著大別山北麓，過陳國，最終逃向吳國。到了吳國，伍子胥恰好趕上一個機會，就是吳國的公子光和吳王僚在爭奪王位。

公子光和吳王僚是什麼關係呢？這得從他們的爺爺說起。老吳王有四個兒子，特別喜歡老四季箚，想把位子傳給他，但又礙於春秋的禮法，想了一個折衷的法子：死後讓老大繼位，老大死了老二繼位，老二死了老三繼位，老三死了老四繼位，這樣目的就達到了。

老大、老二都遵守了先王遺訓，死後把位子傳給弟弟。老三死後，終於輪到老四，關鍵的時候到了，可以實現老吳王遺願，但季箚卻不願當王，最後被逼急了，乾脆跑出吳國。後來他到了魯國，收了個弟子，這位弟子名叫孔丘。

吳國的王位該怎麼辦？只好由老三的兒子繼承，這個人就是吳王僚。但老大的兒子不願意，心想這王位本來是我家的，傳給老三也不過是過度一下，目的是傳給老四，既然老四不幹，也該還給我們家才對，你老三家憑什麼霸占這個位子呢？老大的兒子就是公子光。

伍子胥一個人歷盡艱辛逃到了吳國，因為吳王僚不肯出兵伐楚，就投奔到公子光。伍子胥一心想報仇，到了吳國後做了兩件事，一是找到刺客專諸，刺殺了吳王僚，幫公子光奪取了王位，公子光於是改稱為吳王闔閭；二是向闔閭推薦兵法家孫武，幫吳國訓練軍隊。

幾年之後，就是西元前五〇六年，伍子胥和孫武帶著吳國軍隊，沒有走長江通道，而是向北進入淮河，沿著大別山的北麓逆流而上，一直到了淮河源頭才棄舟登岸，從桐柏山和大別山之間，也就是義陽三關攻入楚國。義陽三關在兩山中間的一條峽谷裡，三關相關，並不好走。這是《孫子兵法》出奇制勝這一軍事思想的首次實踐，楚國防守吳國的重兵都設在沿長江一線和吳國交界的地方，也就是從九江到安慶這一帶，萬萬沒想到吳國會走北邊，即使走北邊也沒走宛城下襄陽，而是出其不意地走了義陽三關，結果被打了個措手不及。楚國頭一回被人攻入腹地，驚慌失措，急忙調集兵馬迎戰，吳軍誘敵向東，雙方在柏舉（麻城）進行會戰，楚軍大敗。然後吳軍勢如破竹，一直打到郢都（今湖北荊州）。

但這時殺害伍子胥父親和哥哥的

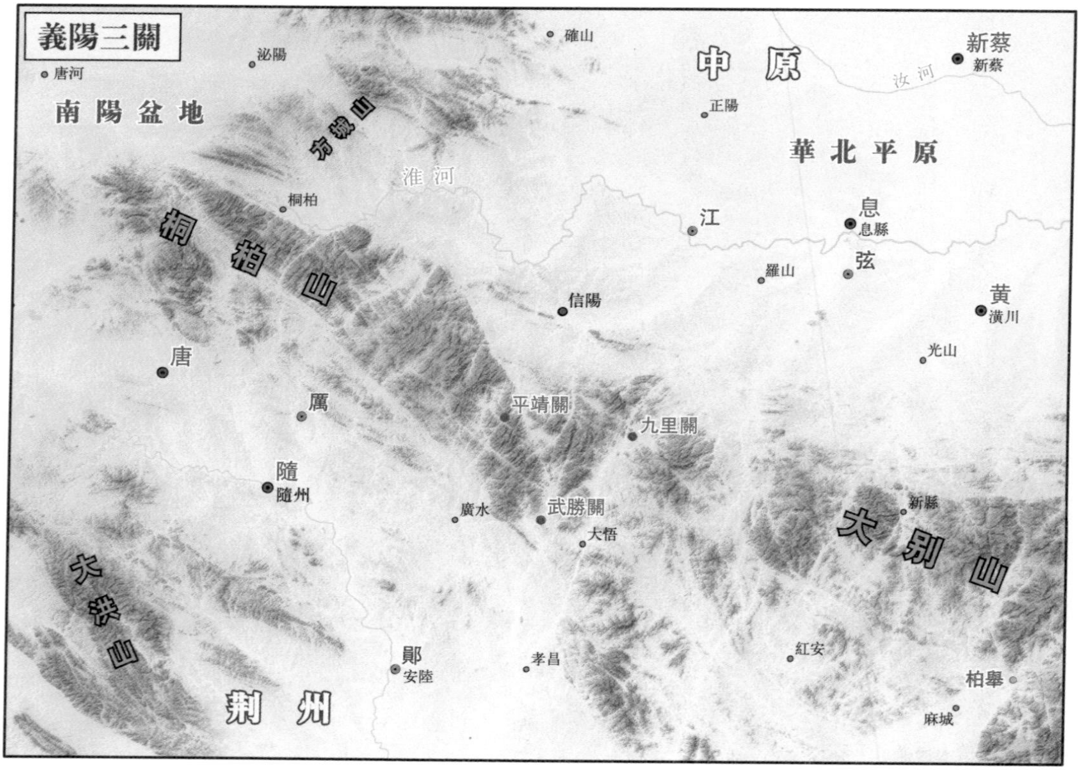

楚平王已經死了，伍子胥就把楚平王從墳墓裡挖了出來，鞭屍三百，才算解了恨。

鑑於楚國根基太強大，又從秦國搬來救兵，吳國很快就從楚國撤了出來。從此以後，楚國元氣大傷，吳國登上霸主地位。吳國第一次在中原亮相就打敗強大的楚國，令華夏諸侯震驚。在這之前，楚國的都城郢都不修築城牆，以楚國的縱深，楚王認為沒有人會打到郢都。但吳國一出場便讓所有人大吃一驚，巫臣的計謀在他死後多年得以實現。

從此以後，吳國與中原各地的命運就息息相關了。

但吳國這時還不算真正的強國，伍子胥死後，新興的越國滅了吳國，越國最後又被楚國所滅。吳、越這兩個國家，相對中原諸侯來說，還是野蠻國家，無論是吳國攻打楚國，還是越國攻打吳國，都是採取趕盡殺絕的方式。吳國占領郢都後，甚至縱容軍隊姦淫楚王和大臣的妻女，這在以前的諸侯戰爭中是無法想像的。以前諸侯爭霸是君子之戰，一旦投降，承認對方是盟主就可以了；即使是滅國，也會給原來的國君一塊地當小地主，保留宗廟，過自己的小日子。吳國開啟了野蠻戰爭的先河，越國青出於藍，後來秦國把這個發揮到極致。

江南，也就是吳越之地，真正成為中國文明富饒的地方，主要在於三次衣冠南渡。

第一次南渡，是在五胡亂華時期，這是中國歷史上的大混亂時期，我們先搞清楚這段歷史。

三國時，曹魏篡漢，後來司馬家族又篡了曹魏，也就是西晉，西晉統一中國。司馬家族從司馬懿開始，擅長內鬥搞自己人，曹家的天下好歹是打下來的，司馬家的天下純粹是靠竊取。這點讓司馬家一直很心虛，為了避免人們懷疑他們坐江山的合法性，就控制人們的言論，不許大臣妄談國事。中國歷史上的第一個文字獄時代就是從這時開始，士大夫不談國事，只喝酒，吃五石散，清談。司馬家呢？外人都閉嘴了，自己卻不消停，搞內鬥。司馬昭讓兒子稱帝後，到了他的孫子司馬衷手裡，就是那位「何不食肉靡」的腦殘皇帝時，發生了八王之亂。司馬家的八位親王，你方唱罷我登場，鬥來鬥去，結果是國力空虛，以北方五個游牧民族為首的胡人趁機南下殺入中原。這就是五胡亂華的開始，五胡指的是匈奴、鮮卑、羯、羌、氐五個游牧民族，其中以匈奴為首，匈奴人先占據山西，然後南下攻取西晉首都洛陽，殺了皇帝，西晉滅亡。北方士族王導擁立琅琊王司馬睿，在建康（南京）登基，東晉開始。王家從此權傾朝野，「舊時王謝堂前燕，飛入尋常百姓家」說的就是他們家，另一個是謝安家，兩家一直把持著東晉朝政。東晉是世閥專權的時代，尤以王、謝兩家為代表，皇權相對弱勢。

其他胡人紛紛效仿，先後在北方建立幾十個國家，能排上號的有十六個，與東晉南北對峙，所以叫東晉十六國。北方長期處於混戰狀態，漢人就倒楣了，當官的抓了就殺，老百姓抓了就做奴隸。於是大批漢人渡過長江，跑到東晉。這只是南渡的開始，一直到北方被鮮卑人建立的北魏統一為止，前後一百年，不斷有漢人從北方跑來。北魏非常痴迷於漢文化，大力推行漢化政策，漢人在北方才有了喘息之地。

這些從北方來的漢人，不但帶來大量人口，還帶來中原的文化和技術，江南第一次成為中國的政治與文化中心。東晉以後，南方是宋、齊、梁、陳，再加上前面三國時期的東吳，共有六個朝代，簡稱六朝，都是定都南京，南京稱六朝古都，就是從這裡來的。六朝在中國文學史上具有極重要的位置，可以說在此之前，文學還不能稱為獨立藝術，所有文學都是對經史子集的解讀。所謂的文以載道，主要講的是治國之道，文章只是載體。六朝開始，藝術家們開始關注自己和自然，文學理論盛況空前，脫離了政治，成為一門獨立藝術。正是六朝文學播下了種子，才有不久後唐朝詩歌的繁榮景象。春秋時期，吳國的首都在姑蘇（蘇州），越國的首都在會稽（紹興），到了三國，東吳的孫權為了北進中原，築石頭城，把首都從蘇州遷到了石頭城，並把這個地方改名為建業，就是現在的南京，從六朝起，江南的中心從姑蘇北移到了南京。六朝古蹟成為唐朝詩人憑弔懷古的絕好題材，幾乎每個唐朝大詩人都到江南寫過懷古詩：「南朝四百八十寺，多少樓臺煙雨中。」「姑蘇城外寒山寺，夜半鐘聲到客船。」讀唐詩要先了解他們對六朝的情懷，裡面有很多詠嘆六朝時事的詩，如果不了解，對唐詩的理解也會大打折扣。

東晉滅亡時，北方被北魏統一，進入南北朝時代，也有人把這段時期稱為魏晉南北朝。這個魏是曹魏，不是北魏。

這個時期也是書法藝術發展的顛峰，漢字的字形一直不斷發展、變化。商朝用的甲骨文，現在除了專家，一般人根本不認識；周朝使用篆書，也稱為大篆，筆畫繁瑣，寫一個字和畫一幅畫一樣。秦統一中國後，丞相李斯將篆書的筆畫進行簡化，推向全國，這就是秦小篆，我們現在刻章時經常會用這種字體。但即便是小篆，書寫起來還是很繁瑣，貴族們為了減少工作量，經常讓奴隸幫忙，做為書記員的奴隸在抄寫文字時，又將筆畫進行簡化，而且發明了蠶頭雁尾這種更適合毛筆書寫的筆畫方式，就是隸書。隸書是漢字發展的一大進步，使漢字由筆畫組成，而不是圖畫；其實隸書早在戰國時期就有了，並在漢朝普及。到了東晉，漢字的書法進入輝煌時期，草書、行書飛速發展，接著楷書也被創造出來。這個由王羲之、王獻之父子發明的新字體，成為各種書法的楷模，所以稱為楷書，也是後世各種印刷字體的樣本。注意了，現在我們練字都習慣從楷書練起，再練行書、草書，所以會誤以為是先有楷書，後有行書和草書，事實上行書和草書都是從隸書發展而來，楷書最後才出現。

與此同時，北方的魏國大興佛教（其實南方也大興佛教，「南朝四百八十寺」說的就是這時修建的寺廟，但北魏更甚），也就是要修寺廟，著名的少林寺就是這時修建的。修建寺廟後，就要大量的刻碑，記事或記經文，於是出現一種新的字體——魏碑（這裡的魏指的是北魏，不是曹魏）。魏碑是一種介於隸書和楷書的字體，由大量不知名的低層知識分子創造，因為有名的知識分子都去了江南，所以魏碑遠沒有楷書的地位和名氣。

佛教早在東漢就傳入中國，為什麼會在這個時候突然興起呢？

做為本土宗教，道教在此之前一直占據著統治地位。漢初，文景之治以黃老之學治國，與民休息，道教風行一時。漢武帝時，董仲舒提出「罷黜百家，獨尊儒術」，其實已經不是春秋時代孔子的儒學，孔子強調禮（社會秩序）和仁（人文關懷），董仲舒則摻雜了其他學說的思想，最主要的一點是強調大一統和君權神授，從此為歷代帝王所推崇。到了東漢末年，道教的一支——五斗米道興起，引發黃巾之亂，進入三國時代。動亂造成皇權更迭，百姓流離失所，極大地敗壞道教名聲，從此地位一落千丈。

西晉之後，儒學的入世思想也遭到打壓。從三國開始到南北朝，一直到隋朝統一全國，戰爭持續了將近四百年。連年的戰爭，各種殺戮、叛亂、篡權的事層出不窮，無論是士大夫還是百姓都苦不堪言，現實社會已經到了令人絕望的地步。道教讓人恐懼，儒家也讓人失望，只有佛教還能給人慰藉，讓人在連綿不絕的亂世中不至於精神崩潰。而佛教傳入中原後，各種經典都已經翻譯出來，像白馬寺的《四十二章經》在東漢就傳了進來，是最早的漢譯佛經；達摩來到少林寺創立禪宗，還帶來《易筋經》和《洗髓經》，這也是少林功夫的起源。總之，各種機源巧合，讓佛教興盛起來，一時成為全國性宗教。

第一次南渡，江南保留了漢文化，並且發揚光大；第二次，發生在五代十國，又是一個亂世。

唐朝末年，安史之亂，黃巢之亂，各地節度使紛紛獨立，北方又打成一片，李氏王朝滅。中原地區先後經過五個政權更迭，所以稱五代，即梁、唐、晉、漢、周；中原之外，先後存在過十個地方政權，稱十國。十國之中以吳國最強，占據江南，以金陵（南京）為首都。中原唐朝被後梁替代後，吳國不承認後梁的正統地位，仍然沿用唐朝的年號。結果中原出現了後唐，吳國尊後唐為正宗。後唐滅亡後，吳國的實際掌權者徐知誥乾脆自己奪位，改名李昪，用唐做國號，以大唐正宗自居，即為南唐。

南唐雖然和大唐沒有什麼血緣關係，但對唐朝的感情很深。唐朝以前有西都長安和東都洛陽，南唐也設兩個首都，西都金陵，東都揚州；南唐的軍事制度也和唐朝一樣，有中央禁軍、節度使鎮軍和各地鄉兵之分；南唐還和北方的遼聯合，隨時準備北伐，收復中原。

南唐以這種對大唐王朝的眷戀之情，吸引大批從中原來的士族和百姓，懷著包容之心收留他們。這些南渡的中原人士，進一步促進江南地區的經濟和文化發展，江南再次成為中華文明的避難所和發祥地。南唐推崇尚文的風氣，較少動武，社會穩定，使南唐在動亂年代成為一個避風港。就是在這個時候，詞這種詩歌藝術得到發展，以南唐後主李煜為代表，為宋詞的發展開創先河。李煜在被北宋滅國前寫的詞以風花雪月為主，亡國後的詞則深沉哀婉，「問君能有幾多愁，恰似一江春水向東流」流傳千古。

直到北宋統一全國，北方的動亂才算結束。但好景不長，一百多年後，「靖康之難」發生，繼五胡亂華後，又是漢族歷史上的一次浩劫。於是北方士族再次衣冠南渡，在杭州建立南宋。這次是金人攻占汴梁，抓了徽宗、欽宗二帝，以及全家老小和文武大臣三千多人，全部押往金國，一路上受盡各種屈辱、折磨，大多死得非常悽慘。

金人的暴行，對漢族士人心靈上的打擊，在宋朝詩人的作品經常有反應，尤其是陸游，寫了大量的亡國詩：「遺民淚盡胡塵裡，南望王師又一年。」「王師北定中原日，家祭無忘告乃翁。」可惜，在這個山清水柔的南國，南宋皇帝們只顧享樂，根本不想回到那個戰火連連的中原。「暖風薰得遊人醉，直把杭州作汴州。」趙構本是一個八竿子打不著的皇子，好不容易天上掉下個餡餅砸在自己腦袋上，坐上了皇位，如果北上抗金，真把前面兩位正宗皇帝接回來，那他怎麼辦？所以岳飛沒想明白這個問題，執意抗金，最後被處死。秦檜只不過替老闆背了黑鍋，其實讓岳飛死完全是趙構的主意。

金人還在北方大肆燒殺搶掠，種種惡行真是罄竹難書。但這還沒完，金人沒趕走，蒙古人又來了。

這兩個蠻族的入侵對中華文化的破壞非常大，整個南宋期間，江南成為漢文化大本營，也為漢文明的延續提供了場地。從這時起，江南真正成為全國的文化和經濟中心。

因此，明朝一開始才把首都定在南京。此時，只有江南才能供養那麼大的中央政府，況且江南已經是全國的文化中心，離開文化的政權就很難談得上正統了。至於後來又定都北京，實在是個意外，因為元朝起了個頭，還修通了京杭大運河。實際上，把江南的物資千里迢迢運往北京，費時費力，所以在元、明、清三朝，漕運[1]是件大事。

這三次衣冠南渡，奠定了江南首善之區的地位，同時帶來另一個結果，就是客家人。

衣冠南渡指的是士族，當官的才會有冠，老百姓頭上綁片布就可以了，稱為幘。當官的當然往好地方、大城市跑，有名望的人到了南朝依然可以做官，有錢人至少可以到江南買房子、買地。但窮人呢？尤其是那些在戰亂中流離失所的人，他們占了南渡中的絕大多數，大部分是百姓，南渡只是為了謀生，城市裡難以為生，就只能鑽山溝了。在長江南岸，除了荊襄和江南兩地有平原沃土外，往南一直到廣州的珠江口，全部都是連綿不絕的山區。中原人逃到江南，好地方早已有人占了，晚來的只剩山溝還有空間。但山溝並不是荒無人煙，還是有土著（越人），可能還有一些早先到此的漢人。山裡資源少，為了爭奪土地，時常發生衝突。於是這些北來的中原人結群而居，甚至把房子修得像碉堡，以防止附近的山民攻擊。他們沒有忘記自己是從中原來的，到這裡只是為了謀生，像作客一樣，盡量與周圍的土著和睦相處，不要引起紛爭。於是他們自稱為客家人，修得像碉堡一樣的房子就是土樓。

南下的中原漢人一波接一波，先來的占據較近的位置，只在湖南、江西、福建一帶，晚來的沒有空間，只能再往南移，於是到了廣東北部，最後來的，最遠已經到了廣東梅州。這些從中原來的漢人，因為分不同時期，帶著不同朝代的中原口音，雖統稱為客家話，卻是有區別的。據說，全世界客家人有八千萬之多，是一個非常獨特的漢族群體。西方人最早知道的漢語是客家話、廣東話，而不是現在的普通話。

元、明、清雖然定都北京，但經濟文化中心仍在江南。首先是元朝的戲曲，崑曲是現今最古老的劇種，發源於蘇州崑山，也是百戲之祖，現代各種戲曲都從中吸收養分。被稱為中國國粹的京劇，就是以徽劇為基礎，吸收了崑曲、漢調和秦腔。明朝的東林黨是聚集在江南的一個文人社團，左右著明朝政局。從有科舉開始的那一天起，歷朝歷代，中進士最多的就是江南。到了近代，上海開埠後，十里洋場更是文人會集之地，他們躲在租界這個自由之地，揮灑筆墨，罵北洋政府，罵國民政府。許多大師級人物都出自江南。魯迅，浙江紹興人；巴金，祖籍浙江嘉興；徐志摩，浙江海寧人；錢鍾書，江蘇無錫人。上海在清朝以前只是個小漁村，海運的發展替上海帶來機遇，同時讓京杭大運河日漸衰落。戰國時期，上海是楚國春申君的封地，當時叫做申，也是現在上海的簡稱之一。晚清到民國，上海已是當時世界級城市，有東方巴黎之稱。若不是中國內戰爆發，許多上海的資本家跑到了香港，香港也不會發展得那麼快。按道理，長三角的縱深比珠三角大，上海的地理位置比香港有優勢。上海的後方是一大片平原，香港幾乎全是山地。當然，這只是地理的因素，有條件發展是一回事，能不能發展起來還要看歷史機遇。

從最早的蠻荒之地，到後來的首善之區，江南地區見證了整個中國歷史的發展。直到今天，這裡仍是中國最富有、最發達，也是最有前景的地方。

注釋

1. 中國歷史上從內陸河流和海路運送官糧到朝廷，以及運送軍糧到軍區的系統。

第四章

人說山西好風光

我們現在知道山西簡稱晉，是因為東周時這裡有個強大的晉國。其實最早不叫晉，而叫唐。沒錯，大唐的國號就是從這裡來的。

山西這個地方開發很早，上古時期，五帝之一的堯帝，一開始在臨汾，後來又在太原建都，當時就叫唐，稱陶唐氏，所以堯又稱為唐堯。

西周時期，周成王滅了古唐國，把自己的弟弟叔虞封在這裡，仍稱唐。以國為氏，叔虞也稱唐叔虞。如果不知道叔虞是誰，大概知道「桐葉封弟」的故事，說的就是成王和叔虞的事。這個典故出自《呂氏春秋》，有一次周成王和叔虞一起玩耍，周成王把梧桐葉剪成圭玉的形狀送給弟弟，說：「我把這個封給你！」周公（旦）之所以輔政，就是因為成王年紀小。當時成王和叔虞兩個人都是小孩子，叔虞當了真，拿著桐葉去找周公說：「我哥哥封我了。」周公問成王是不是有這事，成王說：「我們是鬧著玩的。」周公說：「天子無戲言！」於是成王就把唐國這塊地封給了叔虞。

叔虞的兒子繼位後，因為境內有條晉水，就把國號改為晉，就是我們熟知的晉國。現在太原市西南的晉祠，一開始叫「唐叔虞祠」，是後人紀念唐叔虞而建的。就像唐國改成晉國一樣，唐叔虞祠後來也改稱晉祠，晉水的源頭就在晉祠內。

春秋時諸侯爭霸，主旋律就是晉楚爭霸，其他三霸偶爾亮相，眾多諸侯看熱鬧。齊國從齊桓公死後，一代不如一代，最後被田氏篡權；宋國算不算霸主存在很多爭議，因為除了爵位高之外，好像沒有什麼特別的功績；秦國只在秦穆公時曇花一現，此後又沉寂很多年；吳國就不用說了，剛當上霸主，屁

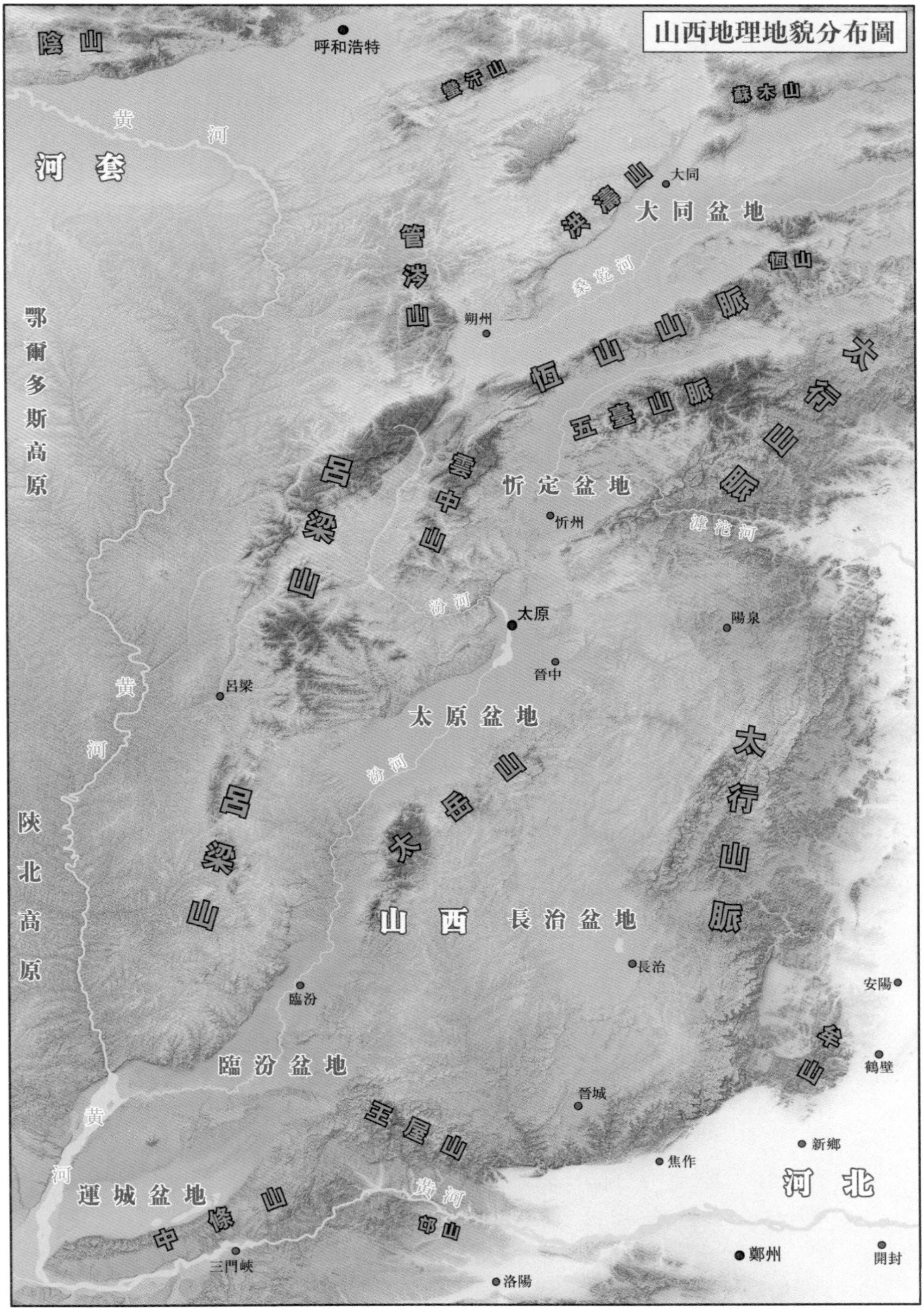
山西地理地貌分布圖
陰山
呼和浩特
蘇木山
黃河
河套
大同
洪濤山
大同盆地
管涔山
恆山
桑乾河
朔州
恆山山脈
太行山脈
鄂爾多斯高原
五臺山脈
呂梁山
雲中山
忻定盆地
忻州
滹沱河
汾河
太原
陽泉
晉中
呂梁
太原盆地
太岳山
陝北高原
山西
長治盆地
長治
安陽
臨汾
臨汾盆地
鶴壁
晉城
王屋山
新鄉
焦作
運城盆地
河北
中條山
邙山
三門峽
鄭州
開封
洛陽

股還沒坐熱就讓越國滅了。只有晉、楚兩個大國長期抗衡，持續一百多年，左右著春秋到戰國的格局。

楚國的強大很好理解，地盤大，人才多，又占據著長江、漢水之利，魚米之鄉，物產豐富，單是雨熱條件就比北方好，糧食產量也比北方高，自然能比北方養更多兵，不強大都沒道理。晉國為什麼會這麼強大呢？其實和獨特的地理位置有關。

有一首歌唱得好：「人說山西好風光，地肥水美五穀香。左手一指太行山，右手一指是呂梁。站在那高處望上一望，你看那汾河的水呀，嘩啦啦流過我的小村旁……」短短幾句歌詞就把山西的地理特點勾畫出來。山西南面是王屋山、中條山，山外是黃河，與中原地區隔河相望；東面是太行山，從黃河向北一直延伸到北京，與北京北面的燕山相連，直接把山西和華北平原隔開來；西面是呂梁山，呂梁山外又是黃河，所謂表裡山河指的就是這裡，這一段黃河把黃土高原從中間切開，隔開了山西與陝北，谷深水急，難以通行；北面有恆山，再往北還有大陰山和燕山的餘脈，歷朝歷代又在這裡修築長城，以阻擋從蒙古高原過來的游牧民族。

如果僅是外面有山川阻隔也就罷了，兩條大山脈之間還有河流，河中又有山，形成五、六個肥沃的盆地，隨便一個盆地拿出來都可以媲美關中。這種地形既容易讓山西形成一個強大的割據勢力，同時因為內部不是一個平原，平原之間還有山脈阻隔，容易造成山西內部的分裂，三家分晉和此有很大的關係。

先說山西的兩條有名河流，均發源於寧武縣，一條叫桑乾河，一條叫汾河。桑乾河由寧武向東北，流向大同，中間經過黃土地貌，像黃河一樣，含沙量大。桑乾河出了大同盆地向東，在懷來縣與來自蒙古高原南端的洋河交匯後，桑乾河有了另一個名字——永定河。永定河並沒有沿著太行山和燕山的分界線走，而是把太行山的北端切出一條縫，這裡水急谷深，道路極其難走；進入華北平原後，流速減緩，泥沙沉積，經常氾濫成災，所以永定河的舊名就叫無定河。金代稱盧溝，盧溝橋的名稱由此而來；康熙年間，大力疏浚河道，加固堤岸，改變了無定河氾濫的歷史，於是改名為永定河，最終流入天津的海河。

另一條汾河全部在山西境內，向南流經太原、臨汾、運城三個盆地，從西南流入黃河。這三個盆地是山西最早開發的地區，尤其是臨汾盆地，唐堯定都平陽（臨汾），叔虞定都唐（翼城），晉國的活動中心就在曲沃、侯馬、襄汾一帶，趙簡子[1]在三家分晉前，才開始往北拓展，著手建晉陽（太原）。山南水北謂之陽，晉陽因在晉水之北而得名；晉陽又在汾河上游，這一帶是汾河出了呂梁山後的第一個沖積平原。戰國時期，三家分晉，趙國定都晉陽，後來遷到河北的邯鄲；魏國定都安邑（夏縣），後遷到河南的大梁（開封）；韓國第一個跑出了山西，在中原的陽翟（今河南禹州，大禹建立夏朝定都的地方）建都，後來遷到新鄭。三家分晉是春秋進入戰國的標誌性事件，山西因此又稱為三晉，整個晉國的活動範圍基本上在汾河流域。

說到三家分晉，就得說說「曲沃代晉」（也叫曲沃代翼），可以說正是這件事為後來的三家分晉埋下了隱患。

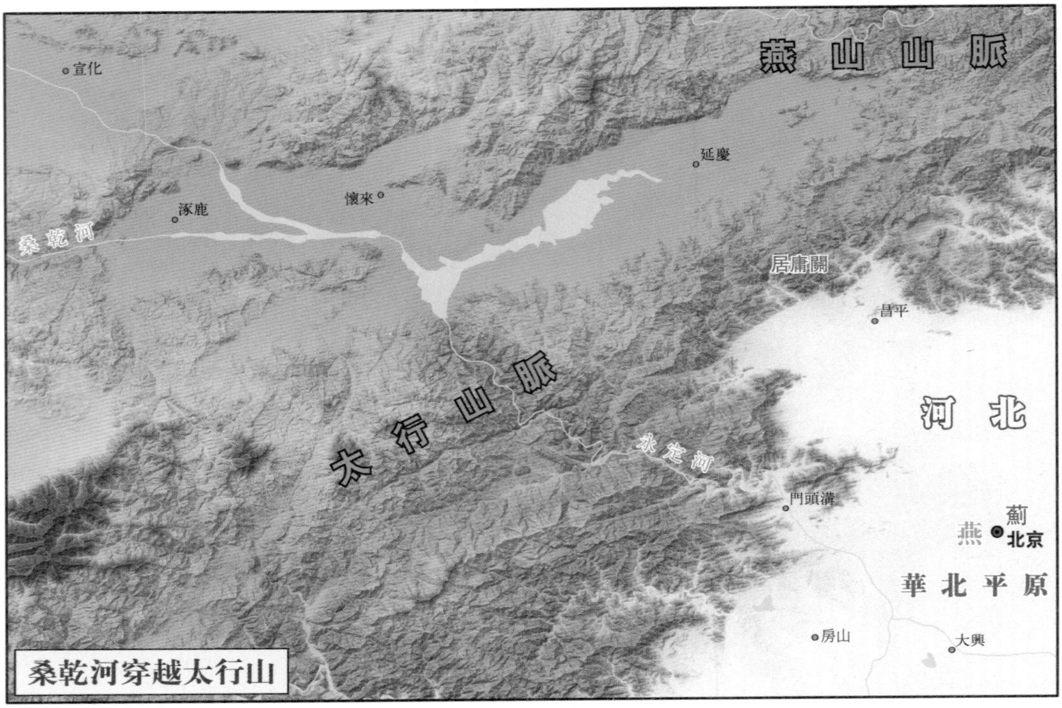
燕山山脈
宣化
延慶
懷來
涿鹿
桑乾河
居庸關
昌平
太行山脈
河北
永定河
門頭溝
薊
燕
北京
華北平原
房山
大興
桑乾河穿越太行山

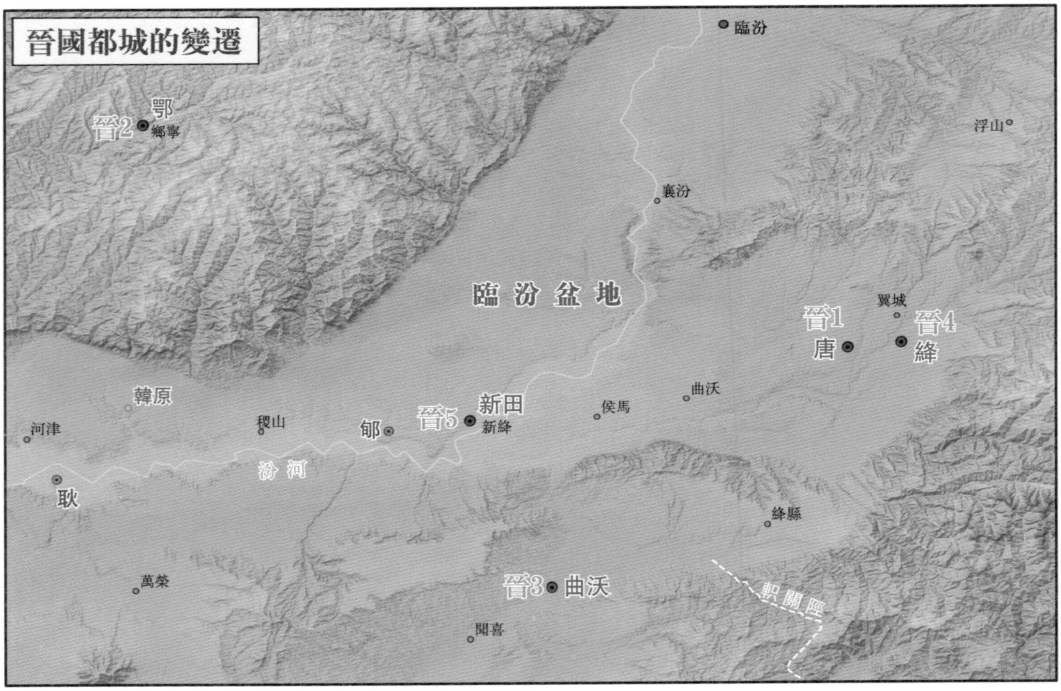
晉國都城的變遷
臨汾
鄂
晉2
鄉寧
浮山
襄汾
臨汾盆地
翼城
晉1
晉4
唐
絳
韓原
新田
曲沃
晉5
新絳
侯馬
河津
稷山
郇
汾河
耿
絳縣
萬榮
晉3
曲沃
軹關陘
聞喜

曲沃代晉發生在春秋早期，起因是晉昭侯繼位時，他的叔叔桓叔權勢過大，為了擺脫桓叔的控制，就把他封到曲沃。問題是曲沃的土地比國都絳（翼）還大，雖然晉昭侯解決眼前的燃眉之急，卻為國家留下了動盪的因子。曲沃一天天發展壯大，漸漸地就想取而代之。晉昭侯是大宗，曲沃桓叔是小宗，現在小宗想取代大宗，於是雙方發生一場長達六十七年的戰爭。西元前六七八年，曲沃武公滅掉晉侯一系，用搶掠來的珍寶器物賄賂周天子，周天子得了好處，任命曲沃武公為晉君，列為諸侯。就這樣，曲沃小宗徹底打敗絳城大宗，奪得晉國正統地位。

曲沃代晉給了晉國一個非常不好的榜樣，就是只要靠武力，小宗可以取代大宗，也可以不用遵守宗法制，連周天子都承認了，大家也別不好意思。正因如此，奪取正統地位的曲沃一系為了防止別人效仿，對公族非常排斥，寧可重用外姓人。

這個排擠公族的傳統到晉文公（重耳）時發展到了極致，導致後來晉國形成六卿專權、公室架空的局面。什麼是六卿？晉文公回國後建立的軍事政治制度，晉軍分為中、上、下三軍，每軍設將、佐各一名，共六人，稱為六卿，按地位高低分別是中軍將、中軍佐、上軍將、上軍佐、下軍將、下軍佐，按照「長逝次補」的原則輪流執政。六卿也是世代傳襲，最後形成六大家族：趙氏、韓氏、魏氏、智氏、范氏、中行氏。後來范氏和中行氏敗落，只剩下四卿。四卿裡智氏最強，經常欺負趙、魏、韓三家，到春秋末期，趙、魏、韓三家聯合起來滅掉智氏，最後成為三家分晉。

補充一點，所謂的公族就是由國君一脈傳下來的直系親屬。我們看先秦的文章，只要看到稱為公子某，就知道他是國君的兒子。按周朝宗法制，國君死後，嫡長子繼承君位——嫡長子就是正室的大兒子，嫡在前，無嫡子再選長子——其他的兒子就是公子，封為卿大夫，協助國君管理國家。所以周朝各諸侯國的政體實際是貴族聯合執政，國君的權力有限，像魯國的三桓（三桓是魯桓公的三個兒子傳下的分支，所以稱三桓），完全把魯侯架空了。公子這個稱謂後來泛指王公貴族家的孩子，但在先秦，特指國君的兒子，國君尊稱為公，國君的兒子就是公子，公子的兒子就是公孫。商鞅曾稱公孫鞅，看稱呼就知道他的身分了。公孫後來演變成為一個姓，就是以身分為氏的例子。

春秋時期，大多諸侯國的政治都掌控在公族手中，職位也是世襲制，晉國卻是個例外。重耳逃亡十九年，跟隨他的都是外姓人，這些人後來都受到重用，外姓的權力愈來愈大，公族進一步被排擠。引進外姓有一個好處，相當於引進競爭機制，總有能幹的人冒出頭來。晉文公雖然只當了九年國君，晉國在他死後依然強大，和楚國爭霸一百多年，即使後來三家分晉，趙、魏、韓每一家拿出來都是戰國一雄。引進外姓也有一個壞處，外姓的爵位也是世襲，總有一天會坐大，國君一旦被架空，國家就必須改姓。像魯國，雖然三桓當權，但好歹也屬於公族，屬於姬姓魯氏，國家不至於改姓。

說到晉文公，我們不得不提一個節日——清明節。中國有兩個最古老的節日，都有二千多年的歷史。一個是端午節，紀念楚國的屈原；另一個是清明節，記念晉國的介子推。還記得諸葛亮替劉琦出的主意嗎？「申生在內而亡，重耳在外而安。」重耳和清明節有什麼關係？這得說說他逃亡路上發生的一件事。

重耳這一逃就是十九年，輾轉數個國家，奔走幾萬里，風餐露宿，悽惶苦楚自不必說，後面還有晉國派來的刺客追殺。有一年重耳逃到衛國，衛國是個小國，不敢得罪晉國，沒有收留他。重耳流落郊野，餓得兩眼昏花，這時有個手下呈上一碗肉湯，美味至極，重耳一口氣喝光了。後來才知道這個人叫介子推，他割自己大腿上的肉熬煮成湯，救了重耳一命，這就是「割股啖君」的故事。

後來重耳回國，成為歷史上有名的晉文公，對跟隨他一起流亡的臣子論功封賞，獨獨忘了這位介子推。重耳經人提醒才想起來，於是派人去找介子推，可誰知他歸隱了，躲在綿山不出來。有人出了餿主意，放火燒山逼介子推出來，哪知道他很固執，寧可燒死也不出來，結果真的燒死了。重耳後悔不已，下令以後每年這一天不許有煙火（煮飯的炊煙和柴火），當然不是怕霧霾汙染環境，是為了

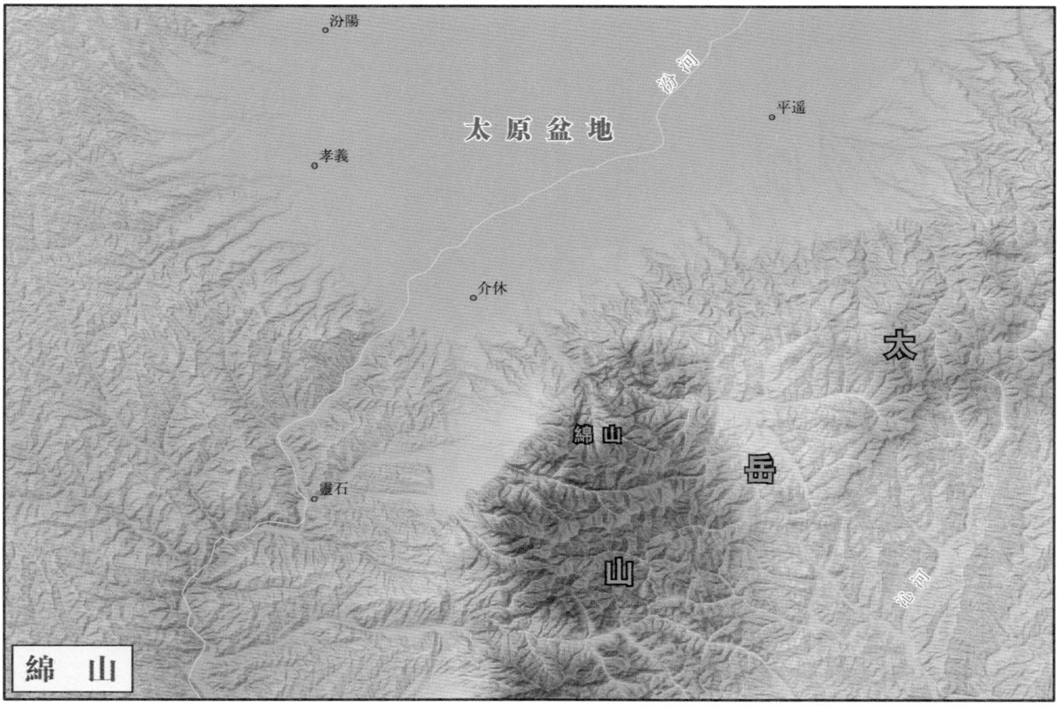

紀念介子推。但人總得吃飯，沒有煙火怎麼做飯？只好吃冷飯冷菜，「寒食節」就是這麼來的。

這個故事流傳甚廣，但我一直懷疑真實性，尤其是割股啖君那一段。古文裡的股是指大腿，不是屁股，如果是屁股還比較好理解，大腿上的血管那麼多，割掉一塊肉，以當時的醫療條件，不可能活命。且不說當時還在逃亡路上，就算有隨軍郎中，也不具備外科手術的技能。古人講「身體髮膚，受之父母」，臣子可以為國君賣命，但絕不可以隨便戕害自己的身體。當時捨生取義的事很多，但殘害自己身體的事鮮有耳聞，除非是為了更大的目的，比如豫讓[2]。

根據《史記》記載，重耳流亡到衛國時已經快六十歲了，這時的他要說還有多少志向和豪情都是假的，唯一想的是能活下來，過上兩天安生日子。接著，他逃到齊國，齊桓公送他房子和車，還把公室的一個女兒嫁給他。對一個快六十歲的人來說，當時已是大半截身子已經埋進黃土，好不容易苦盡甘來，天天有如花美眷陪著，有好吃好喝養著，還冒殺身風險回晉國做什麼呀？果然，後來狐偃等人怕重耳沉迷於溫柔鄉，喪失了鬥志，把他灌醉後偷偷逃出齊國，老婆不要了，房子、車子都不要了，重耳醒來時氣得差點殺死狐偃。

所以說逃亡的路上，如果沒有這些忠心耿耿的大臣，重耳就不可能安然回國，也不可能有後來的霸業。這些大臣吃了多少苦，難以數計，我們只知道，當初一群人跟著出來，十九年時間，死的死，逃的逃，能堅持到最後的人都是了不起的人物，介子推就是其中之一。

介子推後來不受封，倒是可信，從《史記》的記載來看，他的性格清高，不願與權貴們同流合汙，功成後退隱江湖也很正常，想想後世的范蠡不也是這麼做嗎？只是介子推更絕，死都不受封，就留下了寒食節。

寒食節和清明節又有什麼關係？

清明本是二十四節氣之一，只關乎農事，並不是什麼節日，因為在寒食節之後，只相差一天，漸漸地二者合一，寒食節的習俗，如祭祖、上墳，變成清明節的習俗，寒食節反而被遺忘了。

我們再把目光放到晉國的鄰居，東面是太行山，與華北平原相隔。太行山綿延千里，從華北平原進入太行山只有八條狹窄的通道，俗稱「太行八陘」。這裡易守難攻，歷來從北方來的游牧民族，占領華北後，都不會馬上進攻山西，而是直接南下取中原。日本人是個例外，他們占領平津後立即進攻山西，是為了搶占山西的煤炭資源。趙氏一族在春秋後期開始建設晉陽，非常有戰略眼光，但獨立後把首都遷到邯鄲就無法理解了；邯鄲地處華北平原，四面一馬平川，向外拓展地盤固然方便，但想防守就難了。而且邯鄲離晉陽太遠，中間隔著太行山，交通不便，兩地難以互相接應。

晉國在整個爭霸的過程中，東面由北而南依次是燕國、中山國、衛國。燕國（首都薊城，現北京）北鄰山戎，主要精力在北面，無暇南顧，本身實力也一般，晉國不打他就不錯了。衛國（建都朝歌，後幾次遷都）是個不正經的國家，國君只知道吃喝玩樂，但做為殷商遺民，衛國人才輩出，李悝、吳起、商鞅、鬼谷子、呂不韋、荊軻都是衛國人；衛國又很弱小，所有人都沒放在眼裡，秦始皇統一中國也懶得滅衛，直到秦二世，衛國才消失。心腹大患是中山國，這是由白狄人所建的國家，長期與華夏為敵，

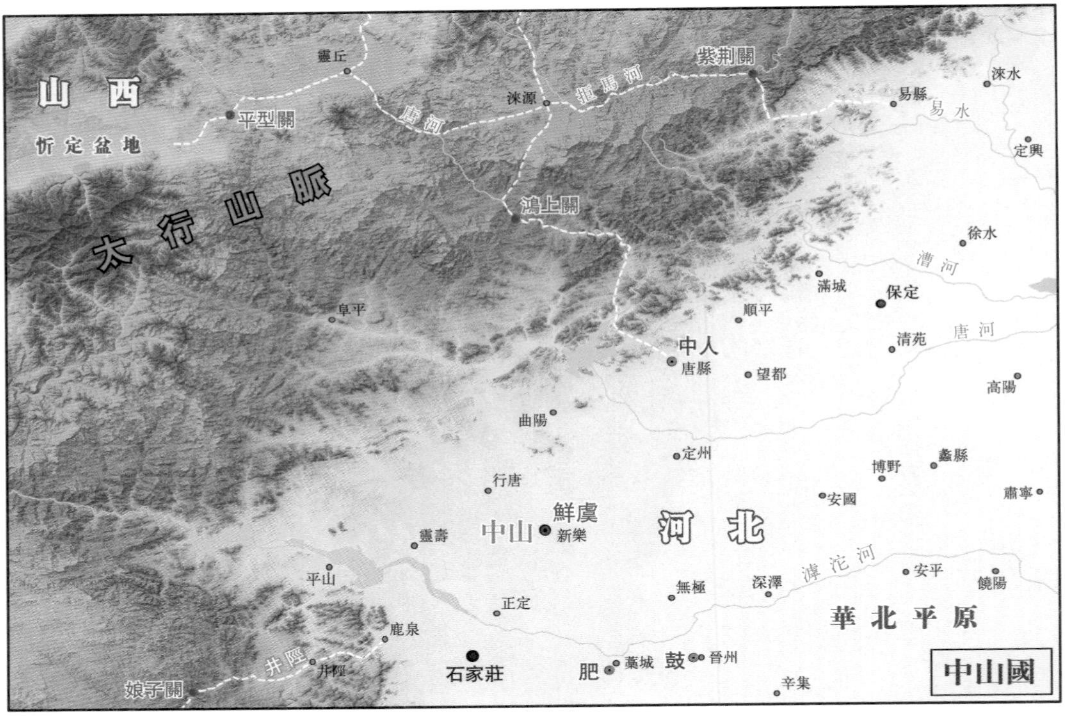

山西
忻定盆地
平型關
靈丘
淶源
唐河
拒馬河
紫荊關
易縣
易水
淶水
定興
太行山脈
鴻上關
徐水
漕河
滿城
保定
順平
阜平
中人
唐縣
望都
清苑
唐河
高陽
曲陽
定州
博野
蠡縣
行唐
安國
肅寧
鮮虞
中山
新樂
河北
靈壽
平山
滹沱河
安平
饒陽
無極
深澤
正定
華北平原
鹿泉
井陘
石家莊
肥
藁城
鼓
晉州
辛集
娘子關
中山國

衛國都城的變遷
漳河
大名
太行山脈
安陽
河北
林州
羊腸坂道
湯陰
內黃
馬頰河
春秋時期黃河
清豐
河水
鶴壁
濮陽
衛1
朝歌
淇縣
衛2
曹
衛3
楚丘
衛4
帝丘
滑縣
共
輝縣
凡
衛輝
華北平原
衛河
新鄉
南燕
胙
東明
獲嘉
修武
新鄉
長垣
濮水
黃河
延津

趙國費了很大的力氣才將其吞併，但在春秋時期，有太行山擋著，對晉國的威脅有限，反而時時要擔心晉國攻打過來。

晉國的南面在王屋山與太陽山之間有個小缺口，出去就是黃河谷地（河內，現在沁陽一帶），對岸就是東都洛陽。〈愚公移山〉說的就是這裡的事，因為有神仙幫忙，把王屋山和太行山挪了挪，才有這條通道，讓晉國人可以直達河南，南至漢水。故事雖是虛構，道理卻沒錯，從山西往南，這是最方便的通道。要說挾天子以令諸侯，晉國離首都洛陽這麼近，最方便做這種事了。晉國如果不分家，雖然山路不太好走，但這條路就是晉國問鼎中原的通道之一。

說到這裡，不得不說「長平之戰」，發生地就在愚公他老人家住的地方，今晉城市北邊的高平附近，現在有個長平之戰遺址。當時屬上黨郡，包括兩部分，韓國占的部分就在長平，趙國占的部分在現在的長治，附近是個平原，當時有趙國的城池屯留。為了敘述方便，我們就稱韓國的上黨郡為長平，趙國的上黨郡為屯留。屯留向北直通趙國的重鎮晉陽（太原），向東通向趙國的都城邯鄲，屯留的位置很重要，是晉陽和邯鄲間的中轉站，守長平其實是為了保屯留，更是為了保晉陽和邯鄲。長平一帶有山，屯留一帶是平地，平地難以防守，如果長平被秦國拿走，屯留根本保不住。當時的背景是韓國比趙國弱，長平在韓國手裡，趙國還比較安全，秦國進攻韓國，韓國投降，就把長平割給秦國，但守長平的將領不願意，改向趙國投誠，用這種方式保長平，趙國為接不接收長平分成兩派。這裡不怪趙國貪婪，如果知道長平地理位置的重要性，就不難明白這塊地對趙國有多重要，所以趙國最終還是接收了，不費一兵一卒得了十五城。

後來的結果是，長平一戰，趙國被坑殺四十萬人。至於趙國為什麼會敗，爭論的焦點都放在用紙上談兵的趙括替換了老將廉頗，這裡不討論這點，我們說說另一個原因——地形。即使是用趙括替換廉頗，也只是打了幾場敗仗，真正崩潰是後來斷糧。秦軍從兩路進攻，一路從西邊的臨汾，山道狹谷，並不好走；另一路從黃河北岸的沁陽，這條路就好走多了，前面說了王屋山和太行山之間有個缺口，而趙國的糧道就異常艱難了。趙國把都城遷到邯鄲後，晉陽就沒怎麼發展，長平之戰的糧食主要從邯鄲運來。邯鄲到長平，只能走太行八陘之一的滏口陘（現邯鄲市涉縣一帶）。太行山大部分海拔在一千二百公尺以上，山高谷深，道路狹窄，取糧極其困難。趙國四十萬大軍屯兵山谷，耗費巨大，邯鄲的糧食經過這裡到達長平，損耗也是不計其

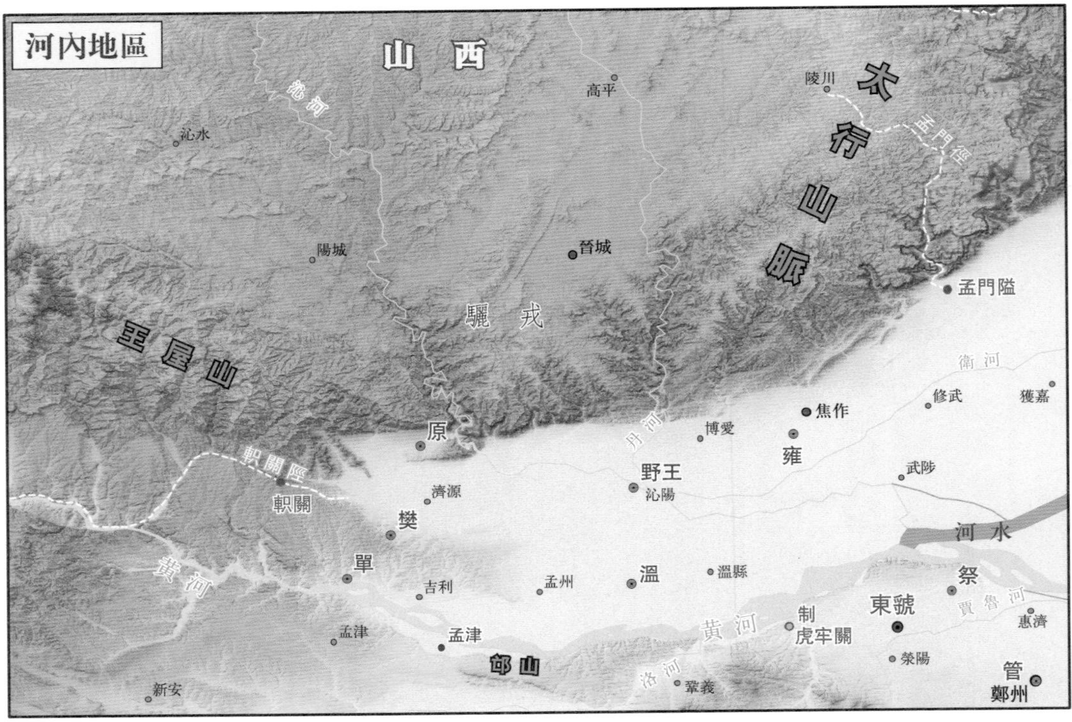

數。況且都城的糧食也不是取之不盡，消耗完了還要去徵糧，但也不是一、兩天就能把糧食收上來。時間一長，趙國就斷糧了，士兵沒飯吃，很快不用別人打，自己就先亂起來了。當初趙國如果不是把首都遷到邯鄲，

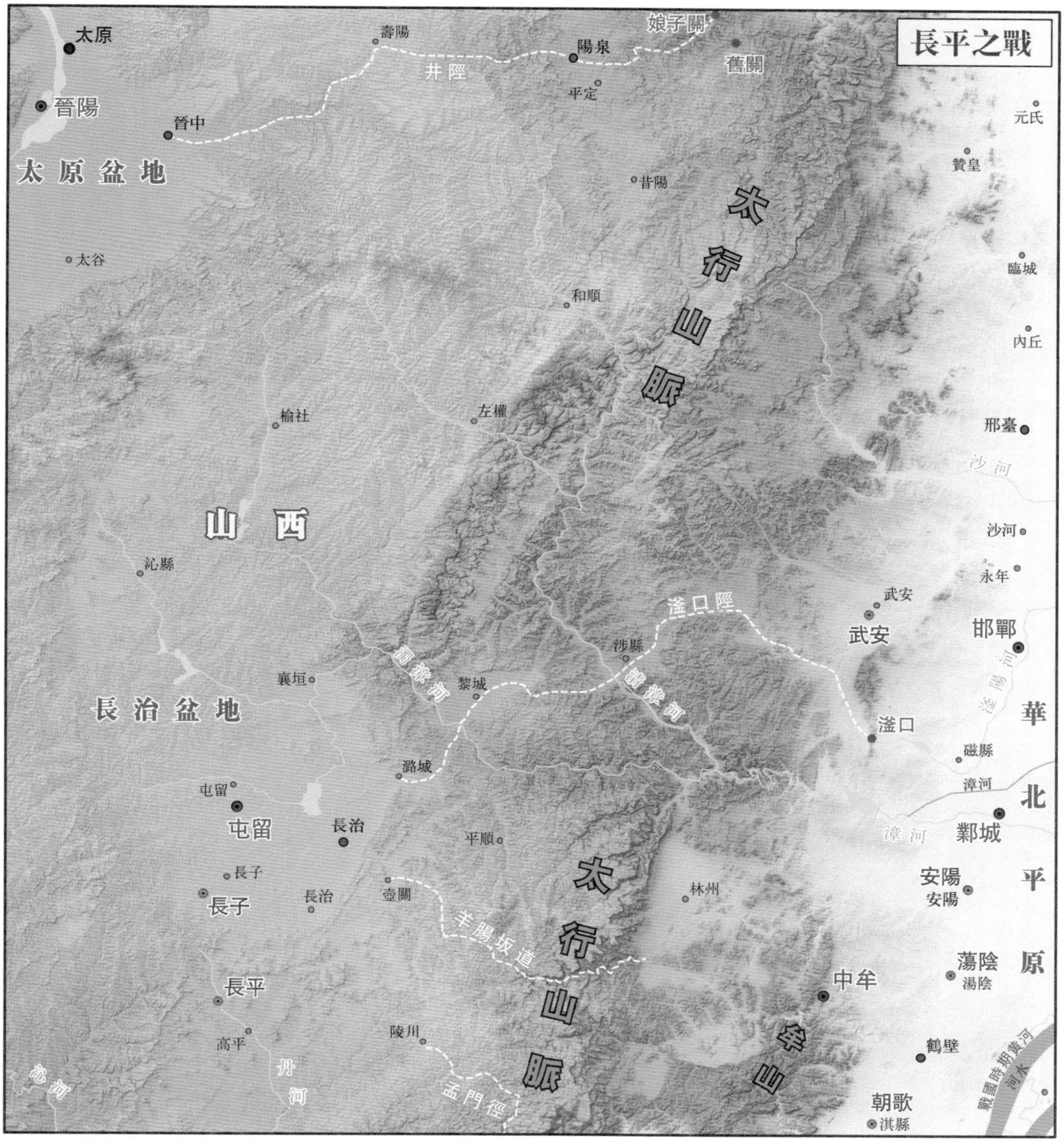

仍待在山西，大力發展晉陽，雖然發展受限，但防守有餘，也就不會有長平之戰的慘敗。

長平位於山西東部，地處高原，到戰國時才具有地理上的價值。春秋時，晉國的活動範圍主要在汾河谷地，還沒有向東部高地拓展。早期的晉國要想向南過黃河，只能翻過中條山。中條山在運城恰好有一個缺口通往崤函之地，崤函往東就是洛陽，往西就是關中，後來的函谷關就是修在這裡。但在晉國還很弱小時，這裡有兩個更古老的國家擋住去路，一個是虞國，一個是虢國。

虞國位於平陸縣北部，正好把著中條山的出口，晉國要南下，必須經過虞國；虞國往南是地跨黃河兩岸的虢國。虞國和虢國都是姬姓諸侯，而且都是公爵國。

周朝的歷史上有四個虢國，周武王滅商後，周文王的兩個弟弟分別被封為東、西虢國國君。位於陝西寶雞的稱西虢國，位於河南滎陽汜水鎮（虎牢關）的稱東虢

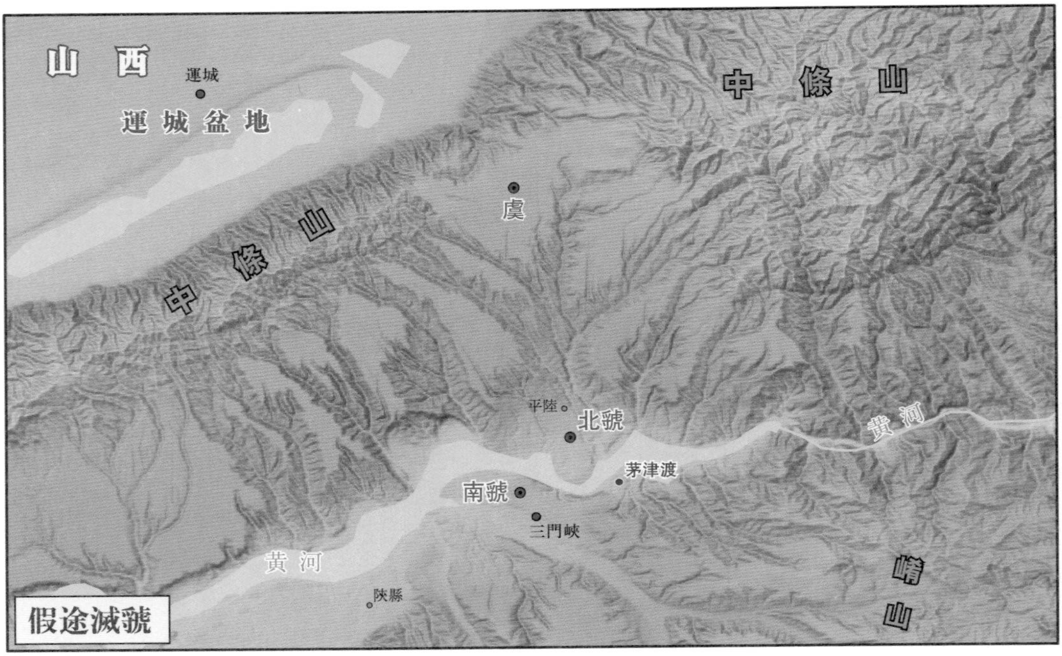

假途滅虢

國。寶雞是關中的西大門，由西虢國看管；汜水鎮是洛陽的東大門，由東虢國看管。可以看出這兩個虢國和周天子的關係，東周初年，周平王東遷，西虢國跟著遷到三門峽，稱為南虢國。與平王一同東遷的還有一個新封的鄭國，原本在陝西華縣，也往東遷到中原，做為洛陽東部的屏障。鄭國新建了一個都城，稱為新鄭，還滅了東虢國，占有了制（虎牢關）。被滅的東虢國跑到三門峽的黃河北岸（平陸），建立一個國家，稱為北虢國，不過太弱小，依附於南虢國，所以只剩下一個虢國。

晉國要與中原王室交往，虞國和虢國是個繞不過去的坎。於是「假途滅虢」的故事發生了：晉國先挑撥虞國和虢國的關係，讓虞國對虢國心生不滿，然後重金賄賂虞國國君，借道虞國，翻過中條山，過黃河滅虢國，回程再順道滅了虞國，這也是脣亡齒寒的典故。晉國這一仗打通了南下的通道，還創造了兩個成語。假途滅虢為晉國打開通往中原的視窗，也為晉國後來稱霸奠定了地理上的基礎。

再說西邊，晉國最主要的威脅來自西邊的秦國，只有一河之隔，河岸兩邊又是大片的平地，兩國經常在這裡上演搶灘登陸戰，誰先搶到對方的岸邊，誰就握有勝算。但黃河不同於長江，水面很不平靜，又沒有大的河灣可以停靠船隻，所以渡口很少，黃河的三大古渡都在秦、晉之間，分別是：

龍門渡：龍門是黃河的咽喉，在韓城市北邊三十公里，其北面是黃土高原，南面是平原，「鯉魚跳龍門」說的就是這裡，可見其難。這裡也是大禹治水的地方，又稱禹門。黃河流經黃土高原時，都是很深的峽谷，水流急，渡河很難。黃河流到這裡，進入平地，流速放緩，可以停泊船隻，但河面還不至太寬，從這裡渡河，相對快一點。

龍門渡是秦、晉之間最早、最大的渡口，韓原之戰時，秦穆公一度取得晉國河東之地，就是從龍門渡東渡黃河進入山西。後來秦穆公送重耳回國，走的也是龍門渡。兩國頻繁交戰，走的主要就是龍門渡。隋朝時，李淵從山西取關中，走的是龍門渡；明末李自成，從關中出發，也是過龍門渡，入山西，直逼北京。

風陵渡：位於潼關附近，黃河流到這裡，被華山擋住，折向東流。風陵渡就很有名了，「風陵渡口初相遇，一見楊過誤終身。只恨我生君已老，斷腸崖前憶故人。」這首詩道盡了郭襄的心聲。

風陵渡的上游還有一個蒲坂津（也叫蒲津渡；津者，渡口也），離風陵渡約三十公里。有一件事可以說明二者的重要性和關係，就是曹操西取關中。

當時守關中的是馬超和韓遂，三國英雄數馬

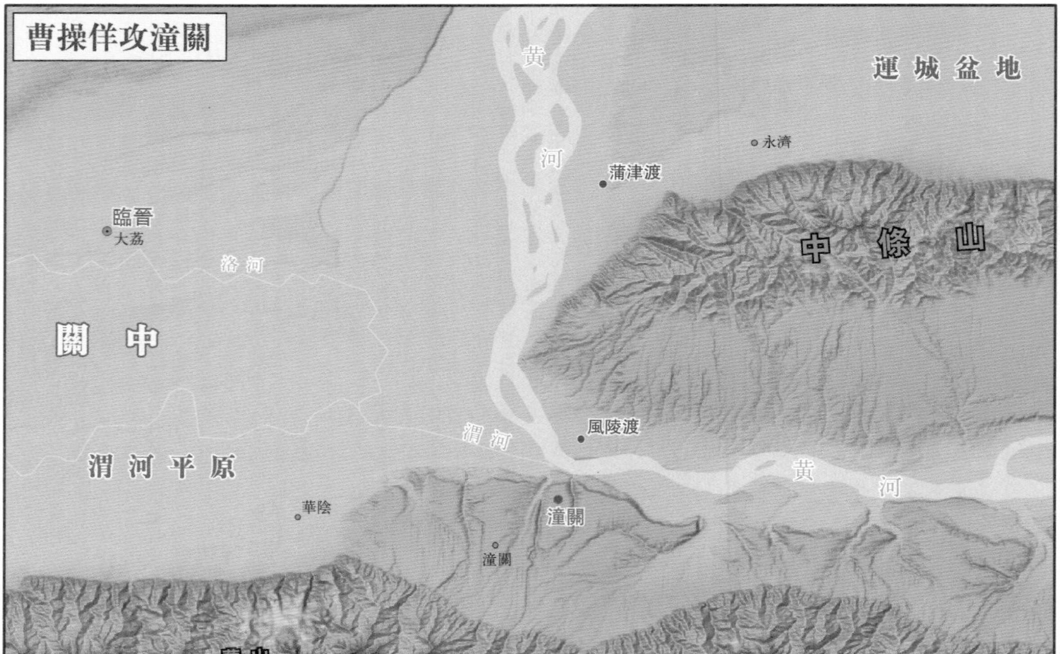

超，曹操知道馬超善戰，所以選擇智取。當時潼關已經修起來了，曹操領軍從中原來，向西過函谷，佯攻潼關。馬超集合關中各路兵馬鎮守潼關。與此同時，曹操派徐晃領四千步騎從上游的蒲坂津過河，占據黃河西岸。等徐晃的四千人全部過河後，曹操就撤離潼關，從風陵渡過黃河，一路北上。馬超一面領兵追趕，一面派兵北上堵住蒲坂津的西岸，他已經看出曹操的意圖是要從蒲坂津西過黃河。但為時已晚，徐晃已經在黃河西岸安營紮寨，以逸待勞。在徐晃的掩護下，曹操的部隊安全過河，最終南渡渭水，占了關中。

茅津渡：位於平陸縣城南四公里處，不遠處就是函谷關。這裡發生過兩件事。第一件，晉國為了奪取崤函重地，借道虞國，滅掉虢國，就是從茅津渡過河；第二件，崤之戰，晉國伏擊秦軍，也是從這裡過河。因為晉國有了崤函之地，才有可能取得這場戰役的勝利。崤函之地是晉國南下的通道，也是秦國東進的唯一通道，秦國強大後就占領了這裡，修建函谷關。當然，函谷關如果把晉國南下的路堵死，晉國也是不會答應的。函谷關的具體位置在今天的河南省三門峽市靈寶市王垛村，就是當年虢國的西面，既沒有堵住晉國南下的道路，也可以防止崤之戰的悲劇重演。因為關城既可以做為部隊中途休整的場所，還可以派出軍隊接應遠途奔襲的部隊。

但秦、晉之間的對戰，重點還不在這裡，雙方的對抗主要集中在爭奪西部的黃河兩岸。戰國時，魏國第一個稱霸，重用吳起，吳起占據河西之地，令秦國寢食難安。後來魏國聽信讒言，棄用吳起，秦國又奪回了河西。秦滅六國，最先滅掉的就是韓、魏、趙這三個從晉國分出來的國家，因為不占據山西，秦國毫無安全可言。

山西北部主要的重鎮就是大同。大同原是胡人聚集的地區，後來被趙國逐漸占領。陰山山脈的東端地貌破碎，不能形成有效的屏障，每逢亂世，就是中原和游牧民族拉鋸戰的前線陣地。「但使龍城飛將在，不教胡馬度陰山。」龍城指太原，大同一旦失守，太原就直接暴露在胡人的鐵蹄下了。

大同盆地的北部山脈十分破碎，有很多小缺口可以進來，早期經常是游牧民族的天堂，但大同盆地的南邊有恆山山脈，東連太行山，西接呂梁山，把山西中南部和北部完全隔斷，中間只一個出口，就是雁門關，所以成為歷來兵家必爭之地。

所謂的關口，通常就是具有一夫當關、萬夫莫敵的地理優勢，而山西有名的關口特別多。這些關口雖然各個朝代名字可能不一樣，但位置沒有變，戰略意義也不會變。比如：

娘子關：從石家莊到太原，穿過太行山的必經之地，也是戰國時中山國到趙國的必經之地。

平型關：如果說雁門關是太原北大門，平型關就是太原的東大門，位於恆山與太行山的交匯處，也是太行山的西麓，這一段太行山很寬，在另一邊的太行山東麓，還有一個紫荊關。從平型關往東，穿過太行山，就是華北平原的易水，當年晉國和燕國的交通要道，幾乎是唯一的通道。

寧武關：原稱樓煩關，因為在趙國打來前，這裡曾是樓煩部落的領地，明朝稱寧武關。位於恆山與呂梁山的交匯處，同樣是太原的西大門，過了寧武關，就是大同盆地。大多數時間，大同地區經常被北方游牧民族占據；中原王朝要反擊，主要也是從這裡出發。

大同古稱雲中，很有詩意的名字。五胡亂華時期，這裡是鮮卑人的地盤，北魏在這裡建都，叫平城，後來推行漢化，才遷到洛陽。鮮卑人，主要是拓拔氏，心胸寬廣，不光接受漢文化，也接受佛教文化，雲崗的石窟和洛陽附近的龍門石窟，都是從北魏時期開始建造，到唐代達到極致。正是鮮卑人的心胸，開創了一個包容時代，才有後面大唐帝國兼收並蓄的精神。五代十國時，燕雲十六州被契丹人割走，宋、遼兩國為了燕雲十六州爭鬥百年。燕指的是北京，雲指的是雲州，也就是大同。大同和北京，歷來就是抵禦北方胡人的重鎮，互呈犄角，一方有失，另一方就有腹背受敵的危險。大同現在變成了煤都，盛產煤老闆（以煤生產交易而暴富的群體），雖發展了經濟，但環境破壞嚴重，現在很難把大同和「雲中」這麼詩意的名字聯繫起來，那裡曾經是陰山腳下，躍馬邊關，馳騁疆場的邊塞，

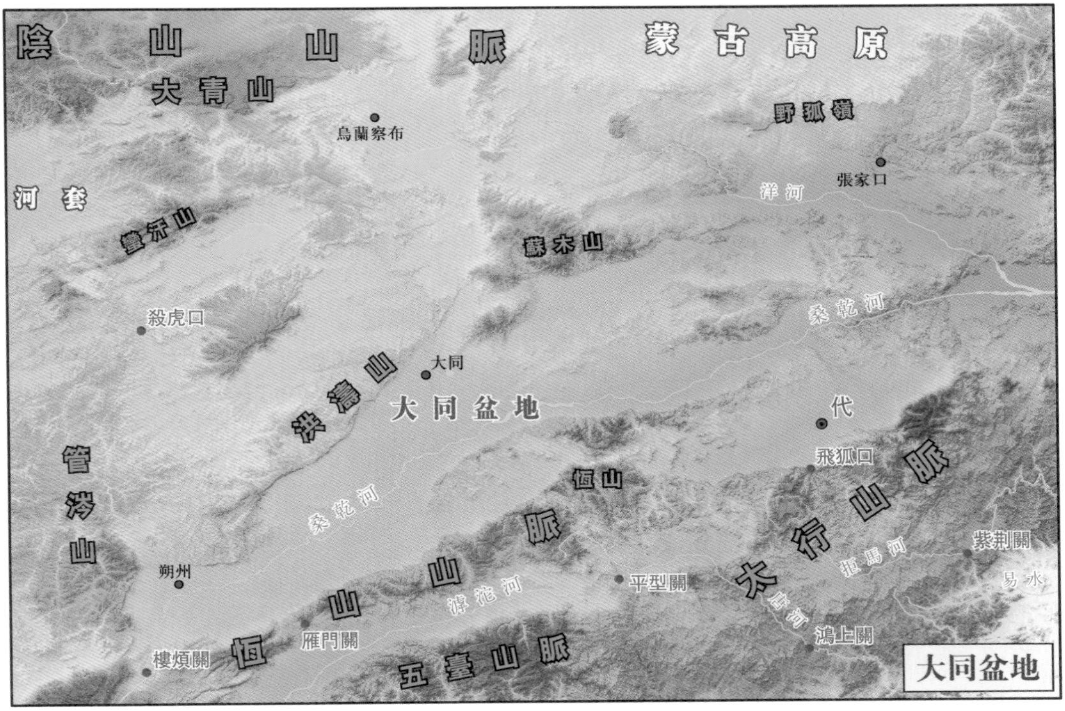

寄託著很多熱血男兒報國建功的夢想。

山西最自豪的事，就是成為大唐帝國的龍興之地。李淵守太原時，承襲了祖上唐國公的爵位。但最主要的是這裡是唐國的故土，是唐堯的地盤，李淵和唐有著故國的淵源。為什麼這麼說呢？皋陶是和堯、舜、禹齊名的「上古四聖」之一，曾做過堯的「大理」，掌管刑獄（唐、宋的大理寺也是從這裡來的，相當於今天的最高法院），他的後代就以「理」為氏，再往後，「理」改為「李」。所以說，李姓的始祖曾和唐國的首領共事，共同開創了堯天舜日，李姓和唐國有著割捨不斷的關係。李淵封到太原做唐國公時，感覺像回到了故國祖地，一心想仿效唐堯，做千古名君。李淵建立唐朝後，封太原為「北都」、「北京」；李淵死後，他的尊號就是神堯皇帝。由此可見，他想仿效唐堯的說法不是空穴來風，他以唐為國號也不僅是因為身上有唐國公的爵位，更主要的原因還是想仿效唐堯。

山西這種四塞之地，因為有太行山阻擋，交通不便，每逢戰亂年代，就成為人們躲避戰爭的天堂。元朝末年，紅巾軍起義，中原連年戰亂，人們流離失所。朱元璋北伐，一路北上，中原漢人紛紛解囊相助。蒙古人反攻時實施瘋狂的報復，大肆屠殺平民，中原地區經常赤地千里。蒙古人治理國家的水準又很差，元末時各種水災、蝗災不斷，人們流離失所。天災加上人禍，到朱元璋登基時，河北、河南、山東、兩淮這些常年做為戰場的地方人口驟減，農業生產幾乎停滯。剛剛建立的大明王朝也不穩定，朱棣在北京稱帝，建文帝派兵北伐，中原地區的人民再次遭殃。在老百姓心中，朱棣是個造反的，從南京打來的官軍代表正義，所以自然站在官軍的一方。朱棣南下時，對支持官軍的人進行報復，再次大肆屠殺平民。經過元末的農民起義戰爭加上「靖難之役」，從河北、河南到山東、兩淮，中原地區幾乎成了荒地。而這時的山西，由於太行山阻隔，人民安居樂業，人口大量增加。當時全國的人口有五千多萬，山西就占了四百多萬，差不多十分之一。於是明朝先後十幾次從山西往河北、河南、山東和兩淮移民。移民從明洪武二年持續到永樂十五年，前後差不多五十年，涉及一千二百三十個姓氏。現在的河北、河南、山東，很多人的祖籍來自山西。當時移民的中轉站就設在山西洪桐縣的大槐樹下，很多人的家譜就是從大槐樹記起。經過了六百多年的開枝散葉，從大槐樹下走出來的移民後代已經遍布世界各地，人數上億了，大槐樹成了他們心中的聖地。

山西本是個好地方，山水相依，自成一體，歷來是兵家必爭之地。但它處於黃土高原的東端，黃土高原的特點是生態脆弱，承載力有限，養活不了那麼多人。到了清朝時，中國人口爆發式增長，山西人開始外出討生活，這就是我們常說的走西口。西口指的是右玉縣境內的長城關口——殺虎口，與之相應的當然還有一個東口——張家口。走西口就是山西人從這裡走出去，到河套一帶謀生，所以內蒙很多漢人祖籍在山西。走西口是為生活所迫，但帶來另一個東西——晉商，晉商的活動範圍遍及全國，票號開到了全國各地。八國聯軍向清政府索要賠款，慈禧就向晉商中的喬家借錢還債，真正的富可敵國。現在山西，遍布著各種大院，都是曾經的晉商留下的足跡。晉商後來因為戰亂，又在現代化銀行的衝擊下衰落了；更重要是東南沿海開發了，中國的經濟重心東移了，於是晉商漸漸消失。

山西是個四塞之地，戰亂時期，太行山是山西的屏障；但在和平時期，太行山又成了發展經濟的阻礙。但從戰略上來講，山西始終是華北的護身符。歷朝歷代，山西北部既是中原王朝反擊游牧民族的前線陣地，也是游牧民族南下的必經之地。一旦山西失守，華北也保不住。特別是從元朝之後，北京成為全國的政治中心，山西的地位更顯得重要。明朝末年，李自成從關中出發，進入山西，正是因為山西的防守薄弱，李自成輕而易舉就拿下了山西，北京就成了囊中之物。直到今天，山西仍是北京的西北屏障。保北京，除了保東面的山海關之外，另一個重中之重就是山西。

注釋

1. 春秋時期晉國趙氏的領袖，《趙氏孤兒》中的孤兒趙武之孫。
2. 春秋時代晉國人，中軍將智伯的家臣，為當時著名刺客。

第五章

燕趙多慷慨悲歌之士

這章要說的河北不是河北省，而是黃河以北（主要以今天的黃河為參照）。

這裡正好解釋一下，為什麼我沒有按照省分來講各地的歷史，而是按照歷史上重要的地理方位來講。因為從元朝設行省開始，統治者為了防止地方擁兵自重鬧獨立，有意將不同的地理方位打散，重新組合。就是一改前朝以山川形便為主的做法，而以犬牙交錯為原則。蒙古人天生就會打仗，深知地形對戰爭的重要性，後來的王朝更是強化了這一點。比如皖南、皖北，蘇南、蘇北，地理位置不同，文化習俗也不同，被強行放在一起，唯一的例外可能是山西，自成一體；最典型的例子如漢中，歷來都是做為巴蜀的附屬地，但統治者有意把它劃到陝西，意思是假如四川想獨立，必須把漢中也拉下水才成，但漢中又屬於陝西，不會聽你的，反而會監視你；從純地理的角度講，漢中在秦嶺以南，屬於南方，而陝西最北邊已經到了河套地區的沙漠地帶，這麼一大片地方想鬧獨立絕對不可能。類似的例子很多，所以按行政區劃來講歷史沒有意義。況且，行政區劃的劃分是人為的，每朝每代都在變化，地形地貌卻一直沒變。這些大的地理方位幾乎在每一次改朝換代中都發揮同樣的作用。了解這些地理方位的特點，你就會發現，歷史上一些大事件的走向，脫離不了地理因素，各個割據勢力的爭鬥，其實都有相同的規律。歷史往往都有驚人的相似，說的就是這個道理。

好了，言歸正傳。

太行山以東、燕山以南的這片地方，因為在黃河以北，所以稱為河北。

河北有時也稱河內，這個比較好理解，帝王們講究面南背北，用他們的眼光看，河北在黃河裡面，

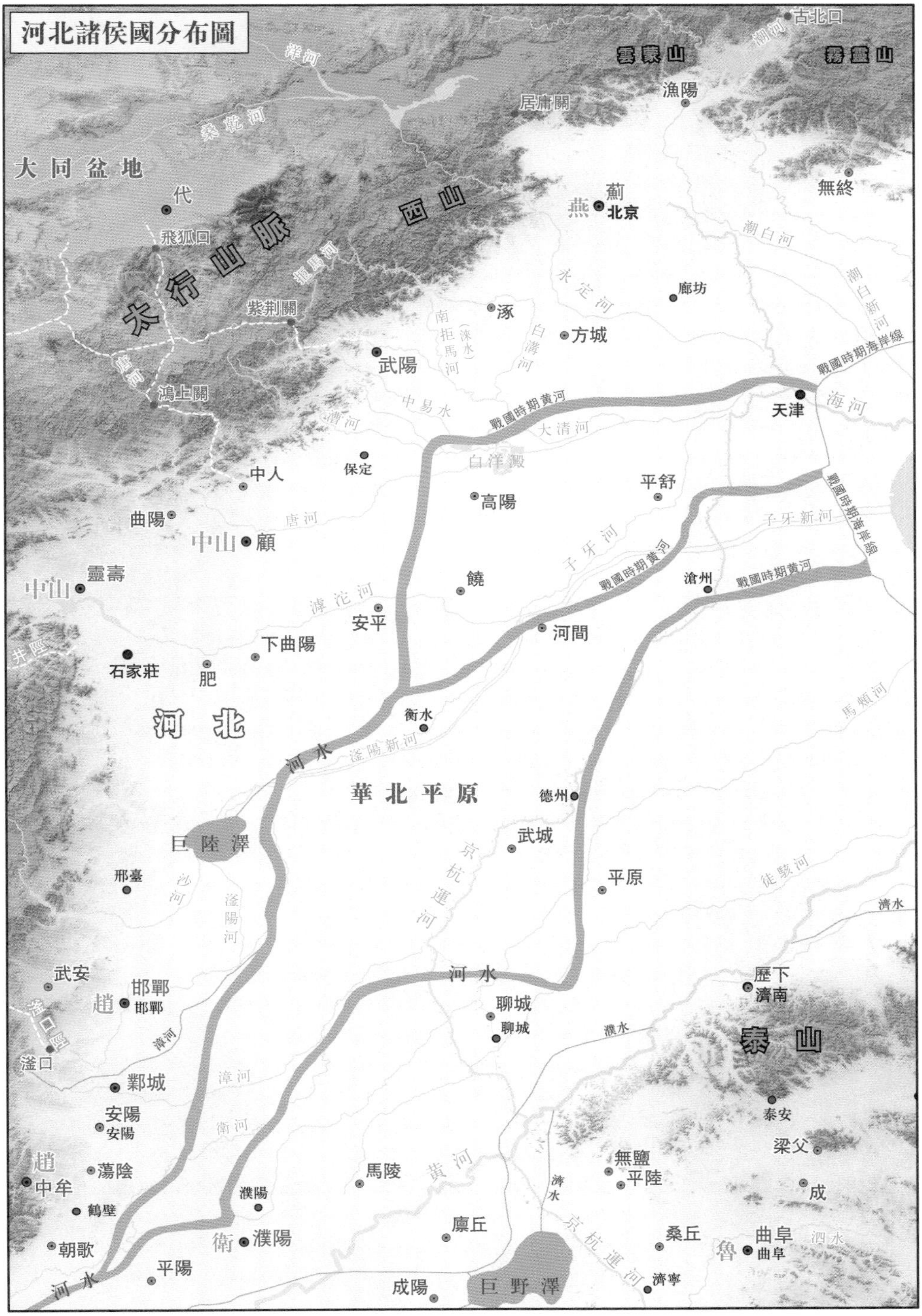
河北諸侯國分布圖
古北口
潮河
雲蒙山
霧靈山
洋河
居庸關
漁陽
桑乾河
大同盆地
代
西山
燕
薊
北京
無終
飛狐口
太行山脈
拒馬河
潮白河
潮白新河
永定河
廊坊
紫荊關
涿
南拒馬河
(淶水)
白溝河
方城
武陽
戰國時期海岸線
唐河
鴻上關
中易水
戰國時期黃河
天津
海河
漕河
大清河
白洋淀
中人
保定
平舒
高陽
曲陽
唐河
子牙新河
中山
顧
子牙河
戰國時期黃河
靈壽
饒
滄州
滹沱河
安平
河間
井陘
下曲陽
石家莊
肥
馬頰河
河北
衡水
河水
滏陽新河
華北平原
德州
巨陸澤
武城
京杭運河
邢臺
沙河
滏陽河
平原
徒駭河
濟水
武安
河水
歷下
濟南
邯鄲
趙
滏口陘
聊城
漳河
濮水
泰山
滏口
鄴城
漳河
泰安
安陽
衛河
梁父
趙
蕩陰
黃河
無鹽
中牟
馬陵
平陸
濟水
成
鶴壁
濮陽
廩丘
桑丘
曲阜
朝歌
衛
濮陽
京杭運河
泗水
魯
平陽
河水
成陽
巨野澤
濟寧

當然就是河內了。在中國古書上，如果看到河內，一般指的就是河北，絕不是越南的河內。越南的河內雖然歷史上很長一段時間屬於中國，但直到一八三一年才有河內這個名字，那時已經脫離中國了。

漢朝時在河南焦作市曾設過河內郡，在黃河北岸，對岸就是虎牢關。《三國演義》有個方悅，號稱河內名將，虎牢關之戰時，一出場就被呂布給斬了。這個河內郡，從地理位置看，也在黃河以北，因此得名。

河北是古燕國、趙國所在的地方，所以也稱燕趙之地。黃河在古書中稱「河水」，所以歷史書中的河南、河北、河西、河東都是以黃河為參照物來命名。

燕國這個地方就是現在的北京，歷史上一直離中原腹地很遠。不僅遠，還很弱，直到戰

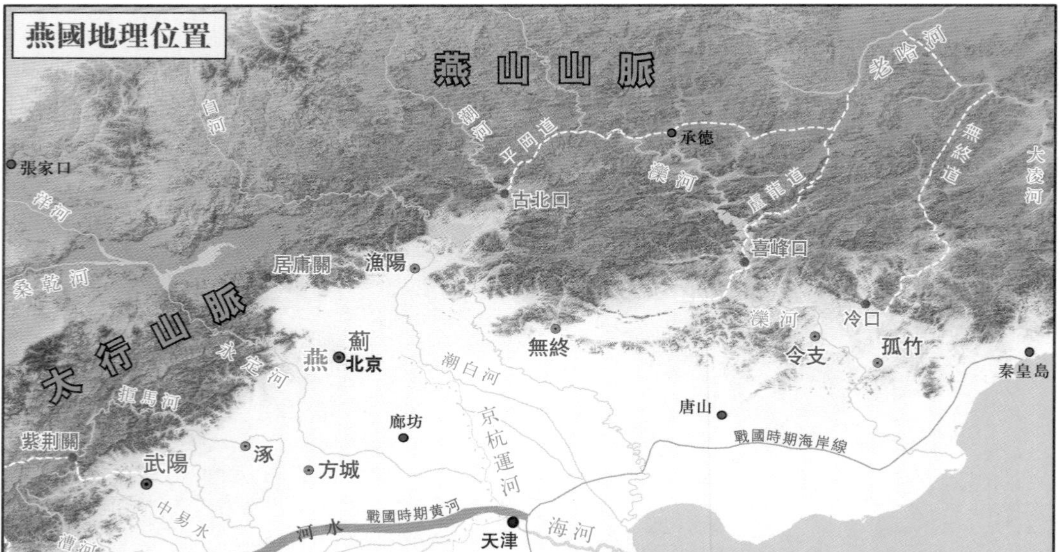

國後期，燕國才登上歷史舞臺。燕國後來能成為戰國七雄之一，得益於燕昭王的「金臺納賢」，就是高築一個臺子，重金招攬天下有志之士，其中有個叫樂毅的人投奔而來。這個臺子就在現在北京金臺夕照地鐵站，曾是燕京八景之一，現在除了這個名字外什麼都沒剩下。樂毅後來率燕國等五國聯軍，一口氣連下齊國七十多城，差點讓齊國滅亡。戰國後期，除了楚國之外，七雄之中一東一西兩個國家最強，就是齊國和秦國，樂毅打敗齊國，一戰成名，燕國一舉成為強國。

此後很多年，燕國一直沒什麼作為，直到戰國末期，因為荊軻刺秦王的事，又讓燕國炙手可熱。不過燕太子丹的這一舉動只是引火上身，加速了燕國的滅亡。

相反的，趙國從戰國一開始就很活躍，起初重心在山西北部，把都城遷到邯鄲後，重心就放在河北了。趙國滅掉中山國後，一舉成為河北地區最大的國家。整個河北的形勢是，燕國占領北部，趙國在中間，魏國占領南部一小部分，中間還夾著一個衛國。衛國原有的土地已經被魏國占領，衛國公室跑到了沁陽，只保留了一個衛國名分。

燕國和趙國的界線就是易水，易水發源於淶源，在河北省易縣境內。荊軻刺秦王時，趙國已經被秦國占領。從易水到燕國首都薊城（北京）的中間就是督亢，荊軻刺秦王時帶的就是這裡的地圖。督亢地區產糧，是燕國最好的一塊地，所以秦國垂涎。督亢就是後來的涿縣，劉備和張飛在這裡出生，現在改名叫涿州，依然是河北最好的產糧區。趙國和魏國的界線就是漳河，漳河發源於長治，東出太行山後過鄴城，魏文侯命西門豹到鄴城（今河南安陽以北）任縣令（當時叫縣公），當時漳河水經常氾濫，地方豪強拿少女祭河伯，西門豹到任後，懲治了地方豪強，治理漳河，發展農業，使鄴城發展壯大。後來曹操就是在鄴城修建了銅雀臺，曹植在〈銅雀臺賦〉說：「臨漳水之長流兮，望園果之滋榮。」可見當時漳河的水很豐沛。鄴城也是建安文學的大本營，南北朝時有六個朝代在這裡建都，現在只剩一個遺址。現今的漳河也是河北省與河南省的界河，相比古漳河，在東出太行山以後往南偏移了不少。

荊軻刺秦王之前，晉國也出了一個有名的刺客──豫讓，他行刺的目標是趙國開創者趙襄子。晉國一直是六卿掌權，前面提過智氏最強，趙、魏、韓三家在趙襄子的鼓動下，聯合起來滅了掌權的智伯。趙襄子對智伯恨之入骨，將他的頭蓋骨當酒杯用。豫讓是智伯的家臣，智伯對他有知遇之恩。智伯死後，豫讓一心想殺趙襄子替智伯報仇，於是改名換姓混進趙家，結果被發現了，趙襄子感念他是義士而放了他。第二次，豫讓先是毀容，再吞炭把嗓子燒啞，連他老婆都認不出來，然後又去行刺趙襄子。這次是在一座橋上，沒想到趙襄子還是發現了他，再次被捕。豫讓求趙襄子脫件衣服給他，讓他刺幾劍，算是替智伯報了仇，然後就自殺了。豫讓死前說了句流傳千古的話：「士為知己者死，女為悅己者容。」

後人稱豫讓行刺的這座橋為豫讓橋，位於現在河北省邢臺縣。豫讓的事蹟傳遍趙國，燕趙大地的俠士們為之唏噓不已，這就是燕趙多慷慨悲歌之士的開端。河北這塊地方，總體來說地薄人眾，人們好俠任武，悲歌慷慨。荊軻刺殺秦王時，高漸離一曲「風蕭蕭兮易水寒，壯士一去兮不復還。」聞者無不動容。

趙國最偉大的人物要算趙武靈王，在他之前的趙國還算不上強大。趙武靈王最大的改革就是胡服

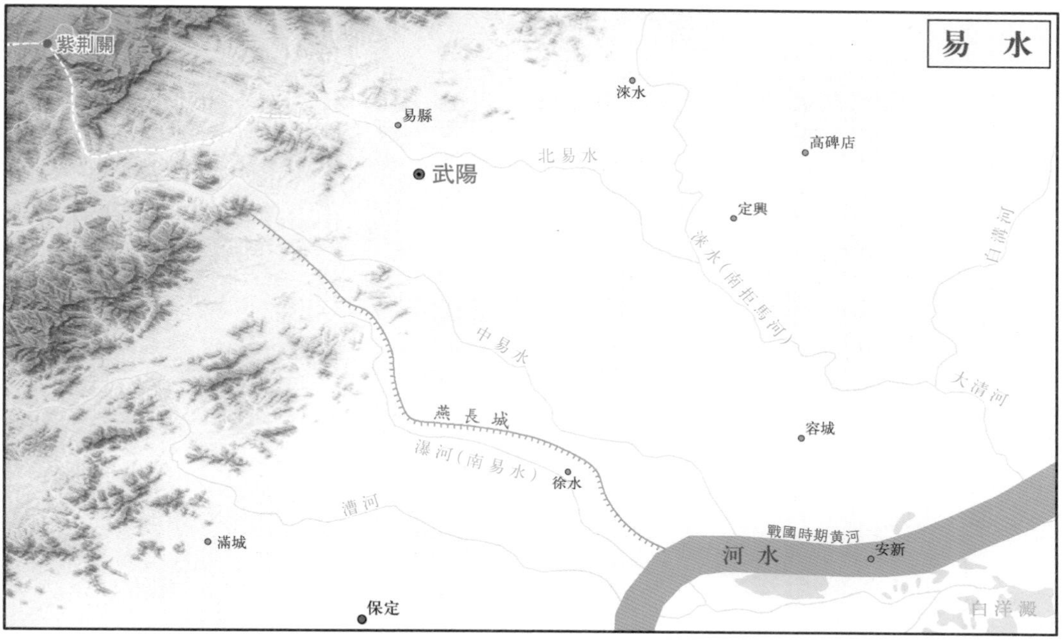
易　水
紫荆關
淶水
易縣
高碑店
北易水
武陽
定興
淶水(南拒馬河)
白溝河
中易水
大清河
燕長城
容城
濕河(南易水)
徐水
漕河
戰國時期黃河
河水
安新
滿城
保定
白洋澱

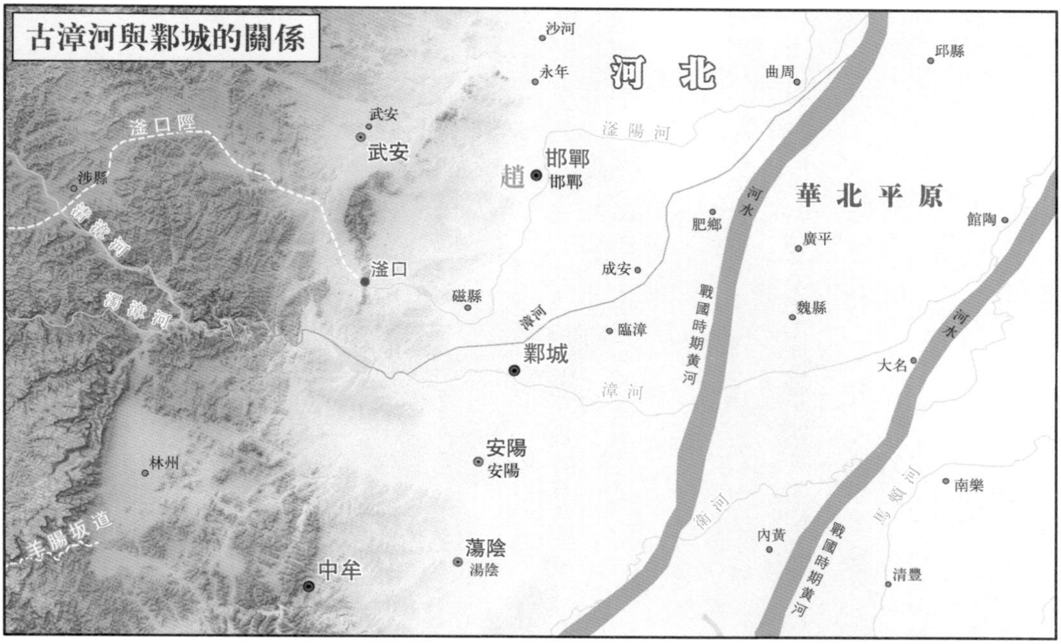
古漳河與鄴城的關係
沙河
邱縣
永年
河北
曲周
武安
武安
滏口陘
滏陽河
邯鄲
趙
邯鄲
涉縣
清漳河
河水
華北平原
肥鄉
館陶
廣平
滏口
成安
濁漳河
磁縣
漳河
魏縣
臨漳
戰國時期黃河
河水
鄴城
大名
漳河
安陽
安陽
林州
衛河
南樂
馬頰河
羊腸坂道
蕩陰
湯陰
內黃
戰國時期黃河
中牟
清豐

騎射，一項簡單的改革，讓趙國國力大增。此後趙國北擊匈奴，占領了陰山南北地區，向東滅掉中山國，使領土東西連成一片，全國排行第三，僅次於楚國和秦國。胡服騎射不僅改變了趙國國運，也改變了戰國時各國的作戰方式。春秋時，各國主力部隊是戰車，衝擊力強，步兵只能當配角，但戰車有個問題，一是造價高，二是機動性差，只適合平地，路不平或太窄就跑不了，而且駕馭戰車是一項高難度的技術。趙武靈王和匈奴作戰時，發現匈奴騎兵比戰車好用，機動性強，來去如風，特別是在山地；造價便宜，訓練起來也比駕車容易。胡服騎射的效果立竿見影，各國紛紛效仿，不再發展戰車，改用騎兵。但騎兵真正成為戰場主力還要再等幾百年，項羽就是擅用騎兵的猛將。戰國時車騎混用是主流，除了趙國，其他諸侯的騎兵規模都不大，反而是更便宜的步兵得到了大力發展，孫臏滅龐涓主要用的就是步兵。原因之一是中原地區不產馬，另一個是馬鐙還沒發明出來，要訓練一名士兵在馬上衝殺而不掉下來不容易。這時騎兵的主要作用是突襲，向敵人射箭，所以叫騎射，射完就跑，還不能騎著馬和敵人近身格鬥，沒有馬鐙很容易掉下來。

胡服騎射還改變了中國人的穿衣習俗，傳統的華夏服裝沒有褲子，大袍子下面是空的，只有腿上綁了兩個綁腿，叫脛衣，穿這種衣服騎馬既磨屁股又磨腿。所以武將都是站在戰車上作戰，平時席地而坐也不會走光。胡服讓華夏人有了褲子，一是可以騎上馬打仗，二是到五胡亂華時，高腿的桌椅進來後，中國人就不再席地而坐了。

戰國後期，齊國、楚國相繼衰落後，趙國成為抵抗強秦的中流砥柱，出現了藺相如、廉頗等人物。

長平之戰後，趙國元氣大傷，緊接著又是邯鄲之戰，趙國幾乎垮掉。誰知趙國又出了個李牧，殺了秦軍十萬人，又撐了好幾年。如果要認祖歸宗，其實秦、趙兩國是一家，都源自商朝嬴姓猛將飛廉。這兩家本是同根生，相愛相殺幾百年不斷，也有人推測，趙高就是趙國公族之後，後來秦國亡在他手裡，也算是替趙家報了仇。

從整個戰國後期來看，與強秦抗衡最悲壯的就是燕、趙兩國。齊國雖是大國，卻一直沒有作為，只貪圖吞併附近的小國，對抗秦缺乏積極性。楚國自從丟掉郢都，遷到壽春後，春申君把持國政，也沒有什麼作為，大多時候都在封地申（上海）享樂。反倒是趙國表現得最猛烈，不停和秦國爭鬥，燕國雖弱小，卻也發出最後的絕命一擊。

秦統一中國後，燕國的都城薊城改為薊縣，屬廣陽郡；漢朝，薊縣屬幽州。

東漢末年，一個賣草鞋的平民在亂世中崛起，他就是劉備。劉備是涿縣人，張飛也是涿縣人，關羽是解良（今山西運城）人，因殺了人逃到涿縣避官司，三人就湊在一起，桃園結義。涿縣屬於涿郡，而涿郡又屬於幽州，幽州的治所在薊縣（北京），涿縣離薊縣很近，不到一百公里，而當時據有幽州的是公孫瓚，所以三人一開始投奔公孫瓚，不為別的，就是因為近。在公孫瓚那裡認識了趙雲，趙雲是常山郡真定縣人（今石家莊正定縣）。三國裡只有這個團隊是草根出身，曹操和孫權都有家底，孫權更是富二代。這個出自燕趙之地的草根團隊起步很糟糕，沒有資本，沒有根據地，一路流亡，但最終竟三分天下，可以說是最了不起的團隊。袁紹四世三公都把家底折騰完了，劉備白手起家卻開創了一番事業，這就是差距。

曹操占領河北後，還北征過烏桓（也叫烏丸），更讓人感覺做人的差距，曹操一邊和中原諸侯搶地盤，一邊順手平定北方的游牧民族，而後來的西晉竊取了曹家天下，卻讓五胡進來把中原搞得一團糟，差點讓漢人滅絕。

五胡亂華時期，鮮卑人的慕容氏先後建立前燕、後燕、南燕、北燕四個政權。北燕是被鮮卑化的漢人所建，南燕在河南和山東一帶。而前燕和後燕就在河北，一個定都薊縣，一個定都中山（河北定州）。金庸的《天龍八部》裡，慕容復一心想要恢復燕國，原型就源自於此。但北宋離當年的慕容氏燕國太久遠，中間還隔著魏晉南北朝、隋、唐和五代十國，慕容氏早就不復當年，不可能還想著恢復曾經的燕國。

河北在宋代以前一直被冷落，那時的游牧民族主要從北方而來，首當其衝的是山西和陝西。從五代十

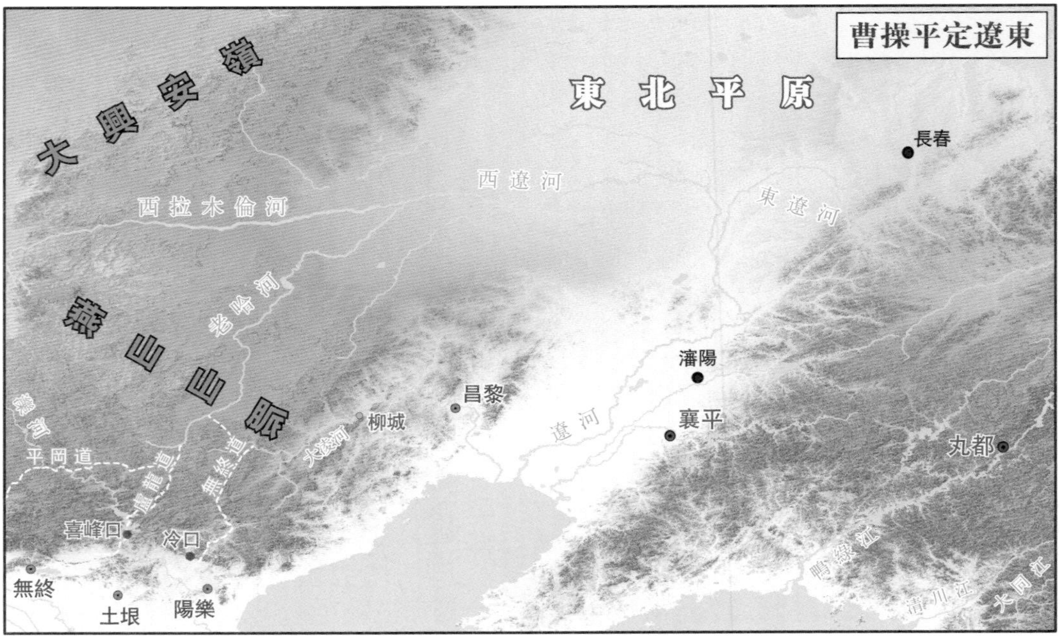

國開始，東北的游牧民族崛起，北京這個地方就成為重中之重。

北京的東方，從山海關到錦州是一條狹窄的通道，稱為遼西走廊，北面是燕山，南面是大海，易守難攻。在秦漢時期，遼西走廊還很不穩定，加上當時的海平面比現在高，通行條件並不好，曹操一開始本想走遼西走廊追擊烏桓，正好趕上雨季，道路不通，只好翻越燕山。那時從華北到東北的主要通道就是過了山海關後北上，從大凌河的源頭順河谷而下，到達遼河平原；或者先走無終道，也可以順大凌河而下。直到五代十國時期，遼國割走燕雲十六州，遼西成為腹地，遼國俘虜大量漢人到這裡開荒種地，當然也包括修路，才徹底打通遼西走廊。

北京的北邊，從居庸關開始到張家口也是一條狹窄的通道，穿過燕山和太行山之間的縫隙。而整個北邊有燕山阻隔，燕山以北是蒙古高原。北京是整個華

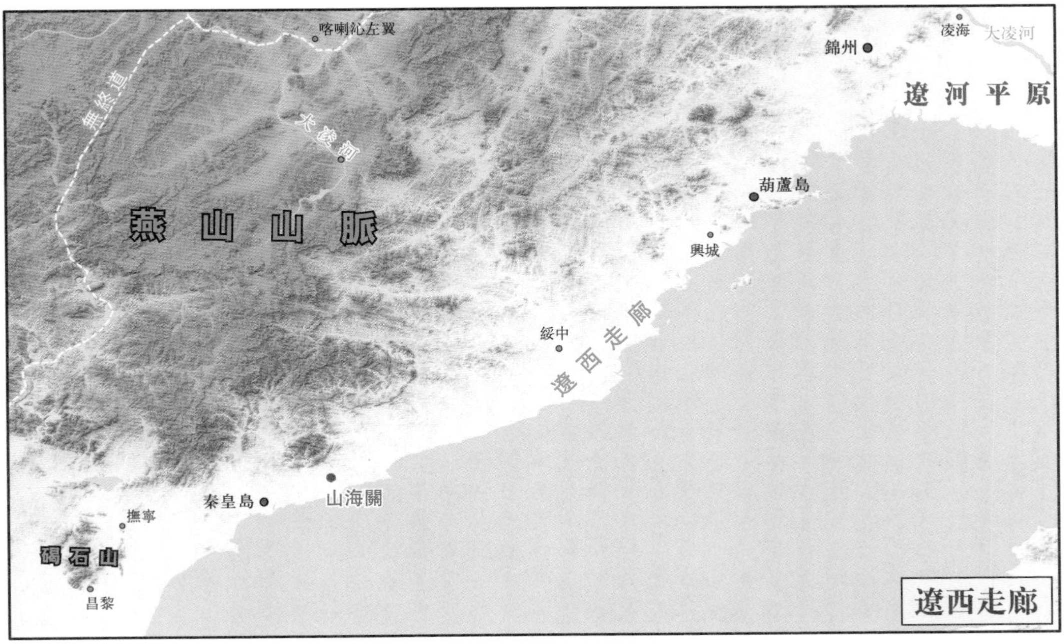

北平原的北大門，不管是從東北還是蒙古高原過來的游牧民族，主要就是從這兩個地方進入，只要守住這兩處，中原就安全，而守這兩個地方的大後方，就在北京。

五代十國時期，遼國割走了燕雲十六州，相當於整個中國的北大門掌控在契丹人手裡。燕雲十六州包含了北京和大同，契丹人可以隨時進入河北和山西北部劫掠，北宋朝廷為此頭痛不已。特別是河北，與中原之間沒有任何屏障，游牧民族都是騎兵，想來就來，想走就走。

北宋和遼國背後的金人結盟，完顏阿骨打對北宋還真是不錯，滅了遼國後把燕雲十六州還給北宋。但好景不長，阿骨打死後，金人立刻南下，於是就有了「靖康之恥」，北宋滅亡，南宋偏安一隅。直到蒙古人入主中原，北京突然就不算邊疆了，而是處於元朝的腹地。元朝人把北京（當時叫大都）設為首都，有

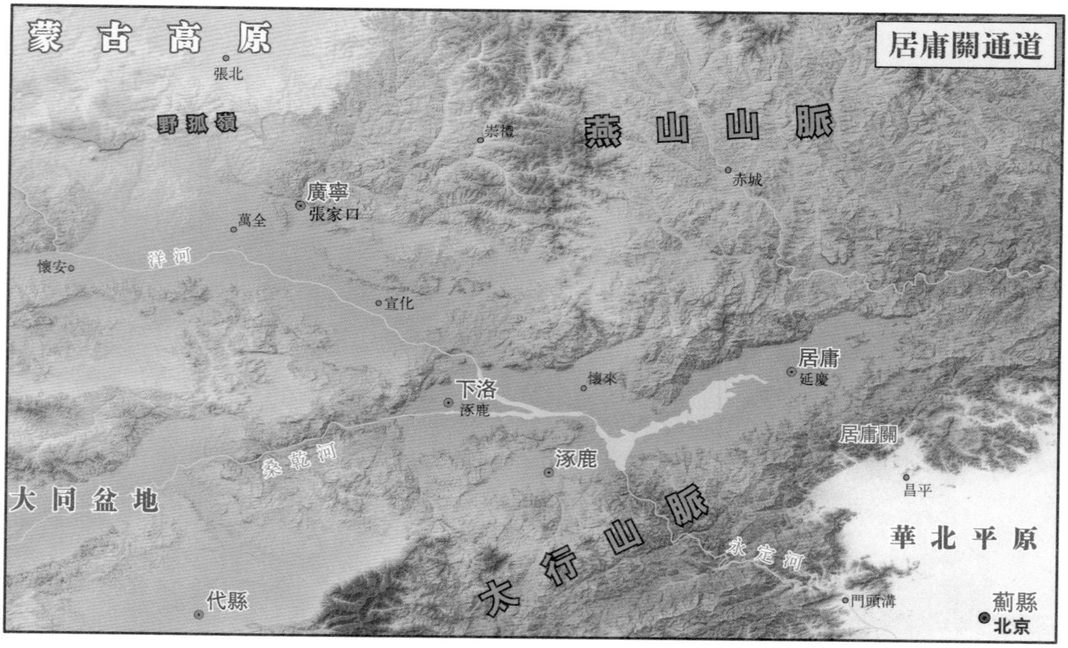

兩方面的考慮，一是處於元帝國中心，二是正好是北方草原和南方農耕平原的分界點，一旦中原有變故，蒙古人可以從這裡迅速退回草原，不致於被人截斷後路，事實上他們後來也是這麼做。

蒙古人定都北京，改變了整個中國的經濟格局。中國的政治中心原來在中原腹地洛陽、開封一帶，蒙古人定都北京後，棄用了隋朝時修建的大運河，截彎取直，直接從江南修到北京。這一舉動使洛陽、開封從此失去中心的地位，中國的政治、文化就在北京和南京這兩京之間，整個中國的重心東移，造就了天津這個城市。天津做為京杭大運河到北京的前站，成為物資轉運中心，明朝時朱棣從這裡上船走運河南下爭奪皇位，後來當了皇帝，就把這裡命名為天津，顧名思義，就是天子的渡口。

隋朝開創科舉前，官員都是貴族，但貴族還是有些不一樣。先秦實行的是分封制，貴族治理的地盤是

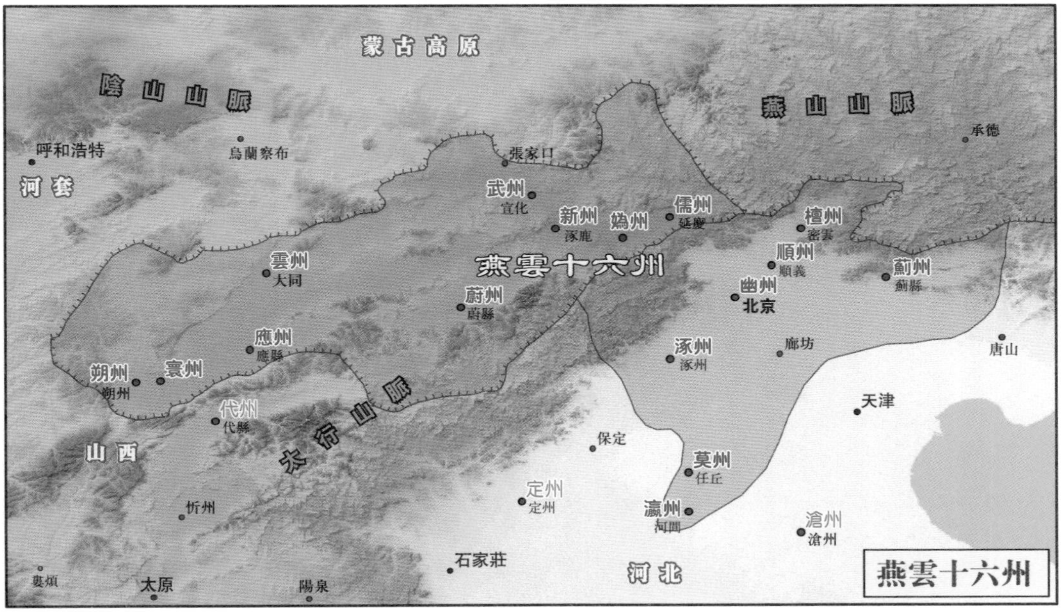

自己的，沒有理由不想辦法治理好。秦以後實行郡縣制，地盤是皇家的，治理得好不好和貴族沒關係，貴族只要利益就行，這時與其稱他們為貴族，不如說是門閥，世代相襲，拚命攫取皇家和百姓的利益，整個官僚體制就出現問題，社會階層固化，國家缺少活力，最明顯的就是兩晉。隋朝發明了科舉，提供讀書人一個上升的管道，同時打擊了世襲門閥，形成一套自我更新的官僚體系，整個國家散發出活力。

蒙古人取消了科舉，士子們失去上升管道，心中的怨氣無處發洩，為明朝的崛起埋下伏筆。明朝的開創者朱元璋沒什麼文化素養，但一大批有學問的知識分子願意跟隨他，就是這個道理。沒有科舉後，讀書人沒官做，只能和底層的戲班子和歌伎打成一片，結果創造出戲曲。希臘悲劇早在二千五百年前就有了，中國在這方面卻一直是片空白，到元朝才總算把這一缺憾補齊了。

蒙古人入主中原後，和別的少數民族不一樣，既不漢化，還搞種族歧視。把全國人按人種分為四等，第一等蒙古人，第二等色目人，第三等北方漢人，第四等南方漢人；又按職業把人分為九等，一官，二吏，三僧，四道，五醫，六工，七匠，八娼，九儒，十丐。讀書人是第九等，比妓女還低一等，這就是「臭老九」的來歷。當官的只能是蒙古人，色目人能做吏，北方漢人實際包含了以前的金人，真正的漢人地位最底，只能任人宰割。在這種嚴酷的制度下，社會階層極度固化，遲早要出問題。果然，才九十多年，蒙古人就退回大漠放羊去了。

蒙古人帶來的好處，主要是世界性的，元朝和其他幾個汗國橫跨歐亞大陸，促進了世界的交流。另外還有《馬可波羅遊記》，正是蒙古人的影響力，才有這本書，促進了西方的大航海時代，導致人類海洋文明的到來。歐洲正是從大航海時代開始日益發達，最終攜海洋文明的成果，帶著船堅炮利，打開了中國的大門。我們可以認為正是從蒙古人開始，中國的歷史不再單獨，而是世界歷史的一部分。

明朝一開始定都南京，實際上是個倉促的決定，朱元璋還派兒子到關中考查，想遷都，但沒幾年他就死了。定都南京有個問題，蒙古人雖然退回草原，但依然強大，做為北大門的北京是最好的防守地。北京離南京太遠，如果邊關有事，就算八百里加急，也會錯失戰機；如果派重兵鎮守北京，又容易尾大不掉，形成割據勢力，另立中央。最終的結果就是這樣，駐守北京的燕王朱棣兵強馬壯，把姪子建文帝幹掉，自己坐上皇帝寶座。這樣一來，天子守國門，北方邊關才算穩定。

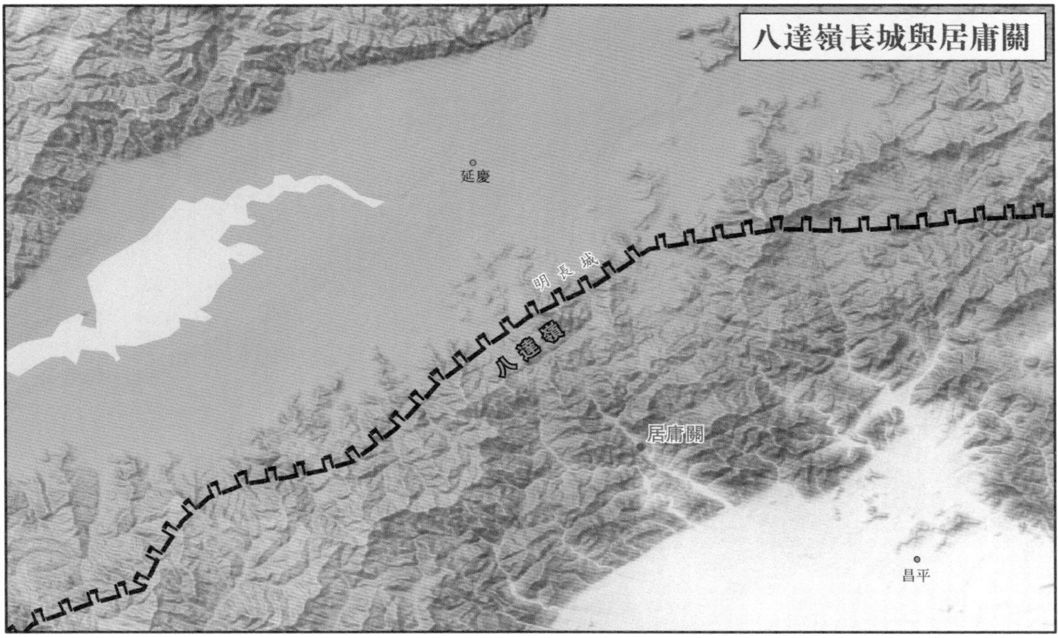

八達嶺長城與居庸關

明朝後期的實力已經很弱，邊關防守都退回長城一線，遠不如漢、唐。但防守也容易，重兵都在北京，只要守住山海關和居庸關就好。這兩個關口從地形上看好防守，關外都是長長的狹谷，敵人用兵、運糧都不方便，適合快進，只要守住關口，敵人攻關不下，只能退出，不能久留。而從關口到北京都是平原，調兵運糧都方便。明朝的問題主要是經濟狀況，這時西方已經進入大航海時代，歐洲人在南美洲發現大量白銀，白銀流入中國，導致中國經濟通貨膨脹，中央財政出現赤字。打仗非常燒錢，白銀不像鈔票，可以開動印刷機。崇禎帝死時，國庫基本上已經空了，所以李自成要在北京城裡打土豪充軍費，結果就打到吳三桂的老爹頭上了。

滿族人進入北京後，採取和蒙古人不同的政策，他們比蒙古人更了解漢人。滿族人以前叫女真人，後來改叫滿人有個原因就是怕漢人記仇。滿人入關後，一開始打的旗號是替崇禎帝報仇。滿人在中國的政策可以總結為：內心漢化，外表滿化。就是全面接受漢文化，但在面子上，所有漢人都要剃髮易服，滿清征服中原的主要矛盾就在這裡。其實從周公制禮儀開始，中國人的華夷之辨從來都是用文化區分，而不是種族。周朝時四周的蠻夷，有些並不是少數民族，而是先朝比如夏、商時期的諸侯國，只是他們不服周，以夷狄自處而已，姜子牙就是東夷人，匈奴人還說自己是黃帝的後裔呢！漢人應該是個文化概念而不是血統，造成中國人固有的觀念，不管什麼人來統治，只要接受我們的文化，實行儒家治國就行，管你是漢人還是滿洲人。滿人一開始打北方很順利，不順利的是後來頒布了剃髮令，即所謂「留頭不留髮，留髮不留頭」。現在影視劇裡都對滿清的髮型進行了美化，實際上一開始滿清的髮型並不是這樣，剃髮後只留腦後很小一部分，不是只剃前額一點點，整個頭頂都是光的，即所謂的「銅錢鼠尾」，確實很醜。你想想看，即使是現在，如果讓你馬上剃成這樣，一定也受不了。直到晚清，滿清的髮型才逐步妥協，剃得少了，變成了陰陽頭，辮子也粗了。服飾和髮型也是文化的一部分，尤其是漢文化，對這兩樣都很講究，我們稱衣冠，代表的是一種身分，我們講身體髮膚受之父母，怎麼能隨便剃掉呢？為了這個，「揚州十日」、「嘉定三屠」都不怕！

說到江南一帶的抗清鬥爭，很多人都會說，每次北方的游牧民族一過來，北方人都不抵抗，看似柔弱的南方人反而抗爭得最激烈。其實是個誤解，只要看看北方的地形就知道，從北京開始，河北到河南都是一馬平川，沒有任何山川險阻可以固守，面對游牧民族的鐵蹄，北方人再怎麼抵抗也支撐不了多長時間，倒是江南，水網密布，每下一城都很困難，這是地形的因素，不是人的因素。每一次游牧民族入侵，北方人總是首當其衝，第一個站起來反抗的也是他們。燕趙多慷慨之士，因為慷慨，多有悲歌，河北大地一次次被蹂躪，又一次次站起來，正是他們血性的證明。滄州成為武術之鄉，是有歷史原因的。後人到了易水，還是會感嘆，就像唐代駱賓王的〈於易水送別〉：

此地別燕丹，壯士髮衝冠。
昔時人已沒，今日水猶寒。

第六章

中原逐鹿，誰主沉浮

河南這個地方，隨便一鋤頭挖下去，可能會碰到好幾個朝代的文物，有上古時期的陶器，先秦的青銅酒杯，秦、漢的古劍，唐、宋的刀，還有元、明、清的青花瓷。很長一段時間，中國一詞指的就是中原。

上古時期，中原一帶生活著大大小小、成千上萬的部落，其中有三位帶頭大哥。一個部落發明了車子，稱為軒轅氏，首領是黃帝；一個部落莊稼種得好，發明了中草藥，稱為神農氏，首領是炎帝；還有一個九黎部落，有九個氏族，首領是蚩尤。九黎不是少數民族，伏羲、女媧都出自九黎。

三個人的位置剛好是一條線：黃帝在中間，定都新鄭；炎帝靠東，定都陳丘（河南淮陽）；蚩尤靠西，定都涿鹿（山西運城）。從地形上看，蚩尤的位置最好，正好處於黃河的拐彎處，北有汾河，南有中條山，是塊風水寶地；炎帝處於河南的中心地帶，是當時天下的共主；黃帝的位置最不利，雖然西有嵩山，北有黃河，但處於兩位大老中間，容易腹背受敵。

天無二日，事情發展到這一步，黃帝不能坐以待斃，於是先發制人。他麾軍東進，打敗東邊的炎帝。兩大部落最終合併在一起，就是華夏族的雛形，因此稱為炎黃子孫。

黃帝乘勝追擊，帶著炎黃聯盟繼續向九黎部落進攻，北渡黃河，進入涿鹿。兩軍在涿鹿發生一場大戰，黃帝戰勝，蚩尤戰死。九黎部落大部分融入華夏族，就是「黎民」；黃帝和炎帝原本手下就有許多氏族，稱「百姓」，黎民百姓一詞就是這麼來的。黎民沒有姓，處於被統治地位，百姓處於統治地位，早期平民沒有姓氏，有姓氏的都是貴族。

九黎一部分南逃到漢水，建立三苗部落。堯帝時，三苗作亂，堯發兵征討，在丹水打了一仗，三苗逃到洞庭湖和鄱陽湖一帶；舜帝時，三苗不服，又打了一場歷時七十天的大戰，一部分三苗留在當地，融入後來的楚國，另一部分繼續南逃，鑽入雲貴高原的崇山峻嶺之中，形成現在的苗族。

黃帝統一中原後，傳了五代，帝位到了堯、舜、禹手上，三人的帝位據傳是禪讓的，其實是儒家的美化，從他們的都城變遷可以看出，這時的帝相當於一個部落聯盟的盟主，誰有實力大家就聽誰的，當了盟主的人還是在自己原來的地盤上號令天下，並沒有搬到上一任盟主的地方。到了大禹，他把帝位直接傳給兒子，開創了世襲制的先河，就是中國歷史上第一個王朝——夏朝。夏朝的都城頻繁變動，但主要還是在河南一帶，受黃河氾濫影響。

夏朝傳了四百多年，被商取代。商部落是東夷人的一支，主要聚集於山東丘陵地帶，山東有漁鹽之利，這支部落已經被華夏化了，處於東夷與中原的交匯地帶（商丘）。這時的「夷」並不是指外族，只是生活習俗不一樣。「夷」是個象形字，指一個人背著大弓，夷人就是擅長射箭的人，他們不種田，以打獵、捕魚、經商為生。后羿就是東夷人，他的箭法高超，傳說中能射下天上的太陽；姜子牙也是東夷人，被封到齊國，是最早的「以夷制夷」。周朝以後的夷才指外人，比如很長一段時間稱日本人為東夷，後來英國人從海上來了，就稱英夷或洋夷。華夏也是指文化而非血統，例如朝鮮做為明朝的屬國，在明朝被滿清滅亡後，一直用崇禎年號，穿明朝的衣服，並以華夏正統自居，稱清人為蠻夷。民族主義是二戰後才興起的思潮，中華文化這麼強大的同化能力，正是因為包容性，從來不以血統論，只要你認可我的文化，就是一夥的。漢族也不是一個單純的民族，如果以血統論，漢族的血統是最不純的。從一開始，華夏文化就是各民族融合的成果。

商朝定都於亳（商丘），也是幾經變動，遷到殷（今安陽）後才安定下來，具體就在朝歌（河南淇縣），牧野之戰就發生在這裡。

在殷地發現的商朝遺址就是殷墟，最大的發現是甲骨文，將中國有文字的歷史向前推了一個朝代。甲骨文是象形文字，與我們現在用的漢字一脈相承。文字是文明傳承的載體，在其他的古文明（古巴比倫、古埃及、古印度）早已消失的今天，中華文明能一直傳承到今天，漢字發揮了十分重要的作用。我們今天能讀懂先秦文章，得益於漢字的獨特性。字母拼寫的文字是表音的，隨著語音的變化，拼寫也隨著變化，時間一長，後人難以看懂前人的文字；漢字是表意的，無論讀什麼音，語音怎麼變化，即使外國人（日本、朝鮮）用，意思也不會變。比如一個北方人，讓他聽客家人說話（中國古代漢語），和聽外語沒什麼區別，但寫出的文字依然相通，這在用拼音文字的國家很難想像。有個外國歷史學家打了個比方，他說漢字就像阿拉伯數字一樣，比如「1」，不管用英語念「one」，還是用法語念「une」，或者用德語念「ein」，意思都不會變，這對用拼音文字的人來說太神奇了。中國的方言這麼多，如果用拼音文字，簡直難以想像。今天，古巴比倫和古埃及的文字，只有專家才能解讀出零星的片段，而中文就不存在這個問題。中國又有記歷史的傳統，知道自己從哪裡來，而那些古巴比倫人、古埃及人，早已不知到哪裡去了。

雖然從倉頡造字開始，到商朝開國，中間經歷了三千年，但這一時段的文字，至今沒有考古發現。中國有文字的歷史，現在能證實的是從商朝開始，老外至今都不承認中國有個夏朝存在。

商朝傳了五百多年，最後武王伐紂，來自西邊的周取代了商。紂王是周朝對商朝末帝的稱呼，史書稱為帝辛。帝辛實際上是一位很有作為的領袖，武王伐紂時，商朝的主力軍隊正在征討淮夷（淮河一帶的東夷人），武王不費力就得了個便宜，牧野之戰還被說成七十萬奴隸倒戈。

周朝建都鎬京（西安），同時在洛陽建了副都。

西元前八四一年，周厲王出逃，周公、召公執政，史稱「共和」。這一年是共和元年，從這一年開始，中國進入信史時代，直到今天，將近三千年都有文字記錄，在全世界獨一無二。以前的歷史，要嘛是傳說推測，要嘛是後人的引用轉記，要嘛就像甲骨文只是一些文字片段，沒有確切的年代。

在第二章提過東周，東周分兩段，春秋和戰國，各諸侯爭霸的主戰場就在中原。洛陽是個盆地，三面環山，一面臨河。往西，有函谷關與關中相連；往東，出虎牢關入中原腹地。周王遷到洛陽時，關中已被犬戎占據。東邊是他的親戚——鄭國，那時虎牢關還叫制，掌控在鄭國手上，第一個欺負周王的是鄭國。鄭莊公幾戰下來，讓周王室的顏面掃地，從此周王在諸侯心目中的地位一落千丈。周王室從此不再過問諸侯的事，老大不管事了，諸侯就開始爭當老大。

周王室的衰落主要是鎬京之亂，傷了元氣，又丟失了關中那塊地，養不活那麼多軍隊。按照周制，天子有六軍，諸侯最多三軍。到了洛陽，王室連養三軍都困難。洛陽雖是個盆地，有山有水，但畢竟面

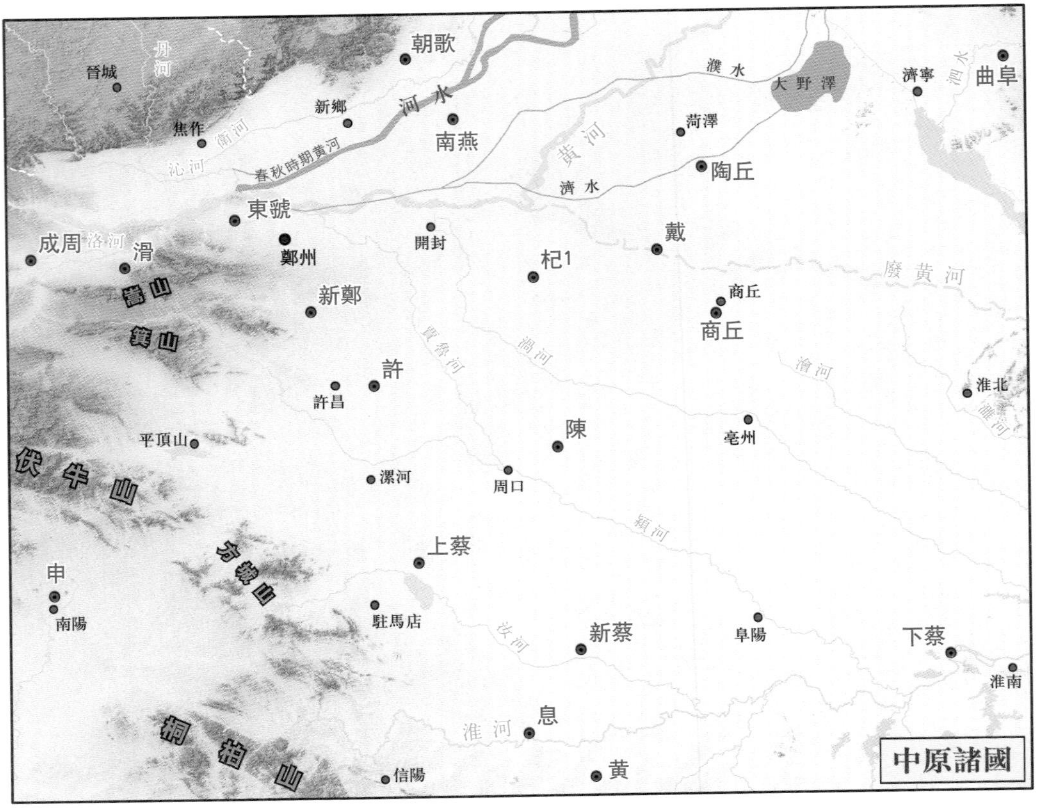
中原諸國
朝歌
河水
南燕
新鄉
晉城
丹河
焦作
衛河
沁河
春秋時期黃河
濮水
大野澤
濟寧
泗水
曲阜
菏澤
黃河
陶丘
濟水
東虢
成周
洛河
滑
鄭州
開封
戴
杞1
商丘
商丘
廢黃河
嵩山
新鄭
箕山
賈魯河
渦河
澮河
許
許昌
淮北
濉河
平頂山
陳
亳州
伏牛山
漯河
周口
潁河
方城山
上蔡
申
南陽
駐馬店
汝河
新蔡
阜陽
下蔡
淮南
淮河
息
桐柏山
信陽
黃

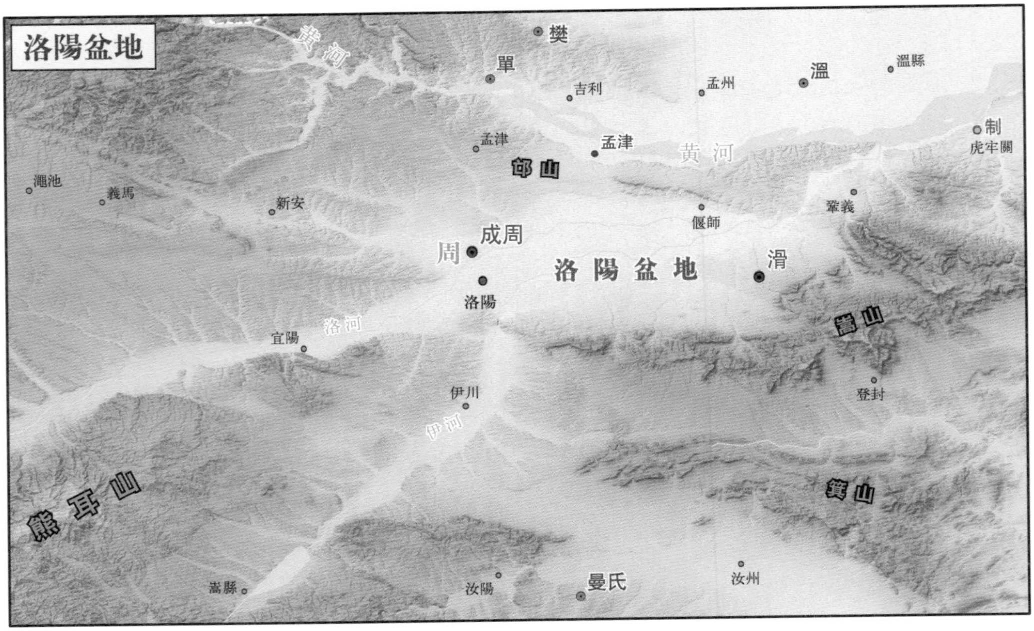
洛陽盆地
黃河
樊
單
吉利
孟州
溫
溫縣
孟津
孟津
黃河
制
虎牢關
邙山
澠池
義馬
新安
偃師
鞏義
周
成周
洛陽盆地
滑
洛陽
嵩山
宜陽
洛河
伊川
登封
伊河
熊耳山
箕山
嵩縣
汝陽
曼氏
汝州

積比關中小很多，出產的糧食有限。

虎牢關是洛陽的東大門，在現在滎陽市汜水鎮，唐以後稱汜水關。滎陽也是產糧的地方，劉邦出關中爭天下時，和項羽在這一帶打了很久，處於膠著狀態，後來以鴻溝為界，稱楚河漢界。虎牢關的南面是嵩山，北面是黃河，歷來取洛陽必走虎牢關。東漢末年，董卓把持朝政，十八路諸侯討伐，打到虎牢關，於是就有了「三英戰呂布」這場精彩戰鬥。

從洛陽南邊，嵩山和熊耳山連接處，有一個非常狹窄的小缺口叫龍門，龍門石窟就在這裡。龍門本可以成為洛陽的南大門，但恰好伊水從這裡流過，這道門就被堵死了，也恰好保證了洛陽的安全，免卻後顧之憂。

再往南，過了伏牛山就是南陽了。南陽也是盆地，但比洛陽盆地大很多，而且直接鎖住襄陽的北大門。楚國進軍中原時，首先就占領了這裡。楚國在這裡設了宛邑，所以南陽也稱宛城。諸葛亮在《隆中對》說：「天下有變，則命一上將將荊州之軍以向宛、洛。」宛就是南陽，洛是洛陽，諸葛亮的意思是說，可以帶著荊州的兵馬，先取宛城，然後北上中原打洛陽，洛陽在某種程度上就是中原的代表。而且南陽是個大盆地，可以種糧、駐軍，就算一時半刻打不下來也退守有餘。諸葛亮想得到此，曹操肯定也想到了，南陽北上不遠就是許昌，是曹操的首都，他當然會派重兵把守這一帶。

南陽的東北方是方城山，方城山不高，但楚國最強大時，以方城山為城，隨時進入中原腹地，令中原諸侯緊張萬分。

南陽南面就是荊州的門戶襄陽，襄陽東邊是桐柏山，然後是大別山。桐柏山也是淮河的源頭，淮河從這裡一直向東延伸。桐柏山和大別山相接的地方有三個關口：武勝關、九里關、平靖關。這三關在信陽的南面，信陽古稱義陽，所以稱為義陽三關。中原軍隊南下，如果打不下襄陽，可以打這裡。不過義陽三關連接的是一條狹長的谷道，連克三關太難，容易困死在山谷。春秋末，伍子胥和孫武率領吳國軍隊攻入楚國，出其不意，走的就是這條道。國共內戰時期，劉鄧[1]大軍千里挺進大別山，走的也是義陽三關。三關歷來屬於荊襄，元朝時劃歸河南，相當於荊襄的命門把握在中原，這就是我說的蒙古人劃分行省互相制約的例子。

中原的地形，除了洛陽和南陽這兩個盆地外，其他地方都是平地，東邊與山東和兩淮直接相連。平原地帶便於交流，促進了文明的發展，而春秋正

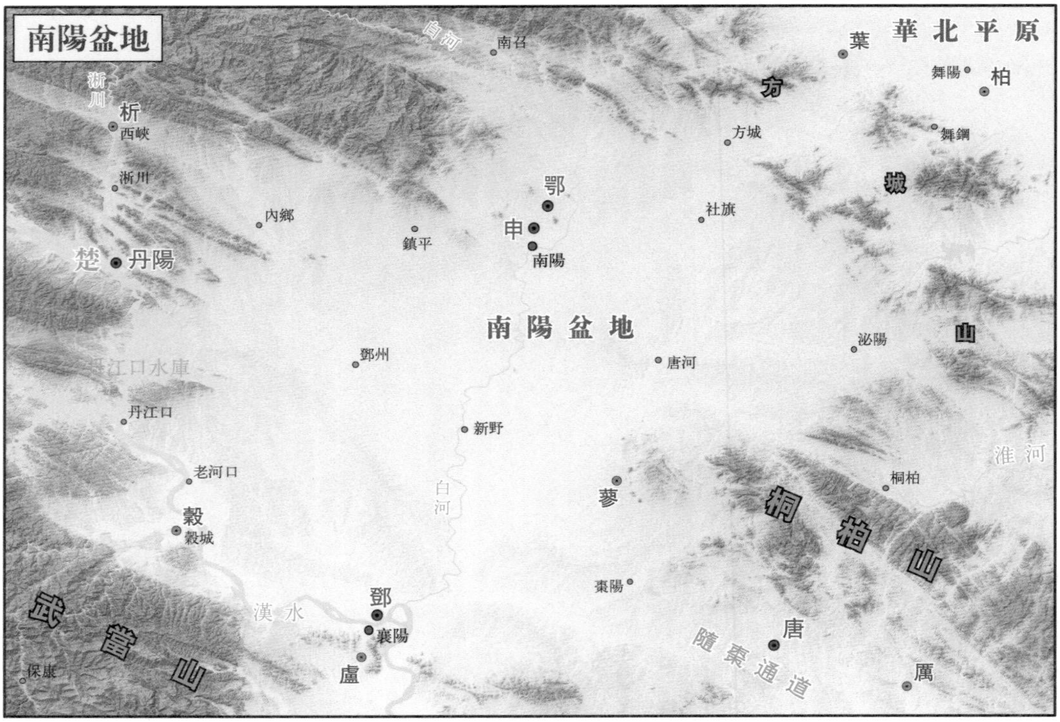

是中華文明最輝煌燦爛的時期。

周王室的東面是鄭國，都城在新鄭。新鄭現在屬於鄭州的一個縣級市，但比鄭州的歷史早很多，鄭州是近代修鐵路才發展起來的，正好處於南北（京廣）和東西（隴海）兩條鐵路的交匯點，是個因交通而發展起來的城市，才一百多年歷史。鄭國的首都原本在陝西華縣（渭南市華州區），後來搬到這裡，取名為新鄭。

春秋初期，鄭國在鄭莊公手上風光一時。鄭莊公創造了兩個成語，「多行不義必自斃」和「不到黃泉不相見」，一個說的是他弟弟，一個說的是他母親。鄭莊公雖然被稱為春秋小霸，但歷史評價不高。一是他對周王不敬，讓手下用箭射傷周王，算是不忠；二是對母親不太好，算是不孝；三是沒讓弟弟早點懸崖勒馬，算是不悌。鄭莊公確實腹黑，特別是與後來的齊桓公相比。齊桓公打的是「尊王攘夷」的旗號，不管是不是真心，表面上處處把周王擺到前面，一下子讓諸侯心服口服，尊他為霸。鄭國是個四戰之地，莊公死後，成了諸侯欺負的對象。鄭國破罐破摔，乾脆做個牆頭草，楚國來了投降楚國，晉國來了投降晉國。同樣是弱國，魯國就做得比鄭國好，魯國夾在齊、楚之間，採取的對策是，齊國要打我，我就投靠楚國；楚國要欺負我，我就投靠齊國，最後齊、楚都不方便欺負他，這就叫「間於齊楚」，弱國無外交，但可以用智慧最大化保護自己的利益。戰國時，鄭國是第一個被滅掉的大國，韓國占領了這塊地盤，而韓國也是第一個被秦滅掉的七雄之一。

鄭國的東面是宋國，北面是衛國。宋國的都城在商丘，是商人的故地；衛國的都城也在商朝故地

——朝歌，兩個國家都是殷商遺民。而且宋的爵位在諸侯中最高，是公爵，因為周人曾經是商人的臣子，爵位低了不合適。

宋國出了個宋襄公，他不肯在敵人渡河時進攻，一定要等人過河了，擺好陣式再開打，結果一敗塗地。宋襄公在齊桓公死後也想稱霸，但沒成功。生於亂世，像他這麼遵守教條的人很難生存。宋襄公成為兵法的反面教材，孫武總結了他的事蹟，在兵法裡強調說：「軍過半渡而擊之。」

宋國是孔子的故鄉，宋殤公時期，司馬孔父嘉娶了個漂亮老婆。有一天，太宰華督在郊外碰到孔父嘉的老婆，驚為天人，想據為己有，於是找藉口殺光孔父嘉全家，搶走他的老婆。孔父嘉有一個小

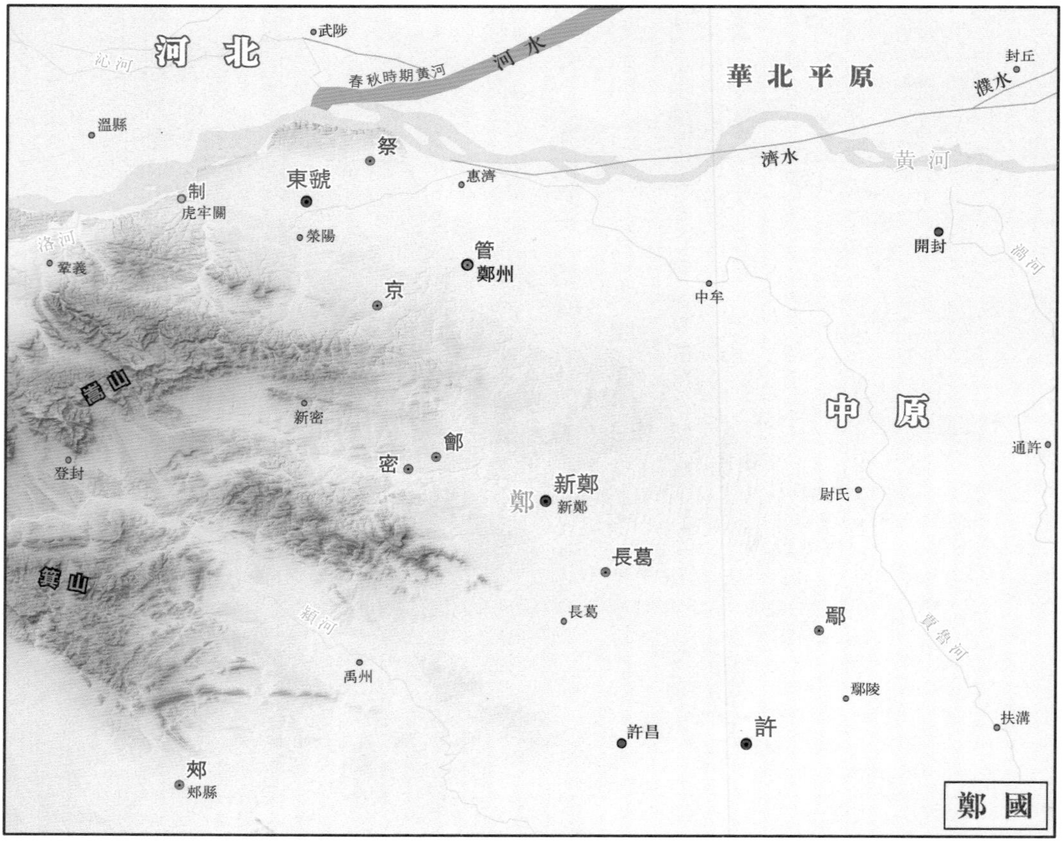

鄭國

兒子，被家臣偷偷抱著逃到魯國，後來就在魯國生活，以孔為氏，世代繁衍，這個小孩就是孔子的六世祖先。

戰國末，宋國被齊國吞併，引起鄰居們的恐慌，於是五國聯軍在樂毅的帶領下，差點把齊國滅了。

鄭國的東南方還有兩個比較有影響力的國家，一個是陳國，一個是蔡國。陳國定都宛丘（淮陽），嬀姓，舜的後代；蔡國定都蔡（上蔡），姬姓，周王的親戚。這兩個國家在楚國進軍中原時，一直充當楚國的馬前卒，後來被楚國吞併，改成了縣。

不過陳國曾經發生過一件事改變了齊國的歷史，怎麼回事呢？陳國發生內亂，公子完跑到齊國投奔齊桓公。齊桓公封官、封地給他，陳完就在齊國安家，後來以田為氏（古時陳和田同音）。這個

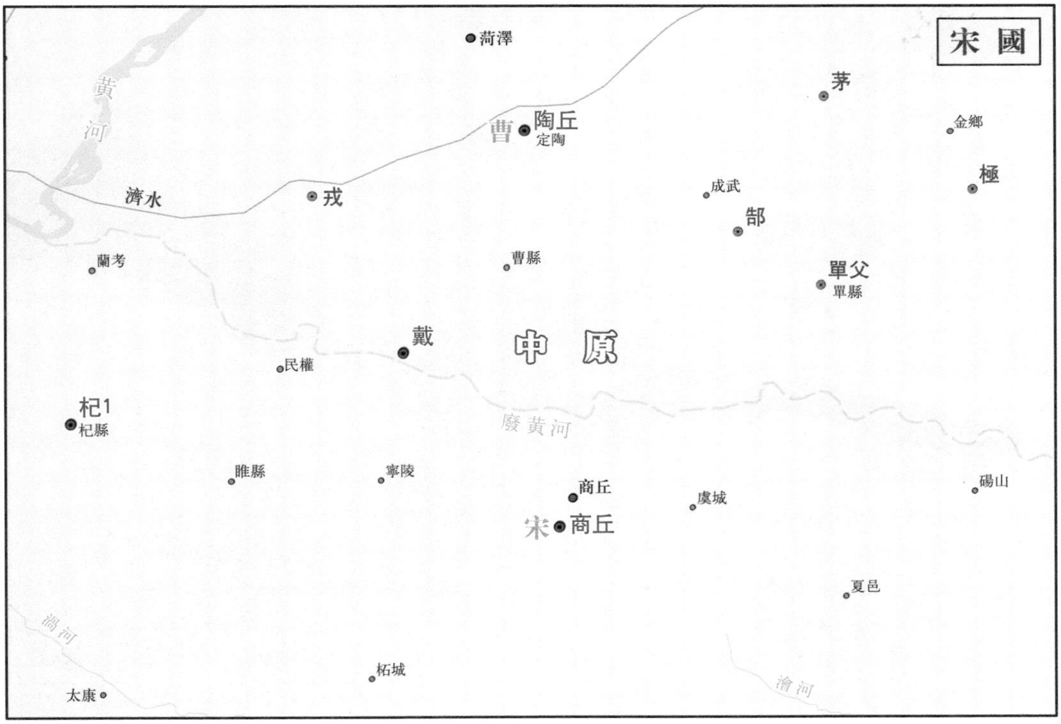

田氏到了第九代田和的手上，勢力很強，篡了齊國的權，史稱田氏代齊。戰國時的齊國，從齊威王開始，已經不是姜子牙的後代，而是陳完的後代。

鄭國的南面還有個小國——許國，鄭莊公時代，鄭國吞併了許國。許國的位置就是後來的許昌，三國時漢獻帝落難，曹操把他接到許昌，並以許昌為首都，從此挾天子以令諸侯。

從春秋到戰國，幾乎所有的爭霸戰都圍繞著中原展開。做為霸主的標誌，就是要得到中原諸侯的認可，因此中原這些諸侯成為各位霸主爭取的對象，同時也是打擊的對象。其實我們從這裡可以看出，春秋五霸齊、晉、楚、秦、吳都是在中原的周邊，處於中原腹地的諸侯，如鄭國、宋國雖然也折騰了一陣子，但還稱不上霸，證明中原是個四戰之地，身處中原容易四面受敵，自身

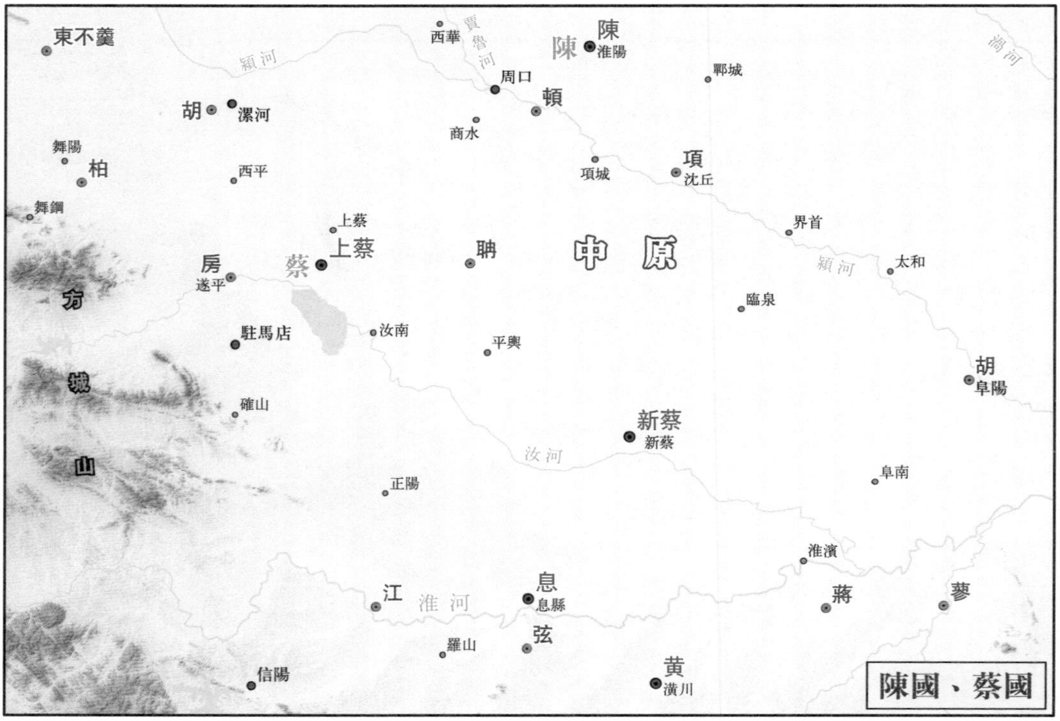

陳國、蔡國

很難發展，但要想取天下，中原是必走的一步。

秦統一中國的細節就不說了，說說郡縣制的事。第二章提過郡縣制是楚國最先搞出來的，但楚國並沒有把這套制度貫徹下去，也不好貫徹，僅在一些新搶來的地盤上實行，像黃國、鄧國、息國都改成縣，但對大夫們原有的封地卻不敢動。戰國時各國招賢納士，變法圖強，本質上都是要搞郡縣制，成功了國家自然就強大。正如你所料，來自貴族的阻力非常強大，郡縣制的本質就是削弱原有貴族，把貴族口袋裡的錢變成國家的錢。商鞅變法讓秦國強大了，但也讓貴族恨得牙癢癢。到戰國後期，各國基本上沒有封地，功勞再大也就封個君。君和以前的卿大夫不一樣，西周的貴族等級是：王、諸侯、卿大夫、士，嫡長子繼承身分，其他的兒子降一級。王只有一個，就是周天子，掌管天下。王給諸侯封塊地，讓諸侯建立自己的國家，這叫封建。

戰國後期的封君，比如戰國四公子都是宰相級人物，他們也有地，但不是封地，叫食邑或采邑，這塊地屬於國家，你只有收稅的權力，其他沒有了，而且不能世襲，商鞅後來被封為商君也是一樣的道理。這和春秋時的分封差了十萬八千里，貴族不幹，但士們願意，所以到了戰國，就出現了很多布衣卿相。

各國改革都不徹底，因為有貴族阻撓。只有秦國做到極致，而且嚴格執行。可以說秦國是集全國之力在打仗，其他六國只有國王出錢打仗，下面的貴族貪的貪，撈的撈，結果可想而知。

秦始皇統一中國後，把全國的貴族一網打盡，這些貴族後來形成了一股強大的反彈力量。千萬別以為平民會感激始皇帝，沒有貴族，平民也失去工作，要自謀生路。秦國一垮臺，沒有人為它唱輓歌，幾乎所有人都痛恨秦國，才會亡得那麼快。

項羽反秦時，打的就是分封制的旗號。後來的漢朝是半分封制，到漢景帝時發生七國之亂，中央感到分封制對皇權的威脅。漢武帝的推恩令逐漸削弱了諸侯國的勢力，中央集權才穩固下來。漢朝定都長安，東漢時遷到洛陽。三國時，曹操迎漢獻帝到許昌。西晉又定都洛陽。五胡亂華時，北方的政權更迭頻繁，中心始終在長安和洛陽。北魏一開始定都平城（大同），後來遷都到洛陽。隋朝統一全國，修建了大運河，洛陽是南北運河的中心。從此，洛陽成為天下的中心，洛陽和開封逐漸取代長安的地位，成為政治中心，天下的物資集中到這裡。宋朝時更到達鼎盛，洛陽稱西京，開封稱東京。到了元朝，定都北京，運河改道，繞開中原，直接從江南運往北京，洛陽和開封一下子就落寞了。今天很難想像，《清明上河圖》裡描繪的是開封的景象，「只今惟有西江月，曾照吳王宮裡人。」

從周朝起，洛陽一直做為長安的副都。周天子有九鼎，傳說是大禹治水後集九州之青銅鑄造。平王東遷後，九鼎隨著搬到洛陽。春秋時，楚莊王打敗晉國，順道跑到洛陽，問周天子這鼎有多重？從那以後，問鼎中原就有了特別的含義。中原有中國的歷史，中原代表的是正統，歷朝歷代的皇權爭奪者，無不以中原為目標，奪取中原，才能擁有天下。

注釋

1. 「劉鄧」在中共早期是指劉伯承和鄧小平，例如中國人民解放軍第二野戰軍俗稱「劉鄧大軍」。

第七章

巴山蜀水，天府之國

重慶一帶多山，成都一帶多水，所以我們把四川盆地稱為巴山蜀水。整個四川盆地四面環山，進出極其困難，所謂「蜀道之難，難於上青天」。

我們常說少不入川，因為這裡氣候適宜，吃得好，美女多，生活環境良好，年輕人到了這裡就失去鬥志，造成歷史上，四川這個地方的人不好鬥。一般窮山惡水才會形成剽悍的民風，像游牧民族為了餬口就玩命，自然善戰。像江南、四川這種地方，歷來都是只要你別來打我、破壞我的生活，我對你那邊也沒興趣。這也是為什麼北方的政權總想收復江南，而南方政權喜歡偏安一隅的原因。

戰國以前，成都有個蜀國（不是三國時期的蜀漢），重慶有個巴國，兩國和中原地區沒什麼來往，關於他們的歷史記載也不多。只知道蜀國的第一任領導人是蠶叢氏，他是最早養蠶的；還有後來的杜宇，唐詩裡經常提到「望帝春心托杜鵑」。望

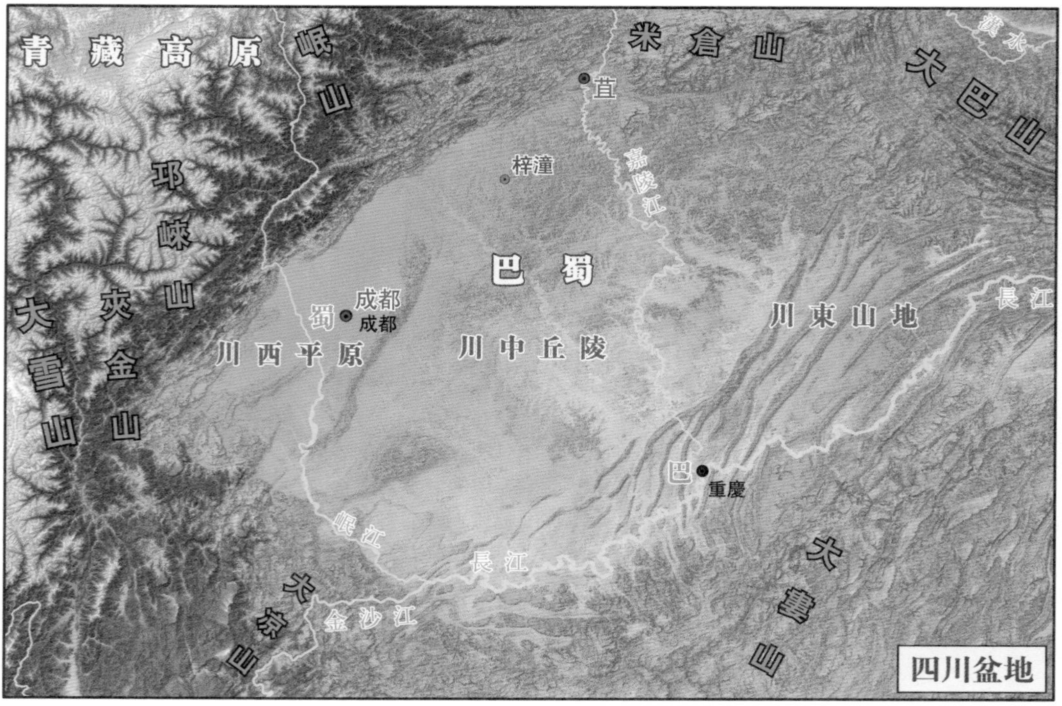

四川盆地

帝，就是杜宇，後來化成杜鵑鳥，「杜鵑啼血」說的也是他。我們從這些故事知道當時成都平原上的水災很嚴重，還不是天府之國。至於巴國，曾參與武王伐紂，被周朝封為子爵，和楚國同等級。春秋時，楚國在長江上游秭歸一帶，經常和巴國作戰，巴人還打死了一位楚王。但在楚國眼裡，巴國總上不了檯面，楚國為了挖苦巴人，把楚國的低俗歌曲叫「下里巴人」，高雅歌曲叫「陽春白雪」。

三星堆文物的出土，證明了古蜀國的存在。「蜀」字就像一個頭頂長著大眼睛的蟲子，三星堆出土的青銅人面像，雙眼突出眼眶十幾公分，造型奇特。四川是個大盆地，四面環山，蜀人很想有隻大眼睛，伸出去看看外面的世界。不過這個地方，一直到戰國末期，才和中原華夏文明有交集。

蜀國地處平原，巴國在盆地東端的山地，兩國從一開始就在這個盆地內鬥。在農耕時代，糧食的產量決定一個國家的國力，平原地區產糧，所以蜀國經常欺負巴國。

三星堆青銅人面像

巴人不種地，以販鹽為生。在三峽兩岸，有許多古老的鹽井，巴人提取井裡的鹵水後，煮一煮就能成為鹽。這種鹽被稱為巴鹽，時間久了，慢慢就變成「鹽巴」。在農耕民族眼裡，這種不稼不穡、不勞而獲的行為甚為可恥，所以楚國會說他們是下里巴人。

到了戰國末期，巴國又被蜀國欺負，於是向北邊的秦國求救。秦將司馬錯正想先取巴蜀，再順江而下取楚國，於是答應了巴國，南下秦嶺滅了蜀國，然後順便把巴國也滅了。這是典型的假途滅虢之計，晉人在幾百年前就示範過。從此以後，巴蜀歸入秦國版圖，改為巴郡、蜀郡，正式納入華夏文明。

司馬錯取巴蜀前，還與張儀進行一番爭論。張儀建議秦國先取洛陽，據九鼎，挾天子以令諸侯，巴蜀是戎狄之國，打下來也沒什麼用；司馬錯卻認為，攻擊周天子就會成為眾矢之的，而打巴蜀，就是尊王攘夷，可以名正言順地占有巴蜀。秦惠王（羋月的老公）最終採用司馬錯的建議，不得不說，張儀的言論像個妄人，司馬錯卻務實得多。秦國這時還不具備號令天下的實力，如

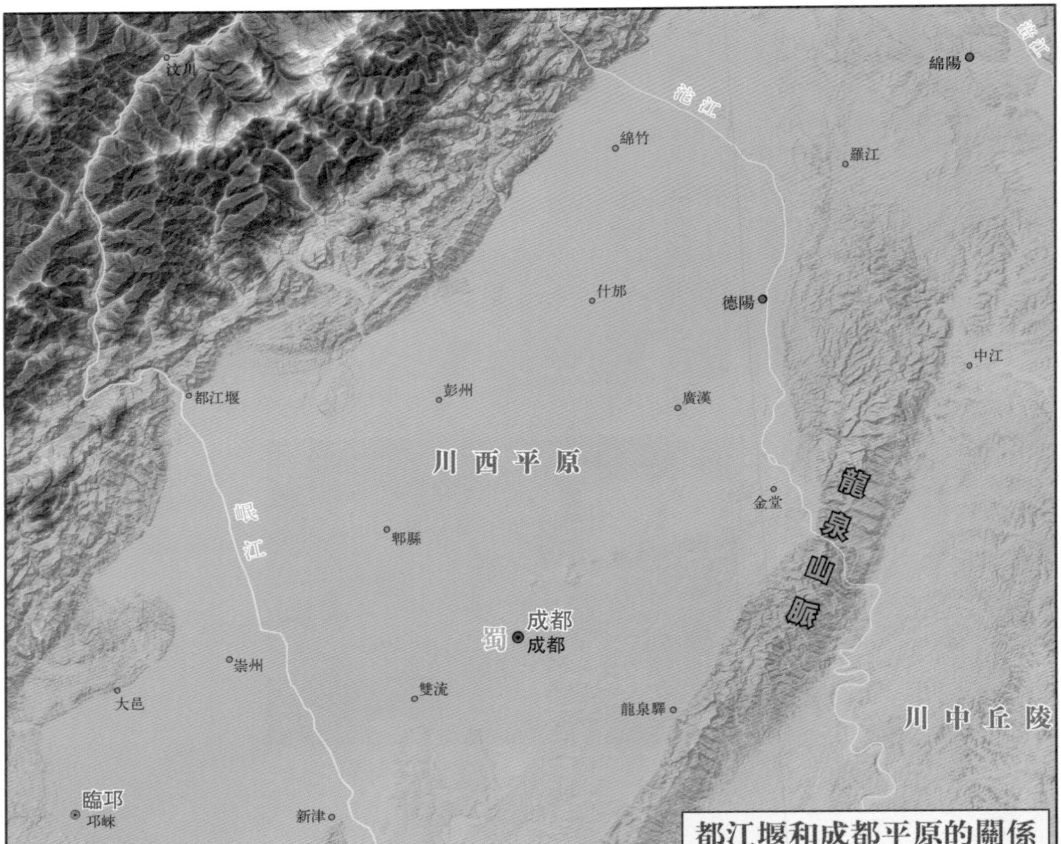

都江堰和成都平原的關係

果強行挾持周王，會引起諸侯群起而攻之。

秦國占領巴蜀後，這裡還不是天府之國，成都一帶多水，經常氾濫成災，成都平原（川西平原）本身就是河水沖積而成的。成都的西邊，從都江堰開始往西，海拔從幾百公尺一下子上升到六千多公尺（成都平原海拔五百公尺左右，四姑娘山海拔六千二百五十公尺），大多數河流都發源於此，以岷江為代表，河水從青藏高原奔騰而下，地勢陡降，流速減緩，泥沙淤積，堵塞河道，水勢漫過河堤，給成都平原上的百姓造成災難。秦昭王時代，李冰任蜀郡太守，帶著二兒子治水，修建都江堰，使成都平原從此成為沃野千里，徹底根治水患。天府之國最早是形容關中，從此這個頭銜被四川奪走，保留至今。二千多年了，都江堰直到今天仍然發揮作用。蜀地人民對李冰父子感恩戴德，建廟供奉。在都江堰附近的二王廟裡，李冰的二兒子已經是三隻眼的神仙。二郎神的全名是「灌江口二郎顯聖真君」，都江堰以前叫灌縣，二郎就是李冰的二兒子，據說二郎神的原型就是他。

說簡單點，都江堰的原理就是在河中修建一個魚嘴，使河道變窄，這樣河水的流速就不會太慢，泥沙

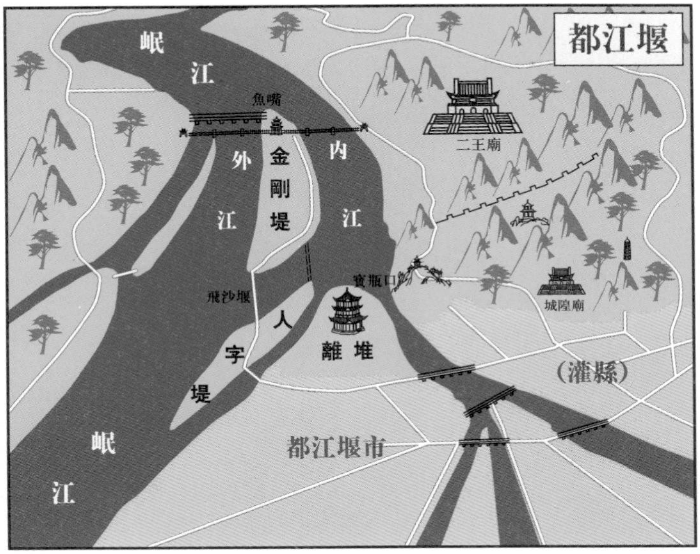

也不會沉積，分出來的一條河道引入灌溉系統，隨時調節。當然這只是原理，真正做起來不容易。

秦人從關中南下，當然是先取漢中，漢中這時已經屬於蜀國。春秋以前，從夏朝開始，屬於褒國。現在還有很多以褒命名的地名，如褒河、褒河鎮、褒城縣等。春秋時，褒國被秦國滅，後來被蜀國搶走。司馬錯滅蜀，先搶回了這裡，置漢中郡。

漢中因漢水而得名，從這裡順漢水而下，可以直達襄陽。漢水下游還有兩個小盆地，一個是安康，和漢中海拔相當，基本是做為漢中的附屬；另一個在竹溪縣和竹山縣，在武當山的南面，是個高山盆地，四面環山。商周時，這裡有庸國，正好處於秦、楚、巴三國交界的地方，庸國不自量力，向楚國挑戰，楚國聯合秦、巴兩國瓜分了庸國土地，「庸人自擾」說的就是他們。楚滅庸後，庸人逃至張家界一帶，在那裡定居，懷念故國，於是將附近的一條河名命為「大庸溪」。因此，竹山、

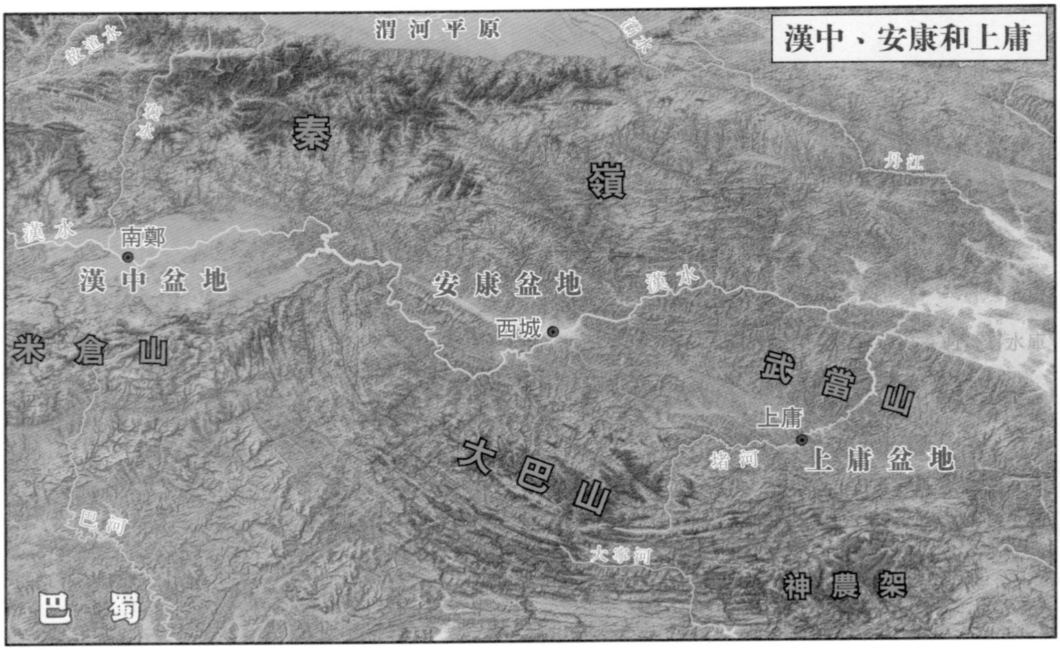

漢中、安康和上庸

竹溪一帶也稱「上庸」，張家界（原大庸）一帶稱為「下庸」。上庸離襄陽很近，直線距離才二百公里。三國時劉封和孟達守上庸，關羽敗走麥城時，劉封本來要派兵相救，但孟達說，把上庸的兵派出去會牽連漢中，可見上庸是襄陽和漢中之間的中轉地。

還有一個偉大的朝代因漢中而得名，後來華夏族因而改叫漢族。

劉邦和項羽推翻秦帝國，項羽自封西楚霸王，封劉邦為漢中王，簡稱漢王。劉邦一開始很不高興，覺得這個名號沒什麼霸氣。後來張良解釋，漢指銀河，表示吉祥。這是實話，古文中的漢就是銀河，我們看曹操的詩：「星漢燦爛，若出其裡。」還有「迢迢牽牛星，皎皎河漢女。」和「河漢清且淺，相去復幾許。」都是漢朝的詩，裡面的漢就是指銀河。劉邦一聽大喜，接受了漢王這個稱號，後來統一全國，仍以漢為國號。漢武帝開疆拓土，東征西伐，無論北方的匈奴，還是南方的百越，都稱這支華夏來的隊伍為漢人。從此以後，漢人就替代華夏，成為這個民族的稱號，所以漢族這個名稱的來由，順序就是「漢水－漢中－漢朝－漢人－漢族」。

整個四川的地形與外界都是大山隔絕，真的是「千山鳥飛絕，萬徑人蹤滅」。自古以來只有兩條路能進入四川，一條是東面的長江三峽，一條就是北上取漢中。

長江三峽不用說，古代沒有蒸汽輪船的情況下，多數情況逆流而上只能靠人工拉，難度可想可知。我們所了解的劉備入蜀，劉備是益州牧劉璋請他去對付漢中的張魯。如果是兩軍作戰，想沿長江逆流而上攻占巴蜀幾乎不可能，從成都順江而下倒是經常發生，水陸在古代是最方便的運輸方式。如果是陸路，人可以翻山越嶺，但糧草不行，得用車拉，而且至少要有一輛車寬的路，坡度還不能太陡，否則拉不上去。對巴蜀來說，幾乎沒人會從這裡打過來。如果從這裡打出去，其實風險也大，沒有其他路線側應，如果一時不能取勝，想退回來就難了，劉備火燒連營就是個例子。因為三峽航道的艱險，蜀地偏安一隅，很少去攻擊別人，一般是做為北方政權攻擊南方政權的西線。出入四川，幾乎就剩漢中一條路了。

漢中地處關中和巴蜀之間，是個小盆地，地理位置卻十分重要，是從關中入蜀的必經之路。漢中與關中隔著秦嶺，與蜀中隔著米倉山（大巴山的西端）。漢中到關中的路極其艱險，第二章已經說明，這裡不再贅述，只講從漢中到巴蜀的路。

四川盆地內部一馬平川，只有一些丘陵，形成不了險阻，從漢中來的兵馬只要進入盆地，成都就無險可守，防守關鍵在大巴山的幾條通道。從漢中到蜀中，主要有三條道路，從西向東分別是金牛道、米倉道、荔枝道。金牛道從陽平關（在漢中勉縣附近，不是今天的陽平關）出發，過米倉山，到四川廣元，再經過劍門關（劍閣），到達綿陽，最後抵達成都。米倉道自漢中（南鄭）出發，過米倉山，直通向四川的巴中，入成都平原。荔枝道從漢中子午鎮，經過西鄉、萬源，最後到四川達州，達州向南直達重慶。當年楊貴妃吃荔枝，唐玄宗派人從四川急運荔枝到長安，所謂「一騎紅塵妃子笑」走的就是這條路，被稱為「荔枝道」。

除了這三條主要道路外，還有一條陰平道，從甘肅文縣翻越摩天嶺，穿過龍門山，最後直抵江油。

這是條小路，行進艱難，但在戰爭中往往發揮出其不意的作用，鄧艾偷渡陰平，走的就是這條道。

這四條道路中，最常用的是金牛道，因為金牛道直抵蜀地的政治中心成都。在這條道路上有一座劍門關，自古以來號稱「劍門天下雄」。劍門關是蜀地的門戶，自從諸葛亮在這裡設關以來，劍門關從來沒有被正面攻克過。想要攻克劍門關，只能採取迂迴的辦法，從小路繞到劍門關背後，鄧艾就是這麼做的。當時鍾會的十萬大軍在劍門關下攻了好幾個月都沒成功，最後糧食吃完了，正想回去，誰知鄧艾已經繞到陰平小道，從江油進入蜀中，攻陷成都，於是守劍門關的姜維只能投降。

總體來說，大巴山沒有秦嶺那麼險峻，從蜀中取漢中比較容易，自古以來，漢中很容易成為巴蜀的附屬地。秦國最早奪取漢中，後來輕易地被蜀國搶走，就是這個道理。漢中常常被巴蜀占據，既做

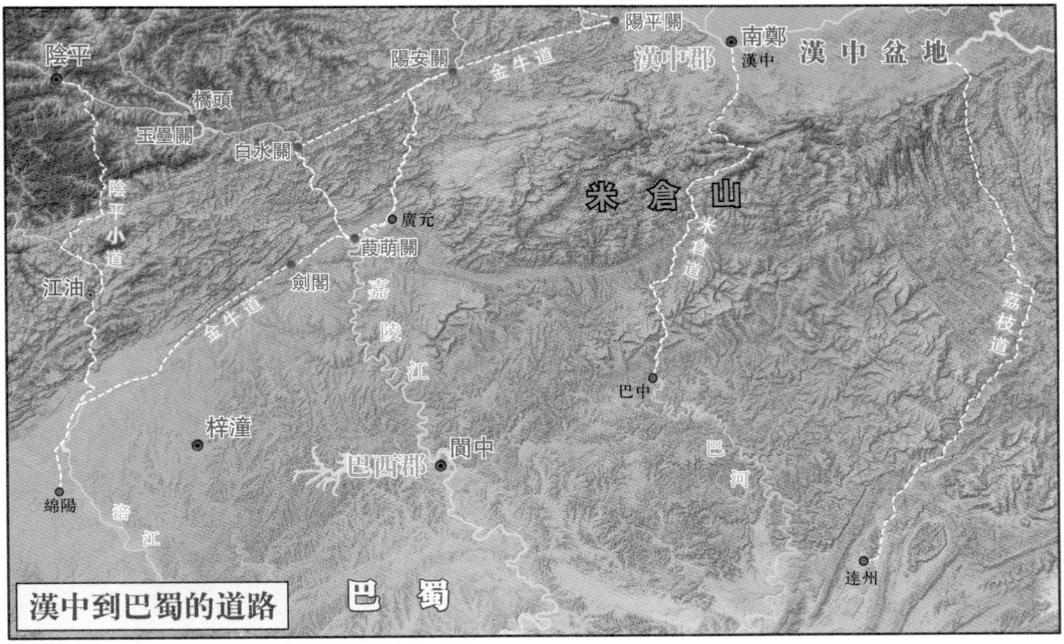

漢中到巴蜀的道路

為北部的一道屏障，也是北上奪取關中的基地。劉邦這麼做，諸葛亮也這麼做，不過三國時期，蜀地人口少，漢中幾乎是個無人區，諸葛亮北伐時，所有的糧草都從成都運過來，從成都到漢中，再轉運到祁山，幾乎全是狹窄的山路，難度大，效率低，幾次北伐都因為糧草用盡而回。傳說中諸葛亮發明了木牛流馬，就是因為這裡運糧太過困難。

從秦、漢以後，巴蜀是天下最大的糧倉，又易守難攻，養成蜀地人們安逸的性格，很少像其他地方產生圖謀中原的想法。劉備入蜀後，一心北伐中原，光復漢室，實際上當地的益州集團並不贊成。他們在此生活了幾輩子，安逸慣了，不想自討苦吃。從另一個角度講，巴蜀的本地人在政治上往往胸無大志。很多人認為劉備死後，諸葛亮用人不當，一直到六出祁山時用的還是從荊州帶過來的那些人，沒有培養新人，這其實和地域有關，荊州是個四戰之地，生於那裡的人，看慣了南來北往的征伐，從小立志建功立業，平定中原。而生於巴蜀的人，從小安逸慣了，懶得費心思琢磨這些事。不是諸葛亮不會用人，而是蜀地確實無人可用。諸葛亮死後，荊州過來的人基本上都用完了，姜維資歷太淺，更調不動當地人，蜀漢成為偏安一隅的政權，他們對中原一點興趣都沒有。

蜀人不好戰，中原政權過來，他們基本上不太抵抗。劉秀攻蜀，不足兩年；劉備入川，不足兩年；鍾會、鄧艾伐蜀，五個月；桓溫伐蜀，四個月；五代時後唐滅前蜀，歷時七十五天；趙匡胤滅後蜀，歷時兩個月；明朝克四川，不足五個月。基本都是一鼓而下。後蜀的花蕊夫人有句有名的詩：「十四萬人齊解甲，更無一個是男兒。」說的是趙匡胤滅後蜀的情況。

不好戰並不等於不善戰，蜀人要的是安逸生活，中原漢人政權來了，無非是換個皇帝，不會破壞原有的日子，但如果是外族人來了，移風易俗，打破他們的好日子，那對不起，抗爭到底。蒙古攻宋，四川持續抵抗五十年，直到宋帝投降後，四川仍然堅持抵抗了三年，蒙古的大汗蒙哥就是死在重慶；清軍入關，四川也抵抗十餘年；更別說抗日戰爭時期，四川做為抗日的大後方，八年抗戰期間出川抗日的有三百多萬人，死傷六十多萬，都不能用悲壯來形容了。

秦朝時，全國的行政區劃只有郡、縣兩級。漢朝時，在郡縣以上又設了州，劉邦的根據地——巴郡、蜀郡、漢中合併為益州，治所在成都。益州大致相當於後來的四川省，一九九七年，重慶市從四川省劃出，成立直轄市。

漢朝設州，唐朝設道，宋朝設路，元朝設行省，明、清簡稱省。宋朝時，四川分為益州路（成都）、梓州路（三臺）、利州路（廣元）、夔州路（奉節），合稱「川峽四路」，「四川」的名字就是從這裡而來，並不是四川境內有四條河，四川境內的河多得數不清。

四川的西部就是青藏高原的東沿，海拔驟然升高五、六千公尺，形成極為壯觀的景象，這裡分布著眾多名山：青城山、峨眉山、樂山，有各式各樣美麗的傳說，還有九寨溝、黃龍等純淨的山水。山的西邊就是莽莽雪原，俗稱大雪山，終年積雪，人跡罕至，歷史上只有兩支軍隊從這裡走過，一支是蒙古大軍，從這裡繞過四川南征大理，另一支就是紅軍長征，從這裡繞過防守嚴密的成都平原去陝北。還有一支就是太平天國的石達開，但死在了大渡河，沒過去所以不算。這一帶北部是藏人和羌人混居的阿壩州，南部是藏人的甘孜州。甘孜這一帶在民國時曾成立過西康省，西康省的省會是康定，就是〈康定情歌〉唱的那個地方。康定是川藏咽喉，川藏線和大渡河都經過這裡，也是茶馬古道經過的地方。

大渡河從青藏高原流下，在樂山匯入岷江，岷江在宜賓匯入長江。長江從宜賓開始，上游稱為金沙江，金沙江從大涼山上流出，大涼山是彝族人聚集的地區，這裡也是雲貴高原的北端，道路極其難走。

宜賓的下游就是重慶，處於嘉陵江和長江的交匯處，嘉陵江古稱渝江，所以重慶簡稱「渝」。從重慶到萬州這一段，就是四川盆地的東部，以山地丘陵為主。其實整個四川盆地，除了成都附近是平原外，其他的地方都有一些山丘，但重慶以東的山地更高一些。抗日戰爭時期選重慶為戰時首都，一方面是考慮到四川盆地易守難攻，日本人無法輕易進來；另一方面，日本人的飛機能進來，相對而言，山地好防空襲，所以不能選當時

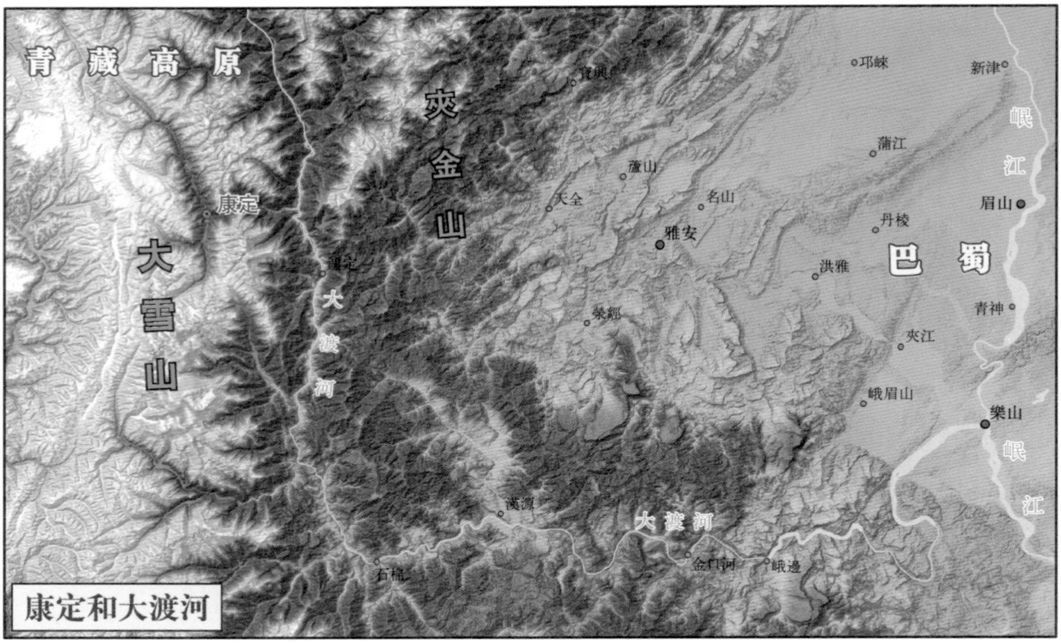

康定和大渡河

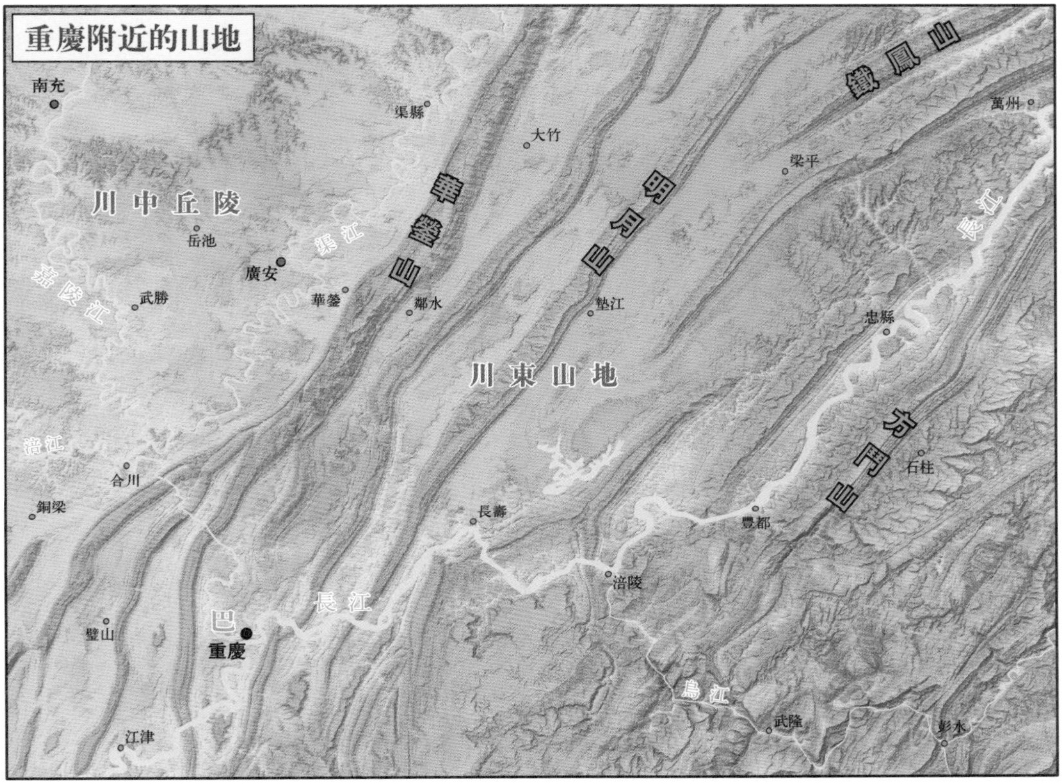
重慶附近的山地
南充
渠縣
大竹
鐵鳳山
萬州
梁平
川中丘陵
華鎣山
明月山
岳池
渠江
長江
嘉陵江
廣安
武勝
華鎣
鄰水
墊江
忠縣
川東山地
方斗山
涪江
石柱
合川
銅梁
長壽
豐都
涪陵
長江
巴
璧山
重慶
烏江
武隆
彭水
江津

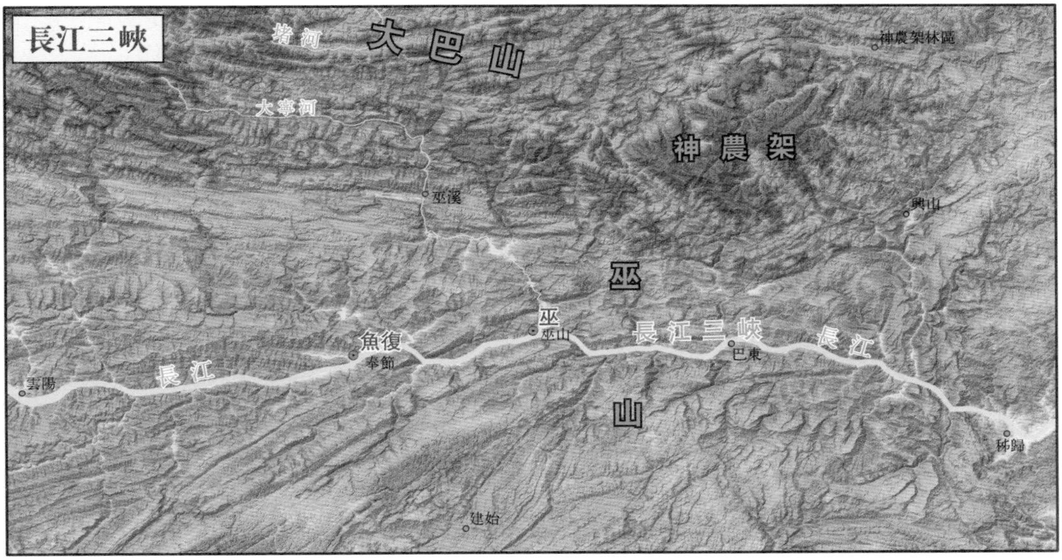
長江三峽
堵河
大巴山
神農架林區
大寧河
神農架
巫溪
興山
巫
巫
魚復
巫山
長江三峽
長江
奉節
巴東
雲陽
長江
山
秭歸
建始

四川最大的城市成都；還有一點，這裡控制著長江三峽的出入口。整個抗戰時期，從上海到武漢，沿江大大小小的工廠、企業、銀行費盡周折搬到這裡，政府官員、家屬、學校，還有知識分子也集中在此，重慶一時成為全國乃至亞洲的中心，這段歷史為重慶留下一筆寶貴財富。

萬州是長江三峽的入口，從這裡下去，一直到出口夷陵，就是三峽水道，整個長江水道的艱險全在這一段。

整個四川盆地和三峽的北邊是大巴山脈，大巴山脈很大，從西向東，包括米倉山、大巴山、神農架、荊山。武當山實際是秦嶺的一部分，只不過被漢水切割出來。在武當山和大巴山之間有一塊窪地，就是上庸。大巴山的最高峰是神農頂，就是傳說中神農嘗百草的地方。神農頂的南面，夾三峽兩岸，就是巫山。巫山有很多傳說，最有名的就是神女峰。巫山是現在湖北和重慶的界山，東面的巴東屬於湖北，早期巫山也是巴人和楚人作戰的主要地點。巫山以西是奉節，有個白帝城。「朝辭白帝彩雲間，千里江陵一日還。」古人坐船從白帝城到江陵，最快要一天。劉備伐東吳失敗後，退守白帝城，在這裡託孤於諸葛亮，死在白帝城。

劉備退守這裡因為是瞿塘峽的上游關口，瞿塘峽是三峽最西的峽谷，險峻異常，當敵人溯江而上，剛剛走出數百里的三峽，就在這裡迎頭碰上瞿塘關。瞿塘關之險，不僅因為水流險急，還因為江心中有灩澦堆。灩澦堆是瞿塘峽江心中的一個大礁石，正對著長江航道。由於長江水量不同，灩澦堆露出水面的大小也不同，當地有歌謠：「灩澦大如馬，瞿塘不可下。灩澦大如猴，瞿塘不可遊。灩澦大如象，瞿塘不可上。灩澦大如龜，瞿塘不可回。」一九五八年冬，為了改良長江航道，中國政府炸掉灩澦堆（這塊巨石存放在重慶的三峽博物館），再加上後來修建三峽水庫，如今瞿塘之險已不復存在。

有一句話叫「天下未亂蜀先亂，天下已治蜀後治。」就是說每到亂世，四川因為獨特的地形，肯定率先獨立；而天平定後，四川往往是最後一個被收復的地區。

明末時，張獻忠在這裡割據一方，大肆屠殺川人，明軍、清軍、南明又在這裡戰亂不斷，打了幾十年，造成這裡人口急劇減少。清初時，這裡已經十室九空，曾經的天府之國一片凋敝，成都府出門三里能看到老虎。後來清政府從湖南、湖北大量移民過來才逐漸恢復生機，就是歷史上的「湖廣填四川」，移民數量已遠遠超過本地人。湖廣在元朝時包括兩湖、兩廣，明、清時指的是湖南、湖北。這裡是泛指南方各省都有移民到四川，包括客家人，只不過湖廣最多，占了六成，其中僅湖北麻城就占了湖廣的一半。麻城孝感鄉成為許多川渝移民後裔尋祖的聖地，孝感鄉因為人口流失嚴重，後來併入別的鄉。麻城哪來那麼多的人口供移民用？麻城當地還流傳著一句話：「江西填湖廣，湖廣填四川。」孝感鄉更大程度上是個移民中轉站。

四川人吃辣椒，也是隨著湖廣填四川傳入。對現在的四川人來說，不能想像沒有辣椒怎麼活。其實辣椒是十五世紀末哥倫布在美洲發現的，後來帶回歐洲，明末才傳入中國。在這以前，中國人的辛辣調料是茱萸——就是「遍插茱萸少一人」的茱萸——四川人當然也不例外。我們在唐詩經常發現茱萸這個詞，那是中國本土辣椒。美洲辣椒進來後，迅速取代了茱萸的地位，茱萸就從我們的餐桌上徹底消失了。

蜀道之難，造就了這個地方總是偏安一隅，又無心參與中原的紛爭。不過到了近代，就是抗日戰爭時期，正是得益於四川獨特的地形，中國人才有了大後方，有了最後一道防線，並堅持到最後。不然，我們現在就像孔子所說的：「吾其被髮左衽矣！」

第八章

山東與兩淮

山東，因處於太行山以東而得名，因為春秋時是齊國和魯國的所在地，又稱齊魯。

山東的地形主要是丘陵，西部有泰山，並不算高，只不過在一馬平川的華北平原上顯得很高。泰山加上附近的魯山、沂山、蒙山、尼山，大多數山體海拔在幾百公尺，尼山的主峰海拔才三百多公尺，魯山、沂山、蒙山的主峰剛好突破一千公尺，只有泰山的主峰玉皇頂突然增長到一千五百多公尺，站在泰山頂上才會有「一覽眾山小」的感覺。正因為周圍大片的山體不高，泰山歷來只是做為象徵意義，比如皇帝封禪，在軍事上並沒有特殊作用。

最早生活在山東的土著是東夷人，山東靠海，有漁鹽之利，這裡的耕地不如中原鬆軟肥沃，種地的收成不如經商，所以東夷人

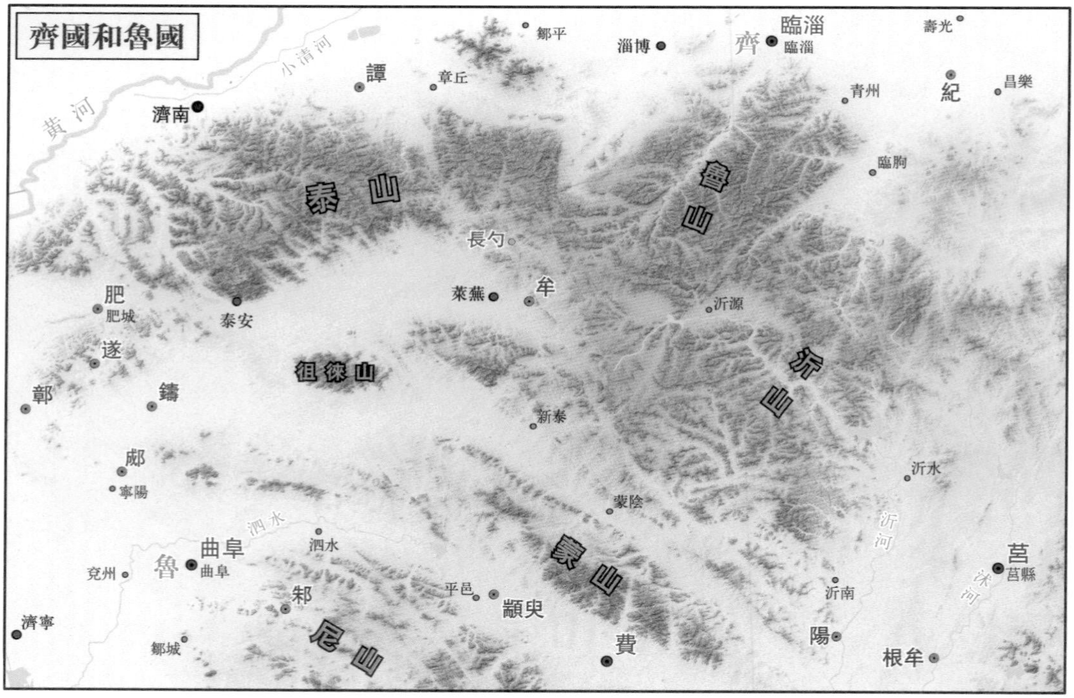

會經商，商業發達。

東夷人建立了中國歷史上第二個朝代——商朝。商人是被華夏化的東夷人，對仍在山東未被華夏化的東夷人，商人的策略是撫剿並用。武王伐紂時，紂王的主要兵力正在討伐淮夷。山東的夷人稱東夷，兩淮的夷人稱淮夷，都是夷人，以地域區分而已。

周朝時，姜子牙被封到齊國，就是現在的臨淄，實際是回到他的故鄉。姜子牙原本就是東夷人，他到了齊國，並沒有像其他諸侯那樣大力發展農業，而是因地制宜，尊重東夷人的風俗習慣，發展商業。到了春秋時期，齊桓公拜管仲為相，管仲經過一系列改革，齊國經濟飛速發展。管仲甚至開辦歷史上最早的妓院，當然是國營的，用妓院的稅收充軍費。齊國在管仲的一番改革下，國力達到鼎盛，稱霸諸侯。從這裡可以看出，春秋時，凡是稱霸的國家都有蠻夷血統：齊國有夷人血統，晉國有狄人血統，秦國有戎人血統，楚國有三苗血統，吳國有百越血統。相反的，地處中原的鄭、宋、衛、曹、陳、蔡這些正統的華夏族，占據著最好的中原腹地，戰鬥力反而弱。而這些地處邊緣的國家，一邊與周圍的蠻族戰鬥，一邊融合，既吸收別人的戰鬥經驗，也繼承了蠻族好戰的性格，戰鬥力自然比中原那些整天只知道講禮儀的國家強。最明顯的例子就是齊國和魯國，魯國的文化發達，但戰鬥力遠不如齊國。在周朝，征伐周邊的蠻族得到周王室的支持，周王室分封諸侯的目的就是為了讓他們擋住蠻族，拱衛王室。地處中原的國家，沒有蠻族的侵擾，天長日久，戰鬥力下降。

齊桓公在管仲的建議下，第一個打出「尊王攘夷」的旗號，孔子評價管仲說：「微管仲，吾其被髮左衽矣！」意思是說，如果沒有管仲，我們就會像周邊的蠻族一樣，披頭散髮，穿左衽的衣服。華夏人的衣服是右衽，成年後要束髮，講究「身體髮膚，受之父母」，一輩子都不會剪，斷髮和披髮都是蠻夷的風俗。

北邊的山戎進犯燕國，燕國向齊國求救，齊桓公北上抗擊山戎，一直打到山戎的老巢——孤竹（現在山海關一帶），把征服的土地都送給燕國。燕君感激不盡，齊桓公回國時，一直相送到齊國的土地上，齊桓公說，我不是天子，國君相送不能出自己的土地。於是把燕君走過的地方都割給燕國。所有的諸侯聽聞這件事，無不佩服。燕國是召公的後代，召公與周公曾同朝輔佐天子，齊桓公還勸燕君向召公學習，要向周王納貢。

華北平原還有不少狄人，狄人南下滅了邢國（邢臺），齊桓公幫邢國在夷儀（聊城）復國；狄人又滅了衛國，衛國國君戰死，全國只剩五千人，齊桓公出錢出力，幫衛國在楚丘（河南滑縣東）築城復國。

齊桓公不以大欺小，不恃強凌弱，處處展現王者風範，中原諸侯在他的帶領下，迅速征服和同化了周邊的蠻夷。後世的稱霸者都以他為榜樣，卻沒有一個比得上。齊桓公的稱霸以武力為基礎，但並不訴之於武力，只要能達到目的，能不打仗就不打。當時對齊國稱霸威脅最大的是楚國，齊國帶著八國聯軍前往問罪，但不想真的開戰。因為楚國很強大，一旦開戰，損失無法估量。齊國千里迢迢趕來，楚王說了一句話：「君處北海，寡人處南海，唯是風馬牛不相及也。不虞君涉吾地，何故？」這句話就是「風馬牛不相及」的出處，風就是發情，意思就是馬發了情，也不會去找牛，你齊國離我這麼遠，跑到楚國來做什麼？齊國就找了個藉口，說楚國沒有向周天子進貢。楚國不想打仗，於是答應向周天子朝貢。兩國簽了盟約就退兵了，齊桓公的霸主地位從此無人能撼動。

與齊國以泰山相隔的是魯國，魯國的都城在曲阜。魯國在春秋戰國時期始終是個二流角色，是正宗的姬姓諸侯國；齊國姓姜，兩國經常通婚，也經常打仗，齊國強大，魯國總是被欺負。魯國的成就在文化上，影響中國二千多年。魯國是周公旦的封地，周公旦制定了周禮，魯國完美地繼承下來。在整個周朝，除了周王室的圖書館（老子工作的地方），圖書最齊全的就是魯國了。古代的竹簡書不容易帶走，很容易毀於戰火，如果君王不重視，很容易遺失。當時誇一個人有學問叫「學富五車」，就是讀過五車竹簡，如果按字數算，五車竹簡大概是一百萬字左右。當然，一百萬字用文言寫的策論和一百萬字的通俗小說差別很大。魯國出了個孔子，和魯國一貫的保守作風有關，也是魯國對文化建設的最大成就。

東周時，各國都有自己的歷史，秦始皇焚書坑儒，各國史書都被燒掉，只有魯史倖存下來。可能得益於孔子的弟子眾多，抄寫的附本也多，其他國家的歷史只有一份，毀了就沒了。晉朝時，盜墓者無意中在一位魏王的墓中挖出《竹書紀年》，前半部是晉國歷史，後來三家分晉，後半部記錄了魏國歷史。《竹書紀年》描述了從夏朝到戰國之間的很多事，與我們所了解的歷史大有出入，觀點也相左，對全面正確了解先秦歷史非常有價值。所以說，秦始皇焚書坑儒，滅百家之言，不是沒罪過，罪過可大了。

魯史分春、夏、秋、冬記述，簡稱《春秋》，這本史書記載的年代大致與某個歷史時期相當，於是就把這段歷史時期稱為「春秋」。而戰國則是當時對七個爭霸的諸侯國稱呼，後來用來指這段歷史時期。

魯國的編年史只是按時間記述事件，作者並無明顯的偏向性，孔子將《春秋》重新編輯整理，一字之差盡顯褒貶之意，就叫「春秋筆法」，也叫「微言大義」。從孔子開始，中國的史書不只是記事，還負有教化作用。孔子還對當時的流行歌曲集《詩經》進行刪減，只留三百篇，叫「詩三百」，孔子說：「詩三百，一言以蔽之，曰：『思無邪』。」思無邪是說沒有陰謀詭計，全是真情流露。《詩經》有很多古人談戀愛的詩歌，孔子並沒有反對，而是讚揚他們的真性情。儒家一開始沒有那麼迂腐，是後世的程朱理學提倡「存天理，滅人欲」、「餓死事小，失節事大」，才把儒學搞成假道學。

孔子認為處在「禮崩樂壞」的時代，凡是上古的就是好，凡是現在的就是壞。禮和樂是周朝維護秩序的兩套法寶，在周朝，什麼地位的人用什麼樣的禮，奏什麼樣的樂，都有嚴格規定。春秋正是周禮被一步步破壞的時期，孔子奔相走告，周遊列國，就是要恢復周禮。春秋早期，人們相對單純，沒有那麼多陰謀詭計，即使是打仗也很有騎士風範，舉個例子：

邲之戰時，楚軍追擊晉軍，晉軍的戰車陷在泥地裡出不來，楚軍士兵就教他們把車前的橫木抽掉，這樣車就能跑了。晉軍照做，車果然能動了，可是沒跑多遠，車又不動了。楚軍又說，將車上的旗子撥掉，把車轅上的橫木扔了。晉軍照做，車又能動了。晉軍一邊逃跑，一邊對後面追擊的楚軍說，楚國果然是大國啊！仗打得多，逃跑也有經驗。

孔子評價春秋的兩位霸主說：「晉文公譎而不正，齊桓公正而不譎。」春秋時期戰爭的君子風度正是從晉國開始丟棄。齊桓公一生比較順利，國事都交給管仲處理，雖然好色，但心態正常。而晉文公重耳，在外逃亡近二十年，吃盡苦頭，也看透人生，做事講現實，什麼禮儀在他眼裡都不能當飯吃。

宋襄公曾說：「君子不重傷，不禽二毛。古之為軍也，不以阻隘也。寡人雖亡國之餘，不鼓不成列。」意思就是說，在戰場上，對已經受傷的士兵，不要進行二次傷害；頭髮花白的人，不要去抓他；古人打仗，不靠關隘險阻；我雖然是亡國的商朝後裔，也不會去進攻沒有擺好陣勢的敵人。宋襄公一心想學齊桓公稱霸，在戰場上還要講究謙謙君子之風，可惜時代變了，這一套已經不管用。孔子的祖上就是宋國人，也是商朝後裔，兩人的想法倒是驚人地相似！

周禮內容繁雜，僅儀式程序就有祭禮、葬禮、婚禮、冠禮、笄禮，以及國王之禮、國君之禮、貴族之禮等，眼花繚亂，目不暇給，只有專家才能搞清楚，專門研究周禮的專家被稱為「儒家」。

即使是當時的國君，也搞不清在各種場合中該用什麼禮節，演奏什麼音樂，於是要聘請專人幫忙，這個人隨著國君出現在各種正式場合，叫「儐相」，孔子在魯國擔任二十多年的儐相，現代結婚時的伴郎、伴娘也叫儐相，正是借用了這個詞。儐相的職位很重要，後來演變成國君的重要助手，就是「丞相」，春秋時並沒有丞相一職，戰國時才有。只是有時習慣按後世的職位稱呼，比如說「管仲相齊」，其實管仲的職位是大夫，並不是丞相，齊國還有兩位比他職位高的卿，只不過實權都在管仲手上；還有「將相和」，藺相如的職位是上卿，已經是諸侯國中最高職位的官了，相當於後來的丞相，但當時並不叫丞相。

孔子批評的亂世，正是中華文明最燦爛輝煌的時刻，稱為「百家爭鳴」，直到今天，我們還享受這些文明成果。與孔子幾乎同時，就是西元前五世紀，全世界的聰明人都誕生了，略舉幾例：孔子比釋迦牟尼小十四歲，孔子死後十年，古希臘的蘇格拉底誕生，古希臘最聰明的哲學家亞里斯多德比孟子大十二歲，比莊子大十五歲，阿基米德和韓非子只差七歲。

山東與中原相連，地勢平坦，沒有任何山川險阻可以據守，秦朝以後，山東歷來都是中原政權的一部分。這裡有漁鹽之利，任何政權在取得中原後，都不會忘記把山東收入囊中。正因如此，在歷史上，山東並沒什麼特別大的戰事。相反的，在山東南面的兩淮地區，經常是中原和江南拉鋸戰的戰場。

淮河南北，統稱兩淮。宋朝設淮東、淮西二路，也稱兩淮。大致範圍是南到長江，北接山東，西連中原。其中淮河到長江這部分稱淮南，也稱江淮。淮東的形成也是近幾千年的事，時間短，還不穩定，沼澤密布，不利於行軍作戰，戰事主要發生在淮西，淮東同樣有漁鹽之利。

南北兩朝對峙時期，江淮地區通常被江南政權占據，而淮北往往被中原政權收入囊中，淮河兩岸就是南北政權拉鋸戰的主要戰場。

淮北，以徐州為代表；淮南，以壽春為代表。徐州原稱彭城，因上古時有個彭國，彭城因此得名。三國時，曹操設徐州，治所在彭城，這是徐州這個名字第一次和彭城有交集。唐朝時，彭城改稱徐州。

徐州雖然地處華北平原，沒什麼高山險阻，但附近有一些低矮的山丘，依山築城倒是十分方便。這些山

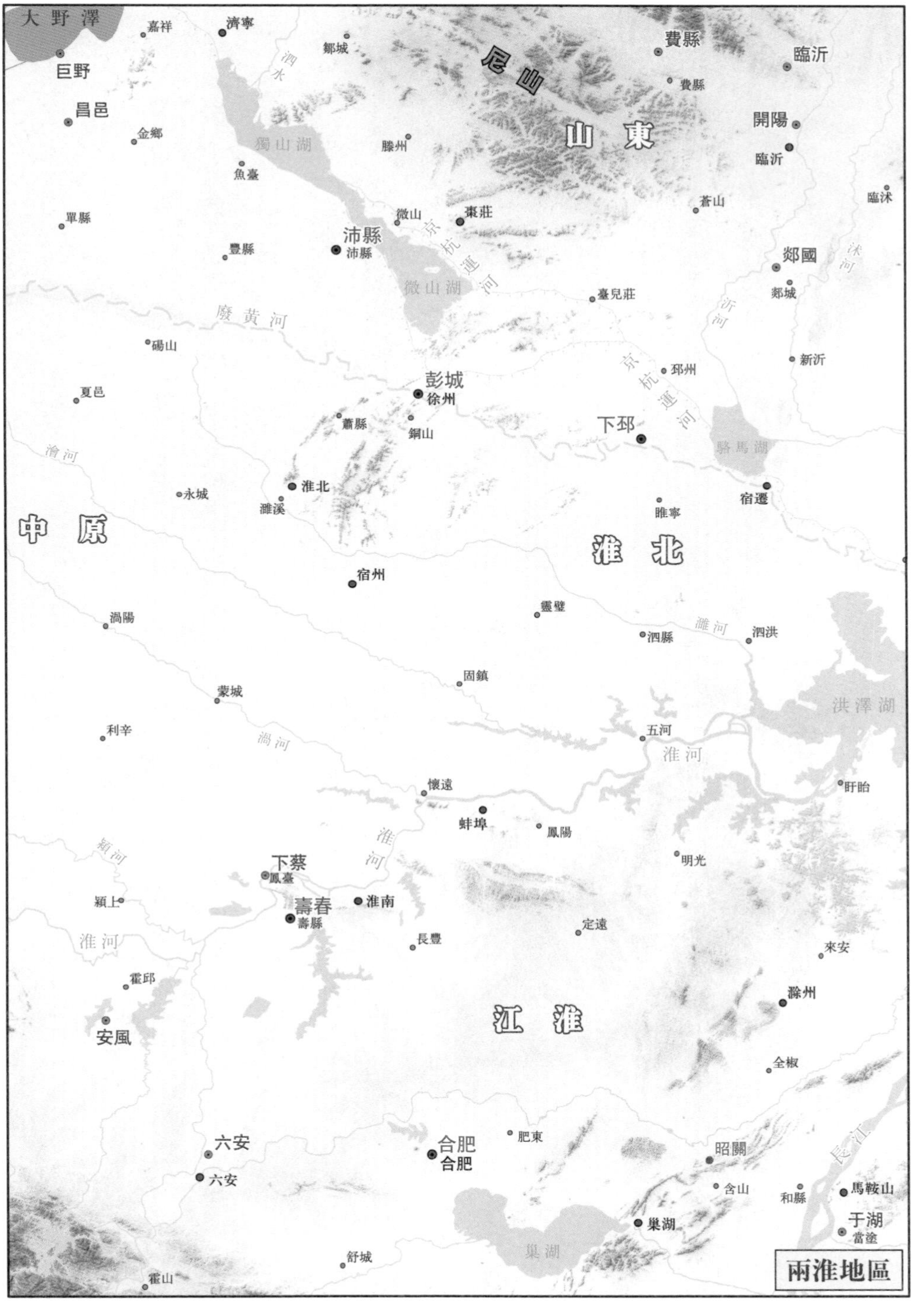
兩淮地區
大野澤
嘉祥
濟寧
巨野
昌邑
金鄉
鄒城
泗水
尼山
費縣
臨沂
開陽
山東
獨山湖
滕州
魚臺
單縣
微山
棗莊
蒼山
沛縣
豐縣
京杭運河
微山湖
臺兒莊
郯國
郯城
沂河
沭河
廢黃河
碭山
彭城
徐州
邳州
新沂
夏邑
蕭縣
銅山
下邳
駱馬湖
宿遷
澮河
永城
淮北
濉溪
睢寧
中原
宿州
靈璧
渦陽
泗縣
濉河
泗洪
固鎮
蒙城
洪澤湖
利辛
渦河
五河
淮河
懷遠
盱眙
蚌埠
鳳陽
潁河
下蔡
鳳臺
明光
潁上
壽春
壽縣
淮南
長豐
定遠
來安
霍邱
滁州
安風
江淮
全椒
六安
合肥
肥東
昭關
含山
和縣
馬鞍山
長江
巢湖
于湖
當塗
舒城
霍山

丘不能和太行山、秦嶺相比，但還是比一般城牆高，在阻擋敵人進攻方面，多少能發揮一些作用。

白居易的〈長相思〉寫道：「汴水流，泗水流，流到瓜州古渡頭。吳山點點愁。」用來形容古時徐州的地形再合適不過。汴水，從滎陽北面的黃河，流經開封（也稱汴梁），過商朝故都商丘，然後在徐州與泗水匯合。泗水發源於山東，流經魯國的都城曲阜，過沛縣，在徐州收汴水，然後向東南流入淮河。淮河有邗溝與長江相連，從長江南岸的京口（鎮江境內），經江南水系，可直達蘇州和杭州。瓜州在揚州境內，是長江北岸的古渡口，「京口瓜州一水間」指的是揚州和鎮江境內的兩個渡口隔長江相望。吳山，當然指的是古時吳國一帶，就是現在的江南。這幾句詩的總體意思是，通過汴水和泗水，徐州可以向西直達中原古城開封，入黃河，通洛陽；向南，可以直達江南水鄉，吳越之間。汴水和泗水構成了隋朝大運河的南段，從江南一直到開封，最後在洛陽東北方的汜水鎮入黃河，與北運河相連，北運河可直達涿郡（北京）。南宋時，黃河改道，經汴水奪淮河，汴水泥沙堆積，從此廢棄，淮河從此堵住出海口。元朝修建京杭大運河，正是在徐州沿泗水北上，不再向西以洛陽為中心，有兩個原因：一是元朝定都北京，洛陽不再是天下的中心；另一個原因正是黃河改道，大量的泥沙讓汴水成了田埂，今天徐州以西的廢黃河就是以前的汴水。這條田埂把徐州以西的水系一分為二，北面的水匯積在一起形成後來的微山湖，就是鐵道游擊隊出沒的地方，微山湖裡有蘆葦沼澤，便於藏身；南面的水匯積在一起形成洪澤湖，洪澤湖在淮河的下游，淮河沒了出海口，大量的水匯積於此，所以洪澤湖很大，是中國第四大淡水湖。前三名是鄱陽湖、洞庭湖、太湖，包括第五名的巢湖，都是很早就有，只有洪澤湖是後來形成

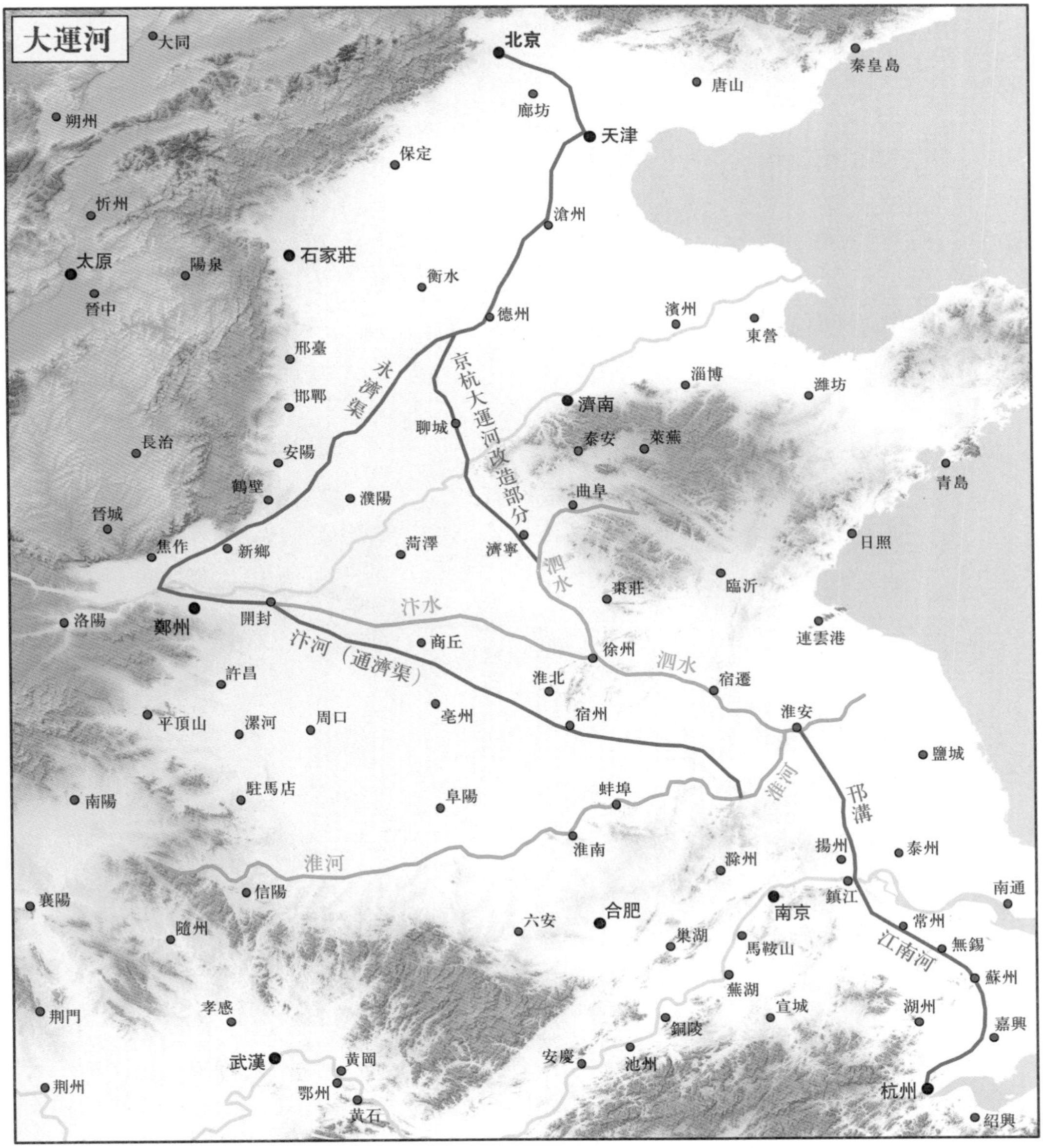
大運河
北京
天津
大同
秦皇島
唐山
廊坊
朔州
保定
忻州
滄州
太原
石家莊
陽泉
晉中
衡水
德州
濱州
東營
邢臺
永濟渠
京杭大運河改造部分
淄博
濰坊
邯鄲
濟南
聊城
長治
安陽
泰安
萊蕪
青島
鶴壁
濮陽
曲阜
晉城
日照
焦作
新鄉
菏澤
濟寧
泗水
臨沂
棗莊
洛陽
鄭州
開封
汴水
連雲港
汴河（通濟渠）
商丘
徐州
泗水
宿遷
許昌
淮北
淮安
平頂山
漯河
周口
亳州
宿州
鹽城
淮河
邗溝
南陽
駐馬店
阜陽
蚌埠
揚州
泰州
淮南
淮河
滁州
南通
襄陽
信陽
南京
鎮江
六安
合肥
常州
隨州
巢湖
馬鞍山
無錫
江南河
蘇州
蕪湖
荊門
孝感
宣城
湖州
銅陵
嘉興
武漢
黃岡
安慶
池州
鄂州
荊州
杭州
黃石
紹興

的。

徐州的北面有個沛縣，劉邦起事時，一開始占據沛縣，人稱沛公。沛公並不是說他有公爵，戰國時，楚國最早設縣，縣城的長官就叫縣公，相當於後來的縣令或縣長，沛公就是沛縣的縣長。三國時，陶謙占據徐州（治所下邳，彭城以東），將劉備收留在小沛，小沛就是沛縣。

徐州南面在今天的宿州市東南，有個大澤鄉，就是陳勝、吳廣起義的地方。陳勝、吳廣召集的是烏合之眾，稍有成就便迫不及待地稱王，手下紛紛效仿，只要占據幾個城池就學樣子稱王，所以死得很快。但陳勝、吳廣的意義不在這裡，而在於是中國歷史上第一次農民起義。在此之前，農民很鬆散，隸屬於不同卿大夫的封地，他們只和卿大夫有關係，和國家沒有直接關係，全國的農民被分割成零星區塊，很難組織起來。秦始皇統一全國後，封建領主沒有了，農民直接向國家交稅、服勞役，所有的農民都有了統一的服務對象，在暴政的年代，就有了統一的仇恨對象，很容易組織起來反抗。尤其在國家舉行大型工程時，這些農民組織在一起，只要有人煽動，恨仇的種子很容易蔓延，最終形成燎原之勢。正是陳勝、吳廣的表率作用，劉邦才在亂世中趁勢而起。劉邦是歷史上第一個平民皇帝，以往的帝王都是貴族出身，改朝換代也是貴族之間的戰爭，和庶民沒什麼關係，直到戰國，平民才開始參與戰爭，以前都是貴族在前面作戰，平民在後面負責後勤。先秦時，最早打仗的人稱甲士或武士，「士」代表的是貴族；戰國時出現步卒，「卒」就是平民。再往後，士卒就不分了。先秦時流傳下來的象棋，很明顯，士和卒完全是不同層級。

劉邦在徐州一帶折騰後，畢竟沒有根基，始終無法立足，後來投靠項羽才算有了起色。項羽有江東做後盾，衝出江東後第一件事就是占領徐州。徐州很難守，中原的勢力、山東的勢力、江南的勢力，只要站穩腳跟都會來搶徐州。搶下徐州雖然不能定鼎天下，但如果徐州在別人手中，相當於自己家門的鑰匙在別人手上，令人寢食難安。三國時期，曹操平定中原後就來搶徐州，兖州的呂布也來搶徐州，淮南的袁術同樣搶徐州。到最後，即使是像呂布這樣的猛將也難以守住，實在是惦記這個地方的人太多，而徐州又無險可守。

徐州往南，在淮河的南面就是壽春，現在淮南市的壽縣。戰國時期，楚國的都城郢都被秦國攻破，遷都到壽春。楚國雖然丟了荊襄地區，但還占據著江東，壽春是進攻中原的橋頭堡，江東是大後方。漢朝時，這裡是淮南王的封地，其中有一任淮南王叫劉安，是劉邦的孫子，召集手下人編了本書叫《淮南子》，胡適說這是集道家之大成。當時的皇帝劉徹（漢武帝）是劉安的姪子。漢武帝這時還沒有罷黜百家、獨尊儒術，道家是風頭正強的時候。武帝前兩任皇帝都尊崇黃老之學，無為而治，為漢武帝積攢了很多錢。道家講淡泊名利，與世無爭，但淮南王劉安最後還是造反了，可惜他碰上漢武帝，最終失敗自殺。

淮南順淮河往東就是淮陰（二〇〇一年更名為淮安市），漢朝的開國功臣韓信就是出生在這裡。韓信一開始被封為楚王，劉邦總擔心他造反，找了個藉口降為淮陰侯。淮陰和淮南其實意思相同，都在淮河的南岸。中國處於北半球，山的南面和水的北岸能照到太陽，山南水北謂之陽，山北水南謂之陰，所以淮南和淮陰字面上意思一樣，兩地的命運也幾乎相同。不一樣的是，淮南（壽春）更靠近中原，戰事更激烈。淮陰正是大運河與淮河的交匯點，泗水（大運河）在淮陰注入淮河。春秋時期，吳國在這裡開鑿了最早的運河，從淮陰到瓜洲，稱為邗溝。古人打仗，水路是最便捷的方式，吳國修邗溝，連泗水，是為了去打山東的齊國。淮陰是運河和淮河的交匯點，地理位置十分重要。淮河原本流過淮陰北面，向東注入東海，南宋時黃河奪淮，正是從淮陰這裡開始，整個下游都被黃河的泥沙堵了，所以現在淮陰看不到淮河了，但運河還在。

不管是在三國還是南北兩朝對峙的時代，淮河以南通常被江東占有，而淮河以北就被中原占有。南方要防止北方進攻，必須全力守壽春。一旦丟失壽春，北軍進入淮南，那麼從壽春到廬州（合肥）一帶的整個江淮地區都會被北軍控制，北軍就與南京隔江相望，剩下的就是渡江戰役，也不會有什麼懸念了。而對北方來說，南方最有可能從壽春進攻中原，所以必須死死盯住壽春的軍事動向。

說到這裡大概已經明白，壽春就是整個中國由北向南進攻的東線。最西線在四川，輕易用不上；中間的襄陽，易守難攻，誰先占著誰得便宜。而壽春，四處無險可守，僅北邊有條淮河，很容易被突破，在軍事上稱不上壁壘。但凡亂世，壽春一帶就是個絞肉機，附近一馬平川，雙方可以最大限度地在這裡投入兵力，附近的城池都是幾易其手，今天你搶過去，明天我搶回來，士兵死傷無數，最後誰也沒討到便宜。

對北方來說，襄陽易守難攻，同樣近的壽春似乎更好攻，但也意味著不好守。對南方來說，一般大本營都在南京，如果要進兵中原，襄陽太遠，不利調度，只要能守住就行，進攻的最好路線就是壽春，這裡不但離南京近，而且還有水，便於運兵、運糧、運攻城器械。南方一旦突破淮河，必北上取徐州，先安定兩淮；徐州可向西取中原，向北取山東。項羽就是這麼做的，可惜他把四戰之地的徐州當首都，忽略了關中、漢中和巴蜀這三個最重要的戰略要地。壽春和徐州的東面，河網太密，不利於用兵，尤其是騎兵，難以施展優勢。

兩淮也是魚米之鄉，在歷史上，山東的價值主要是經濟價值；而兩淮不僅有經濟價值，還有戰略價值。尤其對於南方來說，要想北定中原，這裡是最好的進攻路線。

第九章

西和諸戎，南征百越

本章標題的原話為「西和諸戎，南撫夷越」，是《隆中對》裡諸葛亮對劉備的戰略建議。三國時的西戎指西羌，主要是馬超家主導的勢力，夷指西南孟獲領導的彝人勢力。彝族原稱夷族，一九四九年後改為彝族。那越呢？當然不在西南，而是在吳楚以南的百越。我把這句話改了兩個字，秦國統一中原的故事耳熟能詳，就不贅述了，說說很少提到的西邊和南邊。

西和諸戎發生在秦國強大之前，南征百越發生在秦國統一中原之後。

秦國最早的領土在隴西，也是後來諸葛亮六出祁山的地方，祁山在天水以南。周王室東遷洛陽，秦國護駕有功，封為伯爵，負責阻擋西戎進犯中土。秦國就是在平定西戎諸部落中逐步壯大起來，並收復了周王室丟掉的關中地區，後來秦國就把都城一步步遷到咸陽。

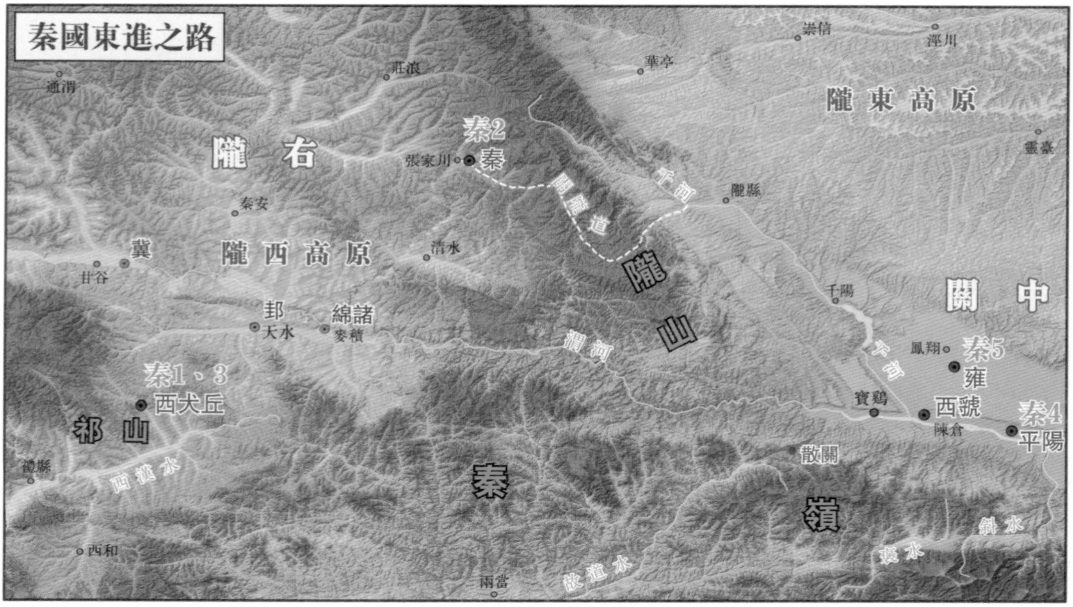

秦穆公時代，秦國先後兩次被晉國打敗，一次是崤之戰，秦軍全軍覆沒；另一次是兩年後的彭衙之戰，本來是為了報崤之戰的仇，結果又大敗。晉國氣勢正旺，秦國東進受阻，於是調頭向西發展。在秦穆公手上，秦國先後滅掉十幾個由犬戎部落建立的國家，一下子從西陲小邦成為大國。

秦國與戎人的戰鬥中，不斷兼併融合，混合戎人血統，野蠻善戰。到了戰國時代，各路諸侯紛紛稱王，秦國第一個稱王的是秦惠文王，簡稱秦惠王，他有個有名的小妾芈八子。

秦惠王在位時做了兩件大事，第一件是殺了商鞅。因為秦惠王還是太子時曾觸犯禁條，商鞅要樹立法律威信，照懲罰不誤，太子記恨在心，上臺後找到時機說商鞅謀反，把他五馬分屍；第二件，聽從司馬錯的建議，平定巴蜀，使秦國實力大大增強。

秦惠王死後，芈八子專權，稱宣太后。當時秦國最大的敵人不是中原諸侯，而是隴東高原上的義渠國。義渠是個西戎國，曾經向周天子朝貢，周朝式微時就脫離了。義渠國最強大時，占領了整個河套地區，最南已經到了渭河。義渠人善戰，隨時會南下滅掉秦國。秦國頭頂上懸著這麼強大的國家，寢食難安，兩國經常摩擦不斷。秦國一心圖謀中原，為了消除後顧之憂，便拉攏義渠王，送美女百名和錦繡千匹，但義渠王根本不上當，依然攻秦。

宣太后為了滅掉義渠，親自色誘義渠王，召義渠王住在甘泉宮裡，好吃好喝伺候著，消磨他的鬥志，兩人還生了兩個孩子。正當義渠王樂不思蜀時，宣太后突然痛下殺手，在甘泉宮把義渠王做掉，然後發兵攻打義渠，一舉滅掉義渠國。至此，秦國成為名副其實的強國。

宣太后的兒子秦昭王是秦國歷史上在位時間最長的一位君王。他不但是戰爭狂人，而且六親不認。按理說，宣太后是楚國人，秦昭王是楚懷王的外甥，但都無法阻止他對楚國下重手。

秦昭王先用張儀騙楚懷王來秦國，逼楚懷王割地保命，楚懷王寧死不從，最後在秦國鬱鬱而終。楚懷王去秦國前，大夫屈原再三阻攔，沒有成功。楚懷王的死激起楚人極大的憤怒，後來反抗暴秦時，打的就是楚懷王的旗號，並說「楚雖三戶，亡秦必楚。」項羽擁立楚懷王（熊槐）的孫子（熊心）為王，仍叫楚懷王，就是為了博得楚人同情，利用楚人對秦人的仇恨。

接著，秦昭王以白起為將，攻入楚國都城郢，焚燒楚王的墳墓夷陵（劉備被火燒連營的地方，現宜昌）。楚國從此丟掉荊襄之地，遷都陳丘（原來陳國的都城，現河南淮陽），後又遷都

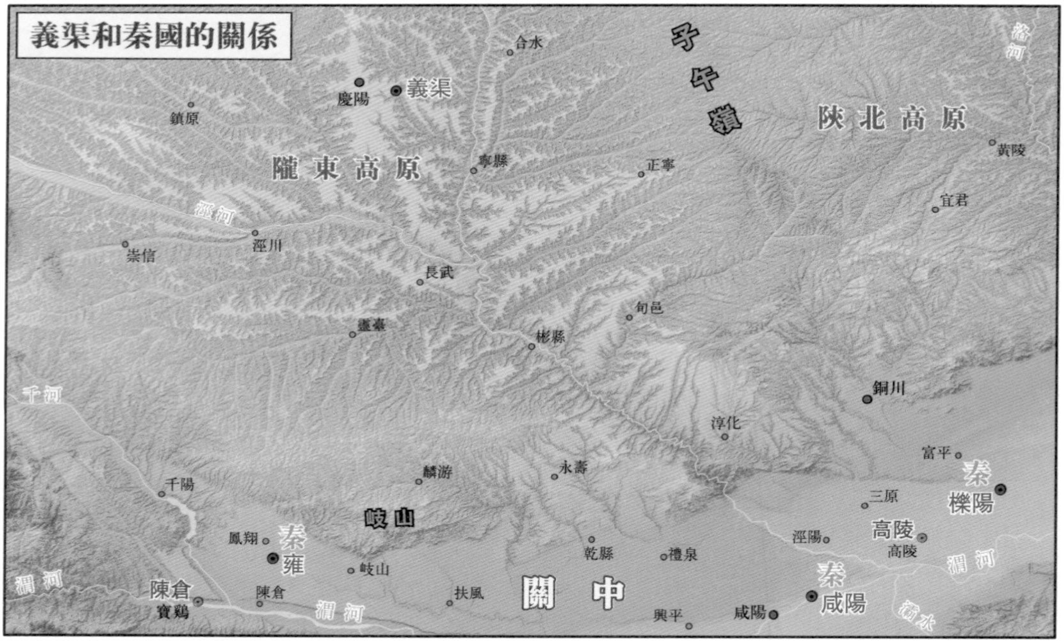

到壽春。郢城被攻破後，楚國大夫屈原投汨羅江而死，這天正好是五月初五，就是後來的端午節。

後來秦昭王重用范雎，採用他的意見，奪了宣太后的權，採用遠交近攻的戰略，開始南征北戰的生涯。秦國很多事都發生在秦昭王時期，如完璧歸趙、長平之戰等。秦昭王是個戰爭狂人，秦國在他手上打了無數大仗，最狠的是直接滅掉周王室，把九鼎遷到咸陽，從此周朝算是徹底亡了。

秦昭王的重孫子是秦始皇，秦始皇統一中原後，派蒙恬領三十萬大軍北擊匈奴，從匈奴手中收回黃河以南地區，然後派五十萬大軍南征百越。百越不是一個民族，而是很多民族，是個統稱，就像中國人稱北邊少數民族為胡人一樣。百越大致的範圍在吳楚以

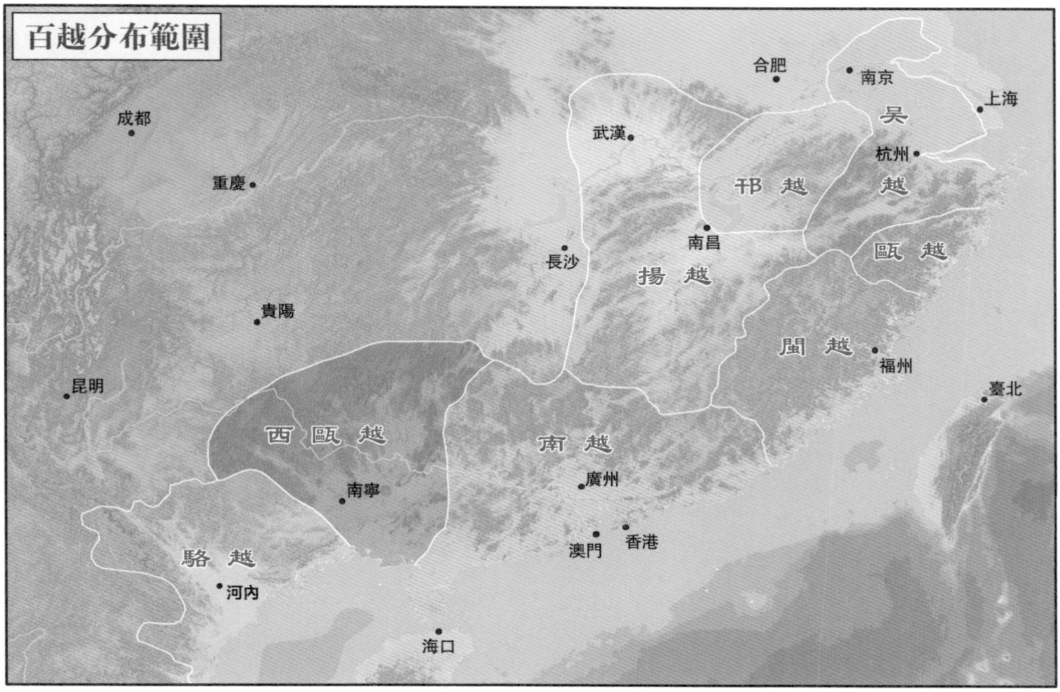

南的山區，主要包括以下幾個越人國：於越，即春秋時期的越國，主要活動於浙江省北部，這裡是平原，與中原交流頻繁，於越是最早被華夏化的越人；浙江南部山區的甌越國，大致在溫州一帶，也稱東甌國；福建一帶的閩越國；廣東一帶的南越國；廣西一帶的西甌越國；還有越南北部的駱越國。越南最早稱交趾，唐朝開始稱安南，宋朝時，安南脫離中國。清嘉慶年，阮福映統一安南，上書清朝皇帝，想以「南越」為國號，皇帝一看，漢朝時的南越還包含廣東、廣西，有覬覦中國領土之嫌，不行，便賜「越南」為國號，意思是百越以南。

這只是後來的大致範圍，其實吳、楚兩國的發展過程中，早就融入了越人血統。江漢地區以前是揚越的地盤，楚國占據後，逐漸與他們融合。〈越人歌〉就產生在這時，這是中國最早的翻譯作品，當時楚國人翻譯的越人歌曲，十分傳神，完全像是原創。

今夕何夕兮，搴舟中流[1]。
今日何日兮，得與王子同舟。
蒙羞被好兮，不訾詬恥[2]。
心幾煩而不絕兮，得知王子[3]。
山有木兮木有枝，心悅君兮君不知。

吳國和越國統稱吳越，兩國世相侵伐，又相互融合，習俗也相當，早已不分彼此。

百越人與華夏族人的血統，比東夷西戎、南蠻北狄更遠，他們有自己的語言和文化。用現在的話說，百越人屬於不同的種族，他們與東南亞的一些土著更接近，語言更相似，所以這些地方的人學習東南亞語相對容易，很多詞根相同。粵語最早能通行東南亞，對他們來說，也是因為學習粵語更容易些。

這裡全是丘陵山區，長期與華夏人隔絕，在秦始皇之前，華夏人從沒到過這裡，對這裡也是一無所知。除了句踐的越國，這是最早被華夏化的越人。秦始皇南征主要是解決其他越人國。秦始皇征百越，分三條路線挺進，第一條向東，從江西越過五夷山，取東邊的甌越和閩越，沒費什麼力氣就拿下了；另外兩條從湖南越過南嶺，分別向廣東和廣

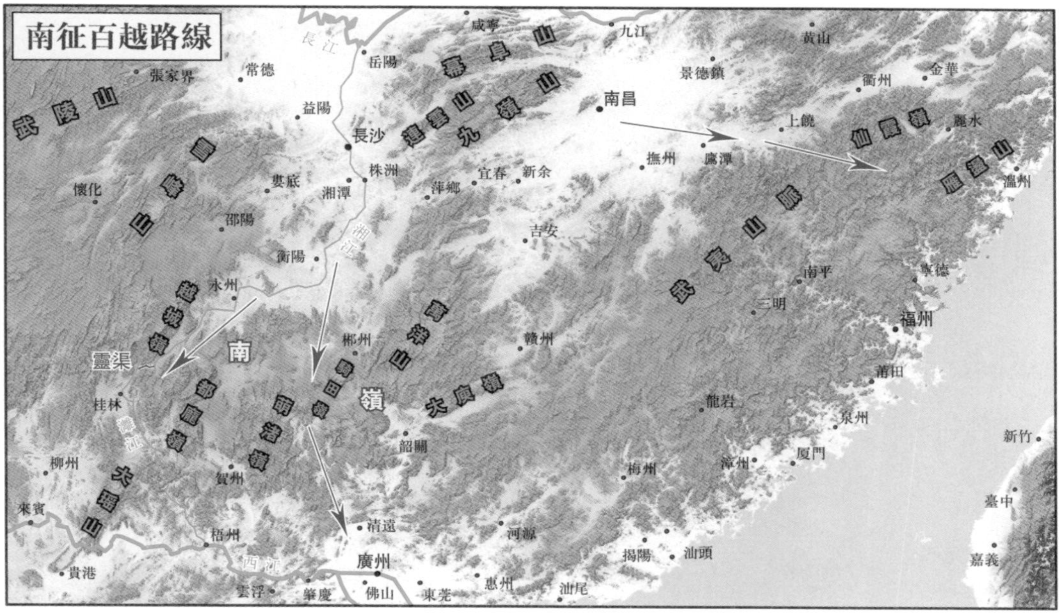

西挺進，但進攻路線屢屢受挫。

南嶺也是個統稱，由五條大的山嶺組成，也稱五嶺。南嶺把南方山區的水系一分為二，北邊的最終流向長江，南邊的流向珠江。秦軍要過南嶺，山路漫漫，道路曲折，非常難走，糧草運輸不便，攻城器械更運不過去，加上當地土著頑強抵抗，即使是把大軍開過去，沒有糧草，堅持不了幾天。南征的困難不是因為南嶺有多高，而是山區的面積太廣，糧草運輸困難。南嶺以南除了珠江口的廣州附近有一小塊平原外，其他的地方都是山區。運糧草要用車，人可以翻過山路，但糧車過不去，至少需要一車寬的路。秦嶺再高，穿過去一百公里就到了平原，但南嶺不是，過了一百公里的山地，還是一百公里的山地，沒有盡頭。即便是用人肩挑手扛，糧草也接濟不上。打廣東的南越和廣西的西甌越，很不順利。後來沒

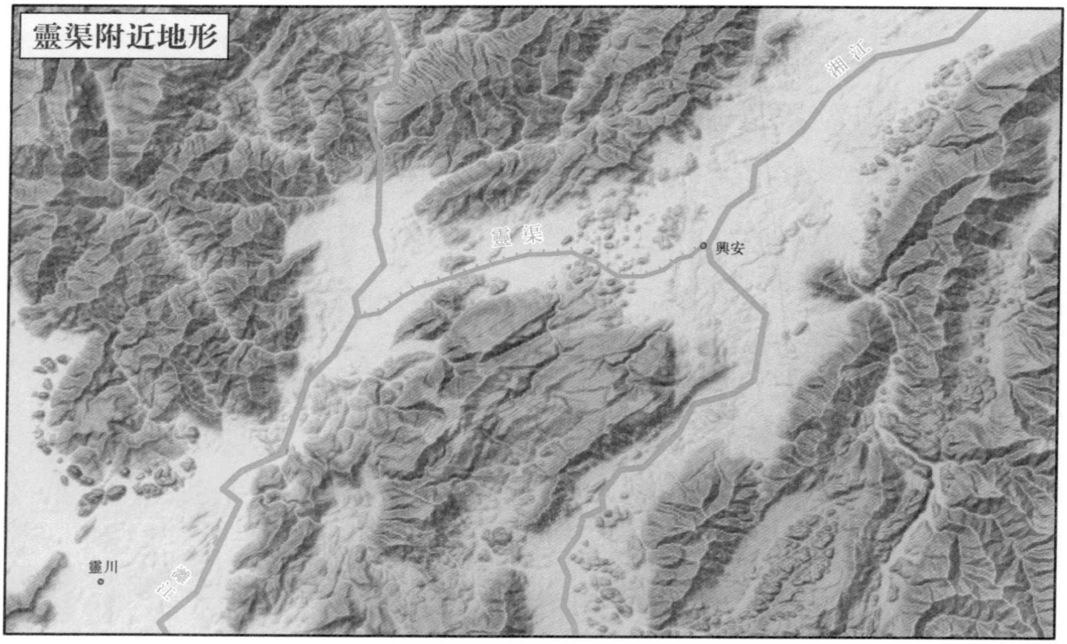

靈渠附近地形

辦法，秦始皇想到了水路。

從長江流域打到珠江流域，想走水路不容易，兩個水系間隔著南嶺，並不相通。好在天無絕人之路，在長江的支流湘江和珠江的支流灕江之間，有個地方離得很近，只有三十公里，就是廣西桂林的興安縣。秦始皇便派人開挖一條運河，把湘江和灕江連接起來，就是靈渠。

興安縣在永州和桂林之間，唐朝時，永州還是個文人流放之地，柳宗元在此寫了《永州八記》，可見在秦朝，這裡更是一片蠻荒。秦始皇徵派大量勞力開挖靈渠，打通了長江水系和珠江水系，從中原腹地的糧草就源源不斷地運送到嶺南，很快就征服了南越和西甌越，置嶺南三郡：

桂林郡：廣西大部和廣東西部，廣西簡稱桂，源自這裡，桂林一直做為廣西的中心，到一九五〇年南寧才成為首府，取代桂林的地位。

象郡：廣西南部和貴州東部，還有越南北部，這部分是漢化程度最低的地方。

南海郡：廣東除茂名和德慶之外的絕大部分，治所在番禺，就是現在的廣州。

隨著百越的征服，大量的華夏人進入這裡，與當地人通婚、融合，百越逐漸華夏化，只有廣西一部分越人沒有完全漢化，形成今天的壯族。廣東簡稱「粵」，就是「越」的意思，漢朝時，「粵」與「越」通用，「南越」有時也稱「南粵」。粵語實際上是古漢語吸收了古越語形成的方言，並不像客家話是純正的古漢語。很多人認為粵語遺留很多古漢語的詞彙，語調也比國語多一個，有入聲，用粵語讀詩詞更有韻味。這種說法只是臆測，事實上不管哪個地方的方言，都會有古漢語的遺存，國語也不例外，用現代話讀唐詩，不管用哪個地方的方言，絕大部分都是押韻，也有不押韻的，除非用唐朝的官話來讀才能真正做到原汁原味。北方人說「知道」，南方人說「曉得」，古漢語裡就是「知曉」，誰也不比誰古老，都是一脈相承下來，因為地域的影響而有所變化。我們用國語讀二千多年前的詩歌「關關雎鳩，在河之洲。窈窕淑女，君子好逑。」語音早就變了，但仍有押韻。如果說北方人有胡人血統，南方人就有越人血統。漢族本身就是民族融合的產物，並不是一個單純的民族，漢族代表的意義，更多的是一種文化。

秦始皇征服百越，中國人才第一次真正看到南海。但好景不長，秦始皇死後，中原各地紛紛獨立，百越也一樣。浙江南部的東甌國、福建的閩越國、嶺南的南越國趁機而起。其中南越國最大，以番禺（廣州）為據點，相繼吞併了原來的桂林和象郡。不過這時掌權的不是原來的越人，而是已經華夏化的越人，像東甌和閩越就是句踐的後代；或者就是華夏人，像南越的趙佗，本身就是隨秦始皇南征部隊的軍官。不過幸運的是，中原很快就出現了一個更厲害的皇帝——漢武帝，他在位時，把這些國家一一收入囊中。從此以後，這些地方逐漸徹底漢化，即使在亂世偶爾脫離，也是漢人掌權，並沒有脫離華夏文明中心，不像後來的越南。越南的北部原本是漢人為主，但後來合併了南部，駱越人（京族的前身）占多數，漢人成了少數民族，就與中國漸行漸遠。從秦始皇占領這裡開始，越南北部一直到唐朝都屬於中國。五代十國時，中國處於亂世，越南趁機脫離中國，後來的宋朝要對付北方的遼、金、蒙古等強大的游牧民族，無暇南顧，越南就形成實事上的獨立，只做為中國的屬國。直到法國人殖民，越南就徹底和中國沒有關係了，也放棄一直使用的漢字，使用拼音文字，不但切割與中國的關係，也切割了自己的歷史。

不光是秦始皇時期的移民，後世中原戰亂不斷，無數中原漢人為了躲避戰爭，跑到這裡與當地人通婚、融合，漢化程度進一步加強，不肯融合的就成了客家人。現在除了廣西的壯族外，這些地方已經看不到百越民族的痕跡了。

百越都是山地，沒有一個像樣的平原，無法出產大量糧食，在農耕時代，這裡一直很落後，即使是在中國的分裂時期，也隸屬於江南的南方政權，難以形成強而有力的割據勢力。直到近代，西方的海洋文明入侵，這裡靠海，才迎來了發展的機遇。

廣州做為百越的中心，有一小塊平地，就是珠江三角洲，既有珠江的河運之便，又靠海，自

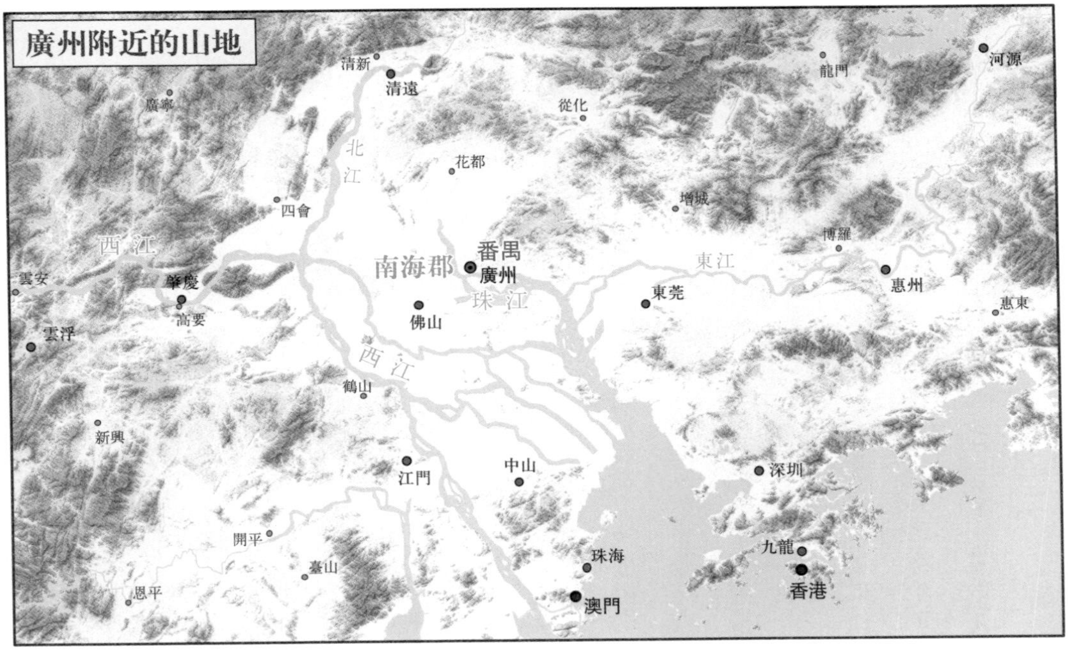

廣州附近的山地

然成為中心，兩次鴨片戰爭都是從這裡打起。

中國從唐朝開始，一直到元朝，都是世界的中心。但到了明朝，突然閉關鎖國，實行海禁政策，雖然有幾次鄭和下西洋，但只是維持官方的朝貢體制，民間的海上貿易絕對禁止。這時正是西方大航海時期，靠著海上貿易，西方一個個彈丸之地都成了海洋大國，把殖民者的旗子插遍全球。而中國，還躺在五千年文明成果裡睡大覺呢！

這個傳統被滿清繼承下來，以至於西洋人第一次來中國做生意，清政府不要，覺得自己是天朝上國，什麼都不缺，和蠻夷做什麼生意。但英國人無法理解，英國是資本主義國家，就是市場經濟，就像現在的小商品需要出口一樣，否則生產過剩，工人就要失業了；當時英國也一樣，需要打開中國市場，所以矛盾產生了。

當時中國人與外國人不能直接做生意，清政府設立了「廣東十三行」，所有的對外貿易只能透過這十三家商行中轉。也就是說，「十三行」壟斷了對外貿易，可以想像當中會產生多少腐敗，不光是洋人痛恨十三行，就連中國商人也痛恨。鴉片戰爭一開始，英國人就先燒了十三行；又割走香港島，把貿易中心放到那裡，不在廣州和你玩了。英國人還逼迫清政府放開廣州、廈門、福州、寧波、上海為通商口岸，即五口通商。英國人要求在這些通商口岸裡，可以和中國人直接做生意，不經過「十三行」。這些通商口岸後來都成為沿海發達城市，在此之前，中國一直認為這些地方都是不毛之地。尤其是香港，道光皇帝當時用的詞叫「暫行賞借」，意思是先賞給你。誰知道，這塊不毛之地隨著歷史的發展，竟成了東方之珠。

第二次鴨片戰爭的損失可就大了，不光是英國，還是英法聯軍。英國繼續要求開放港口，這次深入內地，長江沿線的城市成為通商口岸，如武漢、南京。接著，英法聯軍放火燒了圓明園，但最大的損失還不是這些，是俄國趁火打劫。

俄國先是透過《瑷琿條約》割占黑龍江以北、外興安嶺以南的六十多萬平方公里土地，又以《北京條約》將烏蘇里江以東四十萬平方公里土地劃歸俄國。同時，強迫清政府簽訂《中俄勘分西北界約記》，割占巴爾喀什湖以東以南四十四萬平方公里土地。俄國不費一兵一卒，成為第二次鴉片戰爭中最大的獲利者。

第二次鴨片戰爭對咸豐皇帝打擊很大，他跑到熱河（承德），病死在那裡，慈禧趁機掌權。慈禧被一幫憤青煽動，以為義和團真的刀槍不入，向西方十一國公開宣戰，有幾個國家不當一回事，懶得理你，最後來了八國，就是八國聯軍。八國聯軍直撲北京，慈禧走山西逃往西安，義和團除了殺人放火在行，在戰場上根本不堪一擊。好在當時還有頭腦冷靜的人，李鴻章正任兩廣總督，拉著湖廣總督張之洞、兩江總督劉坤一等，進行東南互保，與洋人私下溝通，不奉詔，不參戰，保住了中國南方的經濟命脈。

經過這幾次戰爭，清廷喪權辱國，權威掃地，但南方沿海城市迅速發展，從廣州到上海，再到天津，沿海港口城市一片欣欣向榮。與此同時，革命的火種也在這些地方蔓延開來。孫中山先後十餘次革命都選擇在廣州，因為這裡洋人多，最先接受西方文明，比較開化，也因為離政治中心遠，清廷的權威在這裡沒那麼神化。孫中山的革命思想完全來自西方，對中國傳統大城市的人和讀儒家經典的人來說，就是大逆不道，梁啟超最多只接受君主立憲，不要皇帝的共和制對很多中國傳統讀書人來說難以想像。孫中山接受的是新式教育，廣州幾乎是個化外之地，最能接受他的思想，並有人回應他的革命行動。

從三千多年前的周朝開始，到十五世紀的明朝，人類

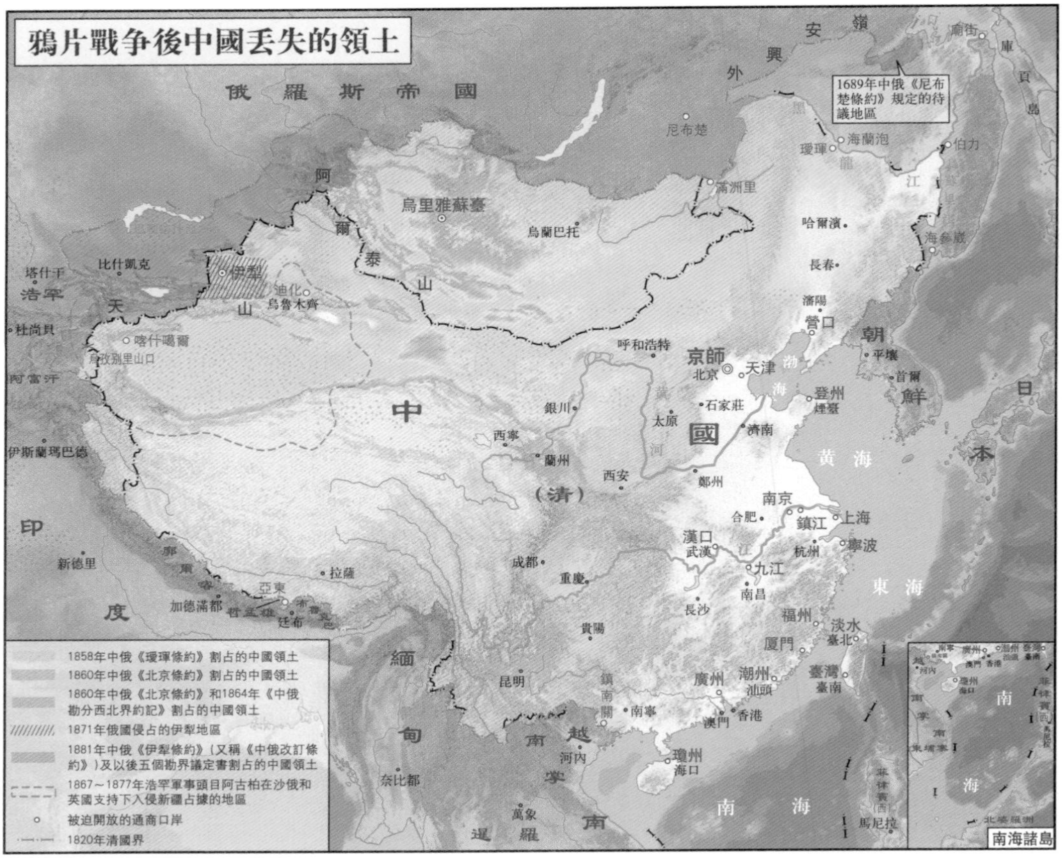

處於農業文明時代，中國以農業立國，領先全世界。西元元年前後，中國進入輝煌的漢帝國時期，西方同時進入羅馬帝國時期，兩大帝國正好處於歐亞大陸的東西兩端；西元五世紀前後，羅馬帝國在北方游牧民族的入侵下滅亡，歐洲從此進入漫長黑暗的中世紀長達一千多年，與此同時，中國在五胡亂華的衝擊下，差一點也被滅，不過最後扛過來了，而且進入更加輝煌的唐、宋文明，當時中國的文化、制度堪稱完美，讓全世界豔羨不已。到了近代，當歐洲覺醒時，中國這個古老的帝國卻睡著了，以至於當英國使者第一次來見乾隆皇帝時，乾隆還以為人家是來朝貢的。甚至打輸後心裡還覺得奇怪：「咦，這些人怎麼不是來搶東西？不想入主中原，只想搞貿易？」那時候中國人一直以為自己居於天下之中，四周都是蠻夷，就像在周朝時，這些蠻夷之邦，不聽話就討伐他，聽話就好好來朝貢，從沒想到和他們平起平坐，直到西方人的船堅炮利打醒了中國，這才知道：哦，原來世界這麼大，中國居然這麼落後！

這個道理同樣適用於中國的南方和北方，在漫長的歷史中，清朝以前，從上海到廣州的沿海都是落後不開化的蠻荒之地，還經常是流放犯人的地方，現在正好反過來。以前是靠近平原產糧區的地方富有，現在是靠海的地方商業發達。但財富只是一方面，會隨著周圍環境的變化而改變，而文化底蘊卻不是一朝一夕可以建立起來的。

注釋

1. 搴，拔；搴舟，猶言蕩舟。
2. 被，音同「披」，覆蓋；訾，說壞話；詬恥：恥辱。
3. 王子，字子晳，春秋時楚共王之子。

第十章

隨風直到夜郎西

有一句話形容貴州的地形：「天無三日晴，地無三尺平。」什麼意思呢？貴州處於雲貴高原東部，地表破碎，道路崎嶇，山高水深，溝壑縱橫，基本上找不到一塊像樣點的平地。天氣也不好，山谷中水氣蒸騰，四處迷漫著雲霧，省會「貴陽」的名字就是很難見到太陽的意思。雲南稱為彩雲之南，昆明被稱為春城，四季如春，天氣很好，為什麼同處雲貴高原的兩個地方會有這麼大的差異？因為貴州地處雲貴高原的東端，在一個斜坡上，從東南方向來的暖溼氣流到了這裡被逐步抬升，形成雲霧；而雲南已經到了雲貴高原的頂端，四周敞亮，天很晴朗，紫外線強。雲、貴兩地是最晚與中原相通的地方，直到漢朝的漢武帝時期，中原的人才發現這裡有個夜郎國。

怎麼發現的呢？說起來很有意思。

上一章講百越時，提過武帝征討南越的事。武帝打南越（廣東廣西）前，派了唐蒙出使南越。唐蒙到南越後，發現當地人喜歡吃枸醬（一種果醬），這是蜀地特產，漢朝禁止出口。蜀地與南越隔著千山萬水，道路不通，是怎麼到了南越呢？唐蒙問番禺（廣州）人這東西哪來的？有人告訴他是從夜郎國來的。唐蒙大概了解了一番，上書武帝說，打南越可從巴蜀，取道夜郎。

夜郎在哪裡呢？在貴州的關嶺，就是黃果樹瀑布的位置。在貴州，像黃果樹瀑布的景觀很多，只不過黃果樹比較有代表性，可以想像這裡的地形有多複雜，路有多難走。夜郎的北面，從六盤水到貴陽一帶是個分水嶺，就是苗嶺，苗嶺的北面是烏江、赤水，屬於長江水系，南面是北盤江、南盤江，屬於珠江水系。夜郎國在北盤江附近，與長江水系不通，又隔著崇山峻嶺，幾百年來，中原華夏一直不知道他的存在，其實早在戰國時就有了。

北盤江屬於珠江水系，南越國在珠江下游，有水路相通。珠江是個統稱，包含東江、北江和西江，其中西江最長，從廣東往西，直到貴州（上游叫紅水河），靠北有灕江匯入（通過靈渠與湘江相連），靠南有左、右江匯入（鄧小平百色起義的地方），最西就是發源於雲貴高原的北盤江、南盤江。從夜郎可以走水路，直到南越的番禺（廣州）。夜郎國的交易夥伴主要是南越，對北面的事務一無所知。而這個時期，南越國獨立沒多久，與中原不通。當漢武帝派唐蒙出使夜郎時，夜郎侯多同說了一句話：「漢與我孰大？」

這裡有個小問題，既然夜郎國和漢朝對彼此一無所知，那麼枸醬是怎麼運到夜郎，又怎麼到達南越？其實不難解釋，商人的雙足永遠比政治家勤快，民間的往來往往快於政府。

漢武帝派唐蒙出使夜郎，一方面是借道，另一方面

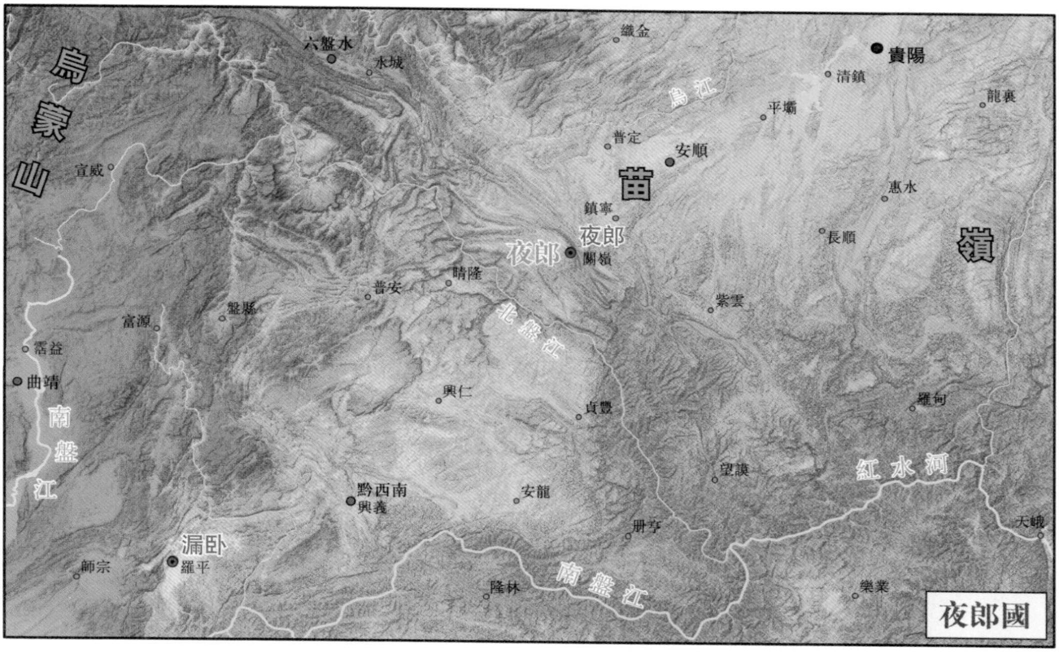

夜郎國

想利用夜郎的力量牽制南越國。借道就是從巴蜀發兵，借夜郎的水路，直達南越；另外，據說夜郎有十萬精兵，可以借助他的兵力壓制南越。

唐蒙到達夜郎，送了很多禮物，進行招撫，並在這個地方設郡縣，同時向多同承諾，讓他兒子當縣令。多同心想，反正漢朝距離很遠，好處就在眼前，於是先答應了。後來漢朝征討南越時，多次要求夜郎國出兵配合。夜郎王覺得奇怪，心想我們不是友好嗎？怎麼老是要我聽你的，漢朝和夜郎到底誰大呀？這句話傳出來成為千年笑柄。實際上，在西南地區，夜朗國確實很大，最鼎盛時，幅員約占貴州四分之三（五十四縣）、雲南的三分之一（二十一縣）、四川鄰貴州邊界的六個縣和廣西西北邊境的部分縣，貴州除東部部分縣以外，基本上全覆蓋。夜郎國從戰國時期就一直存在，如果不是秦始皇統一中國，夜郎國比很多諸侯國都大，難怪會自大。而且在貴州這種山區裡，能練出十萬精兵，說明夜郎國的國力很強。當時夜郎國周邊還有很多名不見經傳的小國，夜郎的確是當地的老大。其實，第一個說「漢與我孰大」的並不是夜郎，而是滇國（今昆明一帶），因為夜郎在西南影響力最大，所以這句話流傳得廣，才有了「夜郎自大」這個成語。

多同答應了漢朝的要求，但並非心甘情願，只是不想與漢朝為敵。武帝征南越時，夜郎不聽從調遣。等武帝征服了南越，騰出手來就開始征服西南。夜郎國大部分土地被設了郡縣，但仍保留夜郎國的國號，並封王爵（之前的王是自封的），手下的各部族首領都有冊封。夜郎王這時才入朝納貢。直到西漢末年，夜郎王反漢，牂牁太守陳立殺夜郎王，夜郎國滅，改設郡縣，夜郎國從此就不復存在了。

夜郎國消失後，中國的西南先後有好幾個地方都叫過夜郎，最有名的是李白的「我寄愁心與明月，隨風直到夜郎西。」這個夜郎是指現湖南懷化市的新晃縣，漢代在這裡設過夜郎縣。

這個夜郎和夜郎國有什麼關係呢？

新晃在無水（潕水）邊，無水是沅水（沅江）的支流，沅水直入洞庭湖，洞庭湖連著長江。如果這個地方就是古夜郎國，那麼在楚國強大時，透過水路，其勢力到達這裡很容易，不會讓它一直存活到漢朝。即使楚國沒留意這個地方，秦始皇統一中國時，也不會讓這裡留著一個獨立國家。只能說從新晃這裡，沿無水而上，能到達夜郎，對中原人來說，新晃是通往夜郎的要道，所以他們把這裡也叫夜郎（古人對地理位置的認識很模糊）。自古以來，從中原進入夜郎只有兩條路，一條是從新晃沿水路，可以到達黔東貴陽一帶；另一條是漢武帝南征新開闢的，從關中下巴蜀，翻越瀘州南部的大山，就是沿赤水河谷而上，進入黔西（畢節）。

夜郎國古稱百濮，也叫西南夷，是對西南地區少數民族的統稱，類似於百越對嶺南的統稱，其實內部包含很多個民族，像仡佬族、侗族、苗族、布依族。

仡佬族應該是貴州本地最古老的民族，據說夜郎國的主體民族就是仡佬族。仡佬族有自己的語言，語言詞彙與布依族有一定相似性，但語法結構與苗族相似，這種情況很可能是因為仡佬族與苗族、布依族長達二千年交流融合的結果。

侗族是一個族群，先祖喜歡住在洞裡頭，所以叫侗族（取諧音）。民族這個概念是二十世紀才有，以前的人就是物以類聚，人以群分，時間長了就形成一個族群，就像華夏、東夷、九黎，或者東夷西戎、南蠻北狄，很難用現代的民族或血統區分。

布依族不屬於百濮，而是百越的一支，百越人發明了水稻種植，所以布依族最早學會種水稻，被稱為「水稻民族」；壯族也是百越的一支，和布依族是近親，語言相近。布依族很早就在貴州一帶生活，說明百越和百濮很早就融合。有些古書裡經常把這兩個稱呼混用，可見他們之間確實有很多相同之處。

這裡人數最多的少數民族——苗族，最早並不是生活在這裡。苗族祖先九黎的首領蚩尤，最早生活在黃河中下游，與華夏、東夷形成當時中原的三大族群。蚩尤戰敗身死後，一部分族人融入華夏，一部分南逃到江漢一帶，建立了三苗

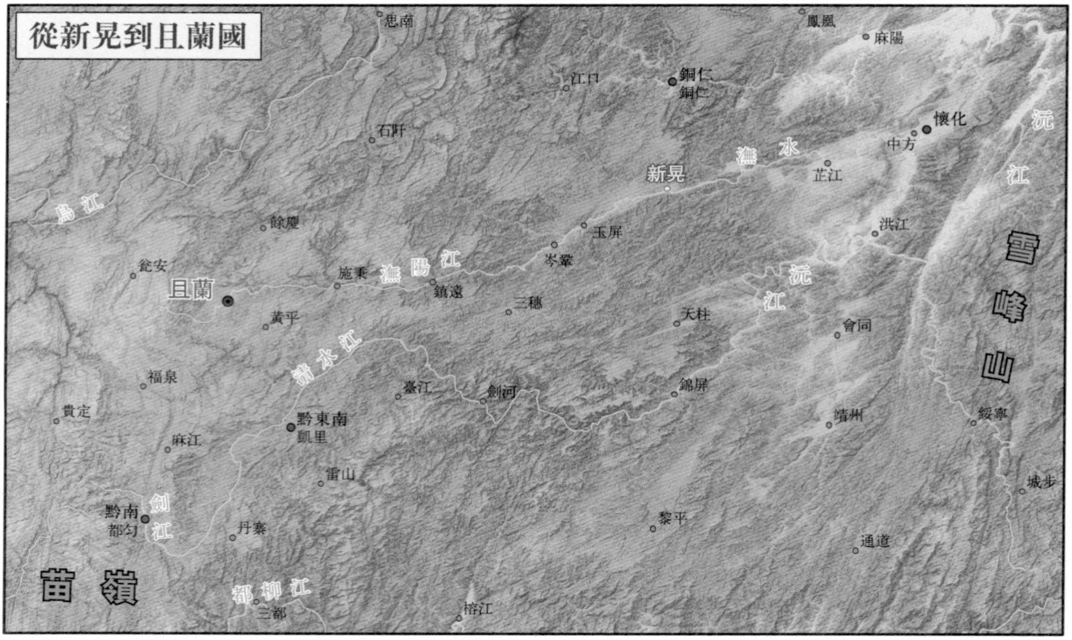

國。後來三苗在與楚人的戰鬥中又失敗了，一部分融入楚國[1]；另一部分三苗人繼續南逃，進入雲貴高原，形成今天的苗族，今天的苗族主要分布在湘西和雲貴。

夜郎國雖說是一個國，但與中原的諸侯國不同，因為這裡地面破碎，交通艱難，實際上是個部落聯盟，各部族相對獨立，也能獨立發展，形成今天貴州眾多的少數民族，如果是在平原地區，這些民族早就融合得不分彼此了，雲南的少數民族眾多也是這個道理。

南方的少數民族與北方不同，幾乎沒聽說過他們有侵略中原的劣跡。倒是北方的游牧民族，每隔一段時間就要南下騷擾，搶點糧食和人口。因為南方的少數民族和北方的游牧民族不同，他們和漢人一樣，主要以耕種為生，農耕文明的特點就是對土地有依賴性，不能到處流動，沒有侵略性。雖然這裡耕地少，但能養活人，沒必要冒著生命危險出去搶。北方就不同，游牧民族一到冬天，別說牛羊沒草吃了，連人也缺糧食，為了活命，只能出去搶。

早期雖然中央政府在這裡設郡縣，主體還是少數民族。直到魏晉，中原地區連年戰亂，大量漢人才湧入這個地方。後世只要一逢戰亂，大量的四川、湖廣一帶的漢人，為了躲避戰爭就跑到這裡。再加上歷朝歷代中央不停地往這裡派駐官員和軍隊，直到今天，才形成漢人占多數的情形。

其實夜郎國出現前，曾有一個牂牁國，漢武帝後來在這裡設置牂牁郡。牂牁的名稱源於苗嶺北部的一條大江，就是牂牁江，後來改名為黔江，是貴州境內最大的河流，也是長江上游南岸最大的支流。從黔江可以直通中原，所以貴州簡稱黔。黔是黑的意思，後來蒙古人到此，把漢語翻譯成蒙語，等後來再翻譯回來時，黑就成了烏，於是黔江成了烏江。這個烏江和項羽自殺的烏江沒有關係，倒是和涪陵的烏江榨菜有關係。

夜郎國之後，貴州這個地方一直沒有太大變動，因為地面破碎、山高水遠，即使在戰亂時期，也沒形成強有力的地方割據；三國時屬於蜀漢，諸葛亮七擒孟獲，平定南中（包括雲南和貴州）後，並沒有派駐官員，而是讓當地少數民族自治；直到元朝，還實行土司制度。中原王朝對這裡的統治一直很薄弱，基本就靠當地少數民族首領自治，地方政府只抽點稅，也不管別的事。直到民國，仍然是中央控制最薄弱的地方，當時的共產黨紅軍才會逃到這裡，在遵義開會，接著是四渡赤水，逃過了國民黨的圍追堵截。毛澤東有首〈七律·長征〉：

紅軍不怕遠征難，萬水千山只等閒。
五嶺逶迤騰細浪，烏蒙磅礴走泥丸。
金沙水拍雲崖暖，大渡橋橫鐵索寒。
更喜岷山千里雪，三軍過後盡開顏。

烏蒙山就是貴州和雲南之間的界山，翻過烏蒙山就是雲南。要知道雲貴高原的山可不是平原地區的山，雲貴高原本身就是山區，這裡的山都是山中之山，要翻過去很不容易。五嶺就是大庾嶺、騎田嶺、都龐嶺、萌渚嶺、越城嶺，就是我們熟悉的南嶺。南嶺把湖南、江西和兩廣隔斷，秦始皇一開始征百越時，想翻過南嶺去打，結果失敗了，後來修了靈渠走水路才成功。要翻越南嶺（五嶺）絕非易事。可在毛澤東眼裡，五嶺綿延起伏的山脈就是細浪，烏蒙山不過像個泥丸。

〈長征〉這首詩簡直就是一幅地圖，把路線說得一清二楚：瑞金和井崗山都在五嶺邊緣上，紅軍從這裡出發，一路翻山越嶺來到了貴州；在貴州的遵義開了個重要的會，確定了毛澤東的地位；然後向西，過了烏蒙山就到金沙江；金沙江是長江上游，過了金沙江就從雲貴高原進入橫斷山脈；穿過橫斷山脈，翻過大雪山，眼前就是大渡河；大渡河就在四川盆地入藏的康定地區；穿過大渡河，又是連綿不絕的雪山：夾金山、邛崍山、岷山，這裡長年積雪，非常寒冷；岷山是岷江的發源地，是青藏高原的東端；岷山的西邊是一片沼澤地，或者叫草地（松潘草地）；過了草地，千辛萬苦到達隴西；隴西和陝北之間還隔著一座隴山，也叫六盤山；過了六盤山就是陝北，延安已經遙遙在望，這時毛澤東終於鬆了一口氣，寫下一首〈清平樂・六盤山〉：

天高雲淡，望斷南飛雁。
不到長城非好漢，屈指行程二萬。
六盤山上高峰，紅旗漫捲西風。
今日長纓在手，何時縛住蒼龍？

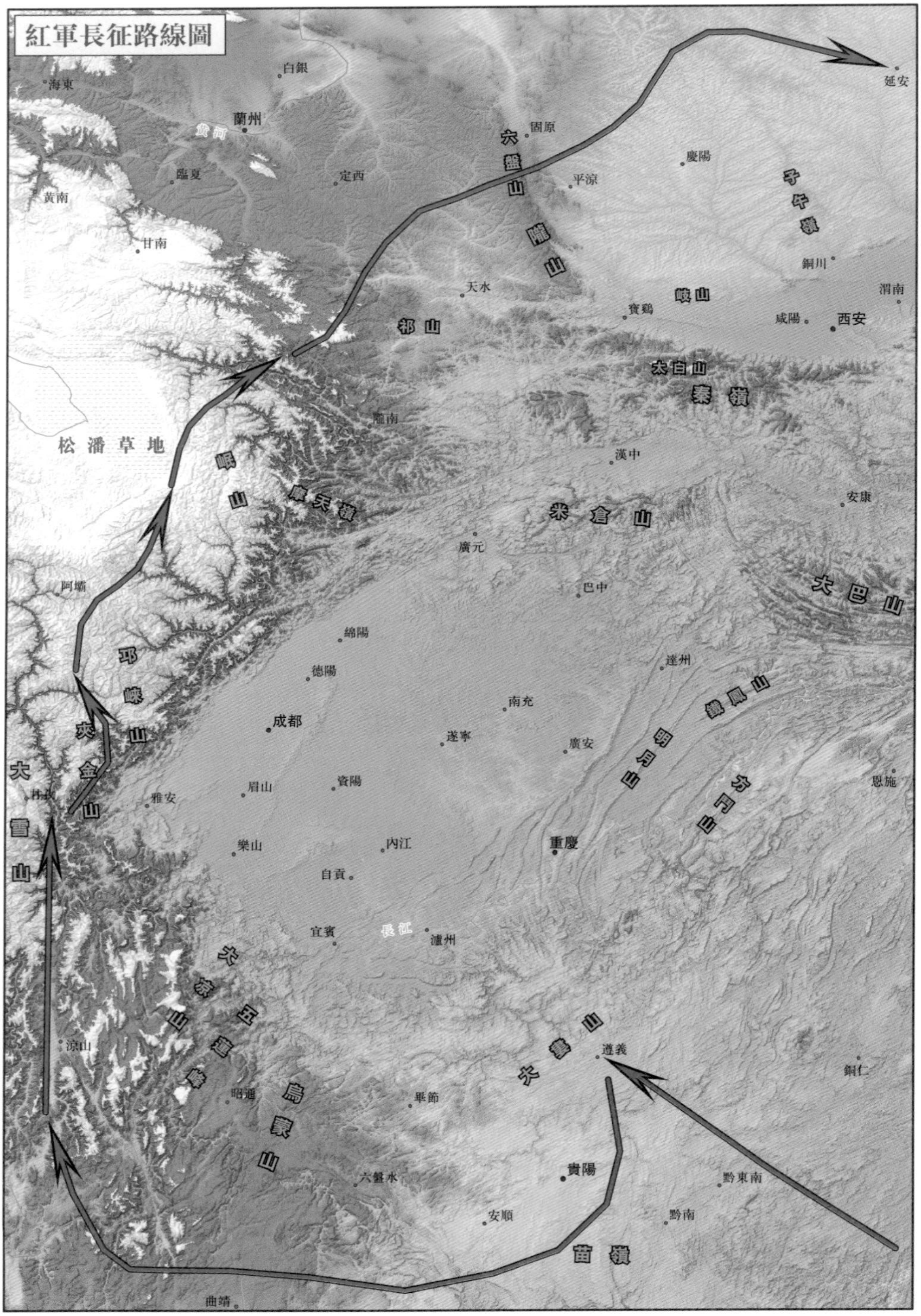
紅軍長征路線圖
白銀
海東
延安
蘭州
黃河
六盤山
固原
慶陽
臨夏
定西
平涼
黃南
子午嶺
隴山
甘南
銅川
天水
岐山
渭南
寶鷄
咸陽
西安
祁山
太白山
秦嶺
隴南
松潘草地
岷山
漢中
摩天嶺
安康
米倉山
廣元
大巴山
阿壩
巴中
綿陽
邛崍山
達州
德陽
鐵鳳山
南充
成都
明月山
夾金山
遂寧
廣安
大雪山
眉山
資陽
方斗山
恩施
雅安
樂山
內江
重慶
自貢
宜賓
長江
瀘州
大涼山
五蓮峰
大婁山
涼山
遵義
銅仁
昭通
畢節
烏蒙山
六盤水
貴陽
黔東南
安順
黔南
苗嶺
曲靖

長征走過的路都是人跡罕至的地方，特別是翻過青藏高原這一段，一不留神就會全軍覆沒。在此之前，只有蒙古人攻打雲南時走過，但那是從北往南，而且是騎兵，還有後勤保障，情形不太一樣。清朝時太平天國的石達開走過，結果全軍覆沒。紅軍到了貴州後，原本打算回湘西與二、六軍團會合，在毛澤東的建議下，沒有回去，繼續向西。當時國民黨料到紅軍要回湘西，已經調集重兵準備將紅軍一網打盡。結果毛澤東立下大功，避免紅軍的滅亡，才有了後來的二萬五千里長征。普通人的想法，過大渡河，翻大雪山，幾乎等同於死路一條，即使是當年的蒙古鐵騎，也損失慘重，只有毛澤東敢出此奇招，而且還真殺出一條血路，大雪山上國民黨的飛機都飛不上去，紅軍卻因此躲過，雖然死了很多人，但留下來的都是菁英，星星之火，可以燎原，改變了中國的歷史。整個貴州省幾乎全是山地，交通不便，資訊閉塞，發展長期落後中原地區。直到今天，平原地區的人們很難想像，在這裡修路難度還是超乎尋常。但正因此，很多東西沒有遭到破壞，歷朝歷代留下了很多遺跡，還有很多古村落都保存得很完好。

注釋

1. 楚國不光融入三苗，還有百越、百濮等，所以楚國被稱為南蠻是有原因的，楚文化和中原的華夏文化有那麼大的差別也是這個原因；民族融合說起來好聽，事實上都很血腥，一個族群搶了另一個族群的地盤，男的殺光，小孩當奴隸，女的搶去做老婆，生下的後代就叫民族融合。

第十一章
從南詔到大理

雲南的地形和貴州相似，到處都是山，沒什麼平地。但有兩個大湖，一個是滇池，一個是洱海，人類都是逐水而居，這兩個大湖邊上，先後出現兩個古國，一個是滇國，一個是大理。

滇國的建立和楚國有關，戰國時期，楚國想把西南納入勢力範圍，派了一員大將莊蹻征討，他沿著沅水而上，先打敗且蘭國（貴州黃平），後征服夜郎，一直打到滇池附近。可誰知在這時發生一件事，秦國攻占楚國的黔中郡（今湖南沅陵一帶，沅江在其境內），這下不妙了，莊蹻回不去了。

莊蹻回不了楚國，乾脆入鄉隨俗，學當地人的話，穿當地人的衣服，在滇池附近建立了一個國家——滇國。

幾十年後，秦國統一中國，秦始皇派兵攻打滇國，滇國投降。秦國修了一條道路從蜀郡直通滇池，路寬五尺，稱五尺道（秦國的標準馳道寬五十步，五尺道是標準馳道的十分之一，原因在於這裡修路太困難）。可是沒多久，秦國就完了，滇國又獨立稱王。直到漢武帝出現，滇國再次出現在人們的視野。

漢武帝想打通到印度的通道，拓寬了五尺道，先滅勞浸、靡莫兩國，然後到了滇國，滇國主動投降。和夜郎一樣，漢武帝在這裡設置郡縣，但仍保留著滇王的稱號，讓他繼續統治自己的臣民。這種封王不過是權宜之計，時間一長，領土逐漸被瓦解，大量的漢人進來同化，滇國會慢慢消失，成為漢朝的郡縣。

三國時期，蜀漢被東吳打敗後丟了荊州，以孟獲為首的南中四郡趁機造反，諸葛亮為了解決後顧之憂，親自領兵南征。諸葛亮在〈出師表〉說：「五月渡瀘，深入不毛。」瀘水就是金沙江，不是現在怒江邊的瀘水市，宋朝時這段水裡產金沙，改叫金沙江，是長江的上游，古人曾一度認為岷江是長江的上游，金沙江是長江的支流，明代徐霞客考察後才確定金沙江是長江的上游。孟獲的老家在滇池一帶，這時滇國已經不存在，整個雲南各部都尊孟獲為老大。諸葛亮率兵一直打到滇池（現昆明附近），平定了南中四郡（包含雲貴）。對中原人來說，這裡很落後，道路不通，不文明，不開化，山川阻隔，瘴氣叢生，說是不毛之地。

滇國最早雖然是由楚國人建立，但主體民族還是西南地區的百濮。百濮裡後來出現了一個族群，叫昆明。昆明人最早生活在洱海附近，唐、宋時期，烏蠻、白蠻興起，先後在洱海一帶建立了南詔國、大理國，昆明人的老家被占了，只好遷移到滇池一帶。元朝滅了大理國，在滇池附近設置「昆明千戶所」，昆明就變成一個地名。昆明，或者說

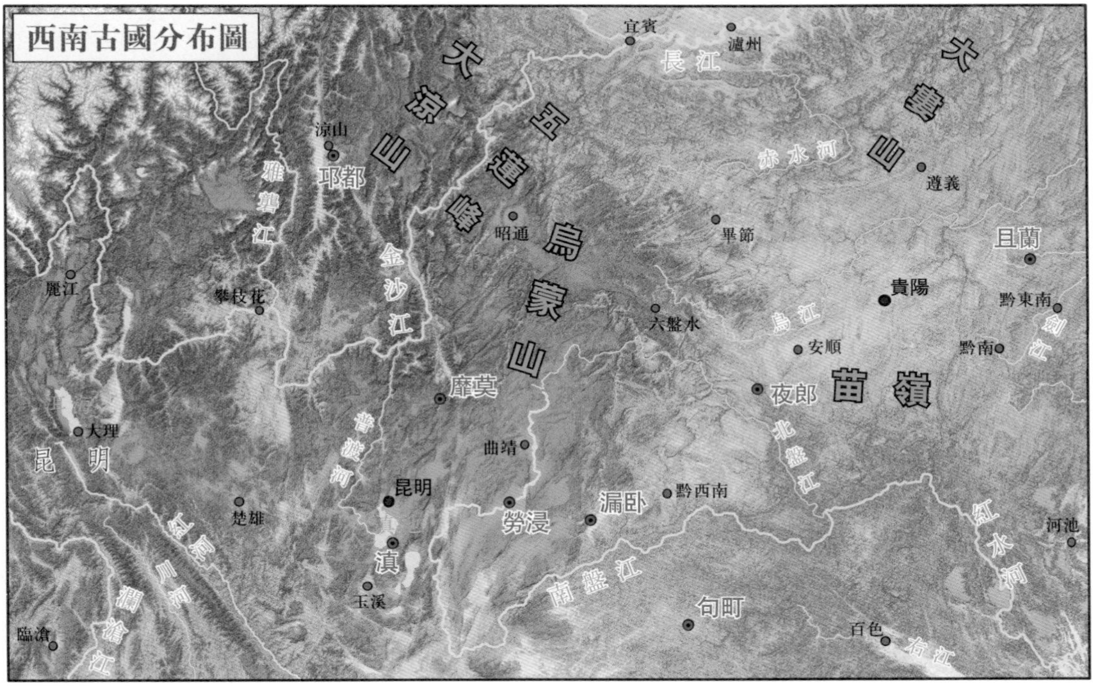

滇池，最早是雲南的中心，從唐朝開始，雲南的中心就轉到大理一帶，直到元朝時才又回歸到昆明。

魏晉南北朝時期，中原地區一陣亂打，邊疆地區趁機割據一方。唐初時，洱海附近小國林立，有六個國家實力較強，稱為六詔，其中有五個詔投靠了吐蕃，只有最南邊巍山的一個詔和唐朝親近，就是南詔。南詔最終在唐朝的支持下，吞併了五詔，統一洱海地區。

統一洱海地區的是第四代南詔王皮邏閣，他把首都從巍山遷到太和城（今大理太和村），到了第五代南詔王閣羅鳳時期，南詔達到鼎盛。南詔國在唐朝的支持下逐漸壯大，但與唐朝的關係時好時壞。閣羅鳳有跟隨父親參加過吞併五詔的戰鬥，分得清利害關係，他內心不想反唐，但擋不住地方官的胡來。有一年，閣羅鳳帶著妻女到成都拜見益州長史、劍南節度使鮮于仲通，路過雲南郡（今姚安）時，雲南郡太守張虔陀是個貪財好色之徒，不僅索要財物，還調戲閣羅鳳的妻女。這下閣羅鳳不爽了，一不做，二不休，殺了張虔陀，占領雲南郡。

堂堂邊關太守被殺，朝廷有什麼反應呢？當時唐朝皇帝是李隆基，楊貴妃正得寵，楊國忠掌權，這些人湊在一起，就一個字：打！

閣羅鳳一看，趕緊謝罪求和，並說，如果不同意求和，他只好投靠吐蕃。鮮于仲通根本不理，帶了六萬人打到了西洱河，兵臨太和城，結果萬萬沒想到，六萬大軍全軍覆沒。

一直做為唐朝屬國的南詔國，這時不得已投靠了吐蕃。過了三年，著名大將李宓帶領七萬人，打到太和城，又是全軍覆沒，李宓投洱海自殺。這一仗發生在唐朝天寶年間，稱天寶戰爭，南詔國帶兵的大將軍姓段，因為這次戰爭立下赫赫戰功，被閣羅鳳擢升為清平官（相當於宰相）。這位段姓將軍有個六世孫叫段思平，後來創建了大理國。

唐朝在連續兩次大敗後還想派兵，可惜碰上安史之亂，自顧不暇。閣羅鳳雖然打了勝仗，心裡卻不好受，他在太和城中立了一塊「德化碑」，表示叛唐出於不得已。他還對臣屬說，後世可能又要歸唐，到時候把這塊碑指給唐朝使者看，好讓他們明白我的初心。閣羅鳳還收拾唐朝士兵的屍體，造了「萬人塚」供後人祭拜。

閣羅鳳是一位有遠見卓識的君王，他知道和吐蕃的聯盟只是不得已而為之的權宜之計，南詔最終還是要依靠唐朝。閣羅鳳死後，他的孫子繼位（兒子早死），把都城從太和遷到大理。這時唐朝結束了安史之亂，開始騰出手來對南詔用兵，這次大破南詔，使南詔和吐蕃損失超過十萬人。吐蕃很生氣，把失敗的原因歸為南詔，還把南詔的封號降級，以前是兄弟之國，現在改為臣屬之國。不但如此，還對南詔百般盤剝，收稅、徵兵，無所不用其極。南詔忍無可忍，最終還是歸附唐朝，向唐朝納貢稱臣，兩國過了一段蜜月期。

但好景不長，南詔發現經過安史之亂後的唐朝，已經不是以前的那個唐朝了，於是趁機大肆擴張地盤。先是向北攻占成都，失敗後求和；接著向東攻占安南（越南），攻打安南看似小事，卻引發兩個不可逆轉的後果：一是唐朝滅亡，二是安南永遠脫離中國。

先說第一個結果，成都離關中近，也是唐王朝的糧倉，有重兵把守，就算從關中派兵過來也很快，南詔想占領幾乎不可能。但安南遠在嶺南以南，為了平定安南，唐朝不得不招募大量士兵派往南方，桂林是中土與嶺南的連接點，是平定安南的重要據點。有一支軍隊是從徐州招募過來，駐守在桂林，這些士兵遠赴南

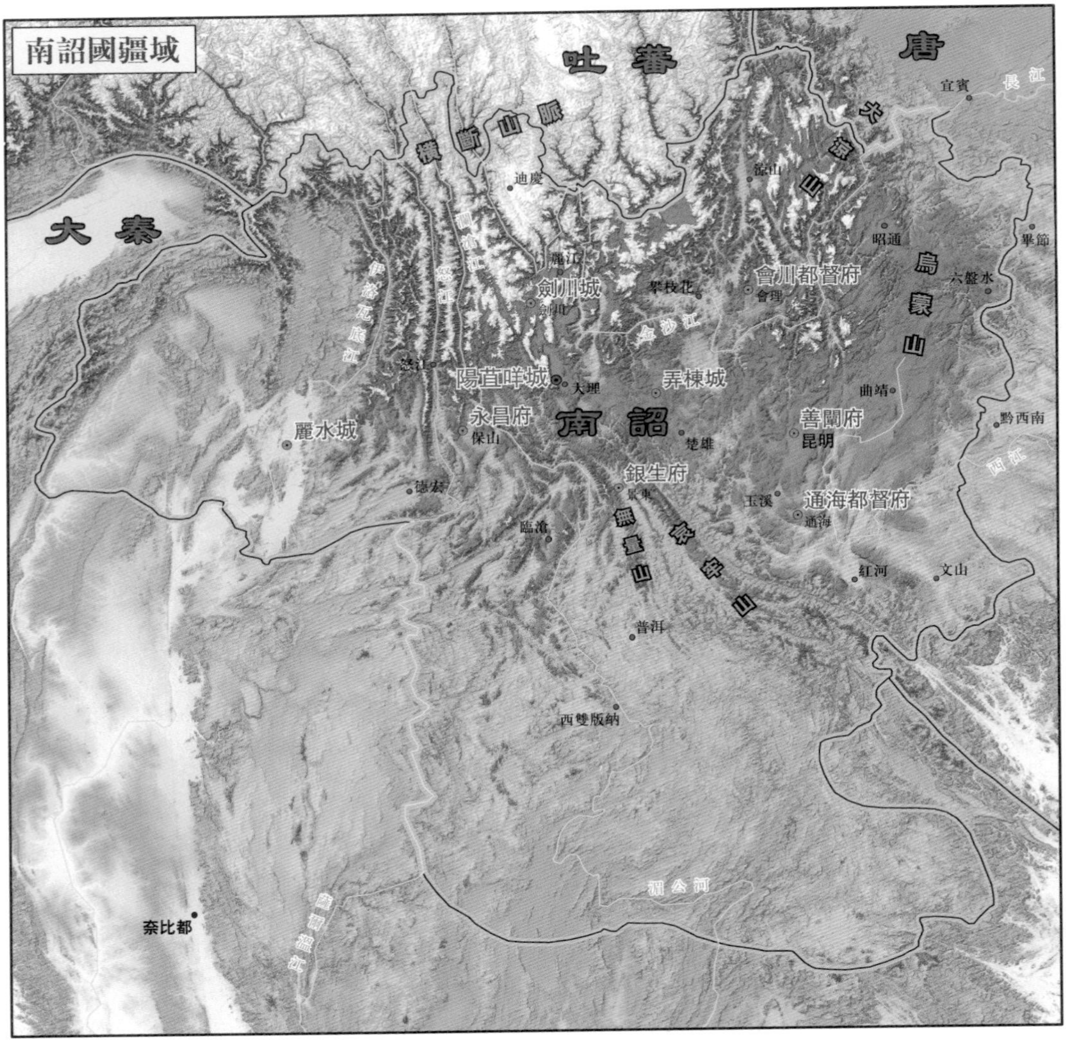

方，本來是有期限，三年一換。好不容易過了三年，士兵都盼著回家過年，結果因戰事吃緊，桂林守將把期限無限期延長，最後引發兵變。正是這次兵變，揭開了唐末各種反抗朝庭的序幕，各地的叛亂風起雲湧，其中一支就是黃巢。農民造反加上各種兵變，唐朝奄奄一息，最後壽終正寢。宋代史學家宋祁說過一句話說：「唐亡於黃巢，而禍基於桂林！」桂林之禍正是因南詔而起。

至於安南，從秦朝開始就一直屬於中國版圖。南詔攻占安南，使安南脫離中央，雖然唐朝一度收復，但緊接著在五代十國，中國進入大亂世，各地紛紛獨立，安南也不例外。然後是宋朝，一開始就丟掉燕雲十六州，失去長城做屏障，主要精力放在北部防線，無暇南顧。等蒙古人想收復時，人家已經獨立幾百年，子孫都換了好幾代，中國在他們眼中成為侵略者，難度可想而知。就這樣，安南永遠脫離了中國，當中央王朝再次強大時，也僅是做為屬國納貢稱臣，中原王朝再沒能將他納入版圖。

經過與唐朝連年的戰爭，南詔國力迅速衰弱。到了末期，南詔為了對付唐朝，連十五歲以下的孩子也徵召入伍。由此可見，南詔到了窮途末路的地步。

終於，唐昭宗天復二年（西元九〇二年），南詔宰相鄭買嗣（漢人）殺了末代南詔王，建立大長和國，南詔國滅。

南詔國滅亡後，僅僅過了五年，唐朝也滅亡了。南詔因唐朝而興，也因唐朝而亡。我們知道以唐朝的強大，要收復南詔並不難，但為什麼讓他獨立存在了一百多年呢？

自古以來，中原王朝的主要敵人是北方的游牧民族，到了唐朝，主要就是突厥，還有回鶻、高句麗。這些都是北方的少數民族，唐朝當然不敢掉以輕心。但這時西邊又興起一個吐蕃，讓唐朝非常頭疼。中國歷史上，青藏高原一直默默無聞，但唐朝時突然出現一位松贊干布，統一吐蕃各部，吐蕃突然變得十分強大。吐蕃從高原上下來，第一個目標就是搶占河西走廊。唐王朝沒有收復南詔，就是想在吐蕃的南方安置一個敵人。如果沒有南詔，唐朝就會面臨和吐蕃兩線作戰的境地，還要對付北方的游牧民族，十分被動。與其這樣，倒不如在南方扶持一個地方勢力牽制吐蕃，以便專心守護河西走廊。河西走廊是唐帝國通往西域（新疆）的通道，離長安城近，如果吐蕃占領了河西走廊，不但西域不保，長安也面臨危險。

南詔國滅亡後，先後被三個短命小朝廷取代：大長和國、大天興國和大義寧國。基本上都屬於部下殺掉上級，取而代之，然後又被部下取代，存在的時間都很短。直到段思平出現，滅了大義寧國，建立大理國。大理國在段氏的治理下，開始進入正常發展軌道，逐步興盛起來。這時，中原的宋朝建立了。和南詔不一樣，大理一開始就和宋朝結好，直到滅亡都沒有和宋朝翻過臉；南詔國比較強悍，經常和大唐幹架。大理國繼承南詔國很多東西，但總體給人的感覺很平和，可能和他們信仰佛教有關，大理國的老皇帝退位，都是到廟裡當和尚。他們的科舉很有意思，不是普通的讀書人應試，而是讀書的和尚，稱為「釋儒」（儒、釋、道就差道了），官員基本上也從釋儒裡選拔。

與大理國一同興起的除了皇家段氏外，還有幾個重要的家族一直左右著大理政局：董氏、楊氏、高氏。段思平死後，他把位子傳給兒子段思英，但他荒淫無度，段思平的弟弟段思良看不下去，就說：

「子不肖，叔來教。」把段思英廢了，讓他去當和尚，自己當大理國皇帝。荒淫無度只是個藉口，實際情況是段思英想重用母親楊氏家族的人，段思良就聯合董氏把他趕下臺。段思良在建立大理國的過程中立下了不少功勞，和董氏關係密切，如果楊氏把政，對他、對董氏都不是好事。大理國的皇位由段思平轉到段思良這一支。因此，這兩支段氏經常為爭奪皇位而發生摩擦。

段思良這一支傳了八代帝王，同樣出現一個荒淫無度的皇帝，結果也被廢掉，奉段思平的玄孫為帝，皇位又回到了段思平這一支。這次政變中，高氏有擁立之功，從此高氏在大理權傾朝野，蓋過董氏的風頭。

那楊氏呢？一再被打壓，終於鋌而走險，起兵造反。第一次造反，段氏無力平叛，請高氏出兵，高氏平叛有功，權力更大；第二次，楊氏殺了段廉義，自立為帝，又是高氏出面，殺了楊氏，擁立段廉義的姪子段壽輝為帝。從這時開始，大理國實際掌握在高氏手中，段氏成了傀儡。過了一段時間，高氏覺得還不過癮，乾脆廢了段氏，自己當皇帝。後來在其他各部族的反對聲中，高氏又把皇位還給段家。

段氏後代為什麼那麼多出家當和尚和這個有關，一是嚇到，擔心哪天高氏不高興就把自己殺掉，二是傀儡皇帝做得沒意思，還不如當和尚自在。由於段氏政權中斷過，在這之後的大理就稱為後理時期。第一個皇帝是段正淳，他接過高氏歸還的皇位，當了十二年皇帝就把位子讓給了兒子，自己當和尚去了。段正淳兒子叫段正嚴，又叫段和譽，就是金庸小說裡段譽的原型。段和譽是大理國第十六代皇帝，在位長達三十九年，是在位時間最長的皇帝。當然皇帝是在大理國內的稱呼，面對宋朝，大理國一直是稱臣納貢，只能稱王。尤其段和譽在位時，和宋朝的關係非常好，經常向宋朝獻禮獻樂，宋徽宗非常喜歡段和譽，封他為金紫光祿大夫、檢校司空、上柱國、雲南節度使、大理王。

段和譽二十五歲繼位，六十四歲退位，出家為僧，一直活到九十四歲。也就是說，他後來在廟裡度過了

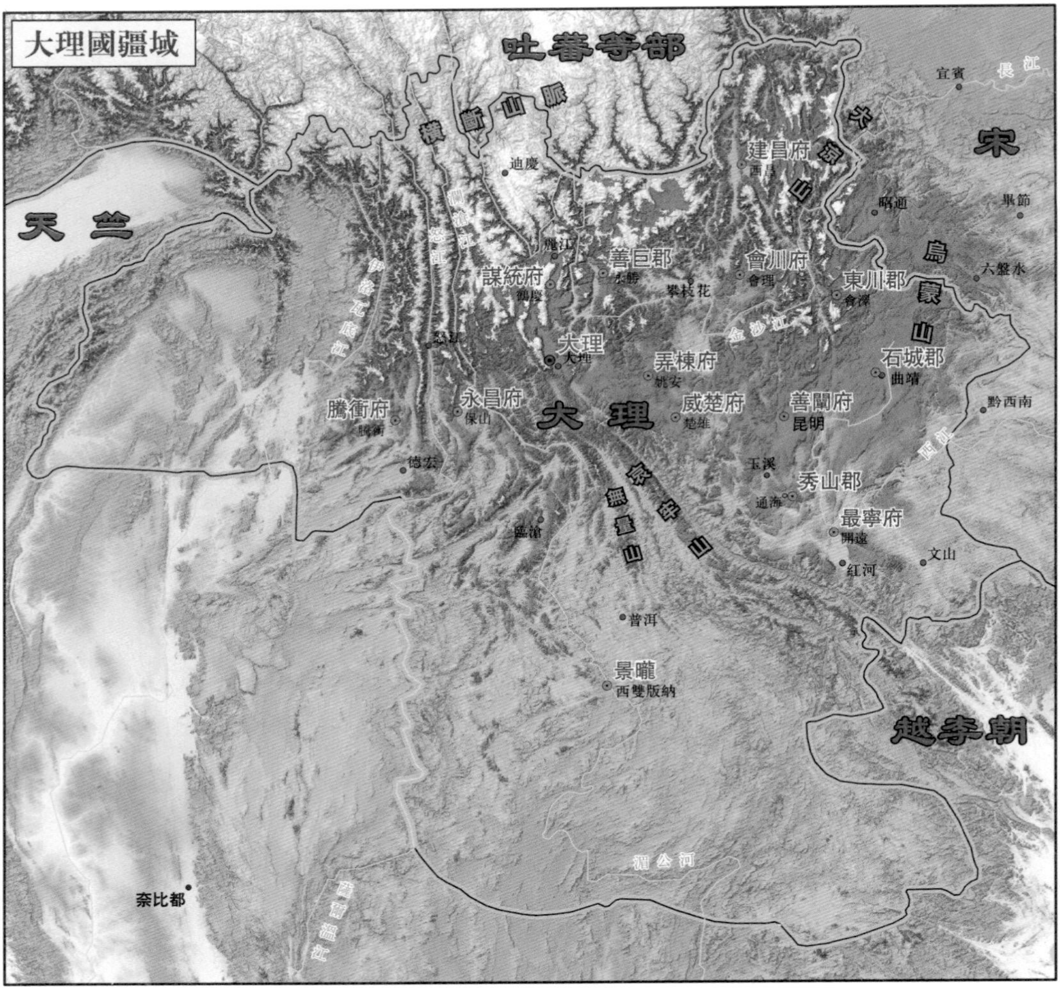

三十年。退位的原因是看不慣兒子們的內訌，這些又是由高氏把控，高氏內部也分為幾個派系，不同的派系扶持他不同的兒子，互相傾軋，骨肉相殘。段和譽最後看不下去，禪位為僧，眼不見心不煩。

段和譽是大理國歷史上比較有作為的皇帝，無論內政外交都頗有建樹，大理人民對他的評價很高。他的幾個兒子在高氏各個派系的支持下明爭暗鬥，其中有個兒子叫段正興，在相國（也是高氏）的支持下取勝，坐上了皇位。在位二十四年，然後又是禪位為僧，把位子讓給了兒子段智興。段智興就是金庸小說裡的南帝（一燈大師）的原型。從這裡可以知道，一燈大師是段譽的孫子。和小說不一樣的是，段智興並沒有出家，但他酷愛佛學，不理朝政，一心鑽研佛學，在位期間修了六十座寺院。大理畢竟是小國，消耗不起，所以大理國在他手中開始衰弱。

段智興是大理國的第十八位皇帝，到他這裡，大理國的國運開始大頭朝下。等皇位傳到了他的孫子時，很不幸的，蒙古人來了。這裡有個問題，大理在南宋以南，蒙古人的主要目標是打南宋，怎麼南宋還沒打下來，突然想起來打大理了呢？

中國歷史上北方攻打南方，無非是三條線：兩淮、荊襄、四川。蒙古人也不例外，最早在兩淮打了幾仗，屢戰不利就撤兵了。於是把重點放在荊襄，又久攻不下，最後蒙古人想先打下四川，從四川沿長江而下，側應荊襄戰場，結果四川更難打。四川盆地號稱天府之國，但實際上只有成都附近一小塊是平原，其他地方都是丘陵低山，蒙古人的騎兵到了這裡，完全發揮不了優勢，打了很多年也沒打下。於是蒙古人想到了一招，先打大理，從後方包抄南宋。

蒙古人的想法是，如果先打下大理，有兩個作用：一是可以南北夾擊打下四川，二是可以從大理出兵支援荊襄戰場。蒙古人心想，四川難打，只要拿下大理，利用大理的兵糧，兩面夾擊，不愁四川拿不下。當然更重要的就是荊襄，就算四川拿不下，如果占領了大理，就可以從大理進攻荊襄南部，襄陽不就也守不住了嗎？雖然這裡山重水複，但既然當初楚國人能從荊襄打到滇池，我們當然也可以從滇池打到荊襄。別以為蒙古人沒什麼文化就不知道中國歷史，蒙古人一進入中原，身邊就少不了一堆漢人獻計獻策。宋、蒙戰爭後期，實際上是漢人和漢人打，蒙古人在平原地區所向披靡，到了南方山區和江南水鄉，戰鬥力極差，沒有漢奸帶路，幾乎寸步難行。實際上，攻打大理的主意就是忽必烈向蒙哥提出，忽必烈喜歡用漢人，這主意實際上是他手下的漢人提出。

但四川還在南宋手裡，蒙古人怎麼過去呢？只能繞過去。從哪裡繞呢？蒙古人創造了千里奔襲的奇蹟。蒙古人十萬鐵騎，出蕭關，在隴西結集，然後沿著青藏高原的東端，穿過一千多里的茫茫雪原，跨過橫斷山脈，進入雲貴高原。最後兵分三路，渡過金沙江，對大理進行了包圍。與後來的共黨紅軍過雪山草地不同，當時吐蕃已經投降蒙古，提供後勤保障。但即使如此，這一路山高路險，氣候嚴寒，蒙古人同樣損失慘重。等打下了大理，十萬鐵騎已經損失了四分之三。

大理段氏長年被高氏操控，實力有限，大理城失守後逃往滇池。一年後，蒙古人在滇池活捉了段興智（段智興的重孫子），但沒有殺他，還帶他到北方蒙古汗廷，面見蒙哥大汗。蒙哥對段興智做了很多思想工作，賜金符，讓他回去繼續管理雲南。包括高氏很多後人，雖然大戰中頑強抵抗，蒙古人也封他們為土司。

蒙古人雖然打下大理，原有的目標卻沒有達成。大理原本就和宋朝的關係很好，當年趙匡胤統一中原時，打到赤水河就沒有再南進，說南邊不屬於他的。兩國世代友好，感情很深。蒙古人想利用大理攻打南宋並不現實，大理人打從心底就不願意。蒙古人對段氏和高氏都採取拉攏懷柔政策，但其他部族時有反叛，蒙古人又花了五年才把各地的叛亂平息。加上前面攻打大理的兩年，前後花了七年，大理才算消停下來。諸葛亮平定南中時，只用了二、三萬人，而且多是步兵，花不到一年的時間，南人就永不反漢，忽必烈以十萬鐵騎，前後花了七年，才把大理平定下來，不可謂代價不大。另外，大理離蒙古占領區相隔千里，兵源調動和後勤補給十分困難。雖然最後打荊襄時，大理確實出了點兵，從廣西北上湖南，但戰鬥力極其有限，不但沒幫上什麼忙，對蒙古人來說還是個累贅。總之，蒙古人先打大理，得不償失，憑白消耗了不少軍力，對南宋不但沒有形成牽制，反而讓南宋獲得喘息之機；雲貴高原山陵縱橫，也不可能成為蒙古騎兵戰略進攻的基地。

唐朝時，南詔王閣羅鳳遣使到長安朝拜唐朝皇帝，皇帝問：「君在何方？」使者遙指南方，說：「南邊雲下。」於是朝廷之中，「雲南」便成為南詔國的代稱，開元十六年（西元七二八年），唐朝皇帝封閣羅鳳為「雲南王」。

忽必烈統一中國後設立「雲南行中書省」，「雲南」正式做為這個地方的名稱，一直沿用至今。

第十二章 河套

要說西域，就得先說河西走廊，這是關中前往西域的通道。漢代以前，中國人的活動範圍主要在中原、河北、關中、巴蜀、荊州、江南等地。像北面燕山以北，南面五嶺以南都是一片陌生。東邊不用說了，是一片大海。往西，過了隴右更是一無所知。所以，很多中國神話傳說都源自西邊，比如周穆王駕車西巡到崑崙山與西王母約會。這個崑崙山並不是現在的崑崙山，古書裡的崑崙山，一會兒指祁連山，一會兒指天山，說明當時人們對西域的認識很模糊。直到漢武帝時期，中原人才對西域有比較清晰的認識。

漢武帝之所以要打通西域，是因為匈奴。我們的印象中，匈奴是北方草原的游牧民族，但他們的起源卻在河套。匈奴早在周朝時就已經存在，當時只是諸多戎狄的一支，從河套到山西北部都有他們的足跡，到了戰國末期才開始嶄露頭角。趙武靈王在山西北部，沿陰山一帶修築長城，就是因為匈奴人開始崛起。秦始皇統一六國後，南征百越，北驅匈奴，把匈奴人趕到了長城以北。但好景不長，秦朝很快滅亡，匈奴人趁機南下，控制了河套。

所謂的河套，主要是黃河「几」字形頂部這一帶，黃河像個套子把這塊地套在裡面，所以叫河套，北方是陰山，西邊是賀蘭山。雖然大部分是沙漠，但沿著黃河兩岸有不少綠洲，都產糧食（養馬更是不在話下），是滋養匈奴人的基地。其中有三個綠洲最大，一個是靠西的銀川平原，岳飛在〈滿江紅〉說：「駕長車，踏破賀蘭山缺。」賀蘭山以西是一望無際的沙漠，東面的銀川平原通常是游牧民族南下的基地；第二個是河套西北角的巴彥淖爾平原，「巴彥淖爾」是蒙古語湖泊的意思，這裡湖泊眾多，河流縱橫，非常富饒，也是養兵的好地方；第三個是東北部的土默川平原，這個名字比較陌生，但另一個名字是敕勒川。南北朝時有一首詩歌叫〈敕勒川〉：「敕勒川，陰山下。天似穹廬，籠蓋四野。天蒼蒼，野茫茫。風吹草低見牛羊。」這個地方有多好，看這首詩就知道。

有句話叫「黃河百害，唯富一套」，指的就是這裡。為什麼這麼說呢？我們熟知的黃河通常指中下游。黃河經過陝西和山西之間的黃土高原時，挾帶了大量泥沙，過了龍門渡口後，水流變緩，泥沙開始沉積，結果就是河床抬高，河水容易氾濫，為中下游的人民帶來很多災難。但在黃河上游，也就是河套，不存在這些問題。黃河對這裡不僅沒有造成危害，反而孕育出一個塞外江南。河套地區歷來都是游牧民族搶奪的重點，占領這裡後，可以利用當地資源，並以此為基地，隨時入侵中原。

早期的長城，就是北方游牧民族沒有很強大時，都是沿著陰山、賀蘭山修建，充分利用這兩座山脈的地勢。像早期趙國的長城就是利用山脈的阻隔作用，可以大大降低修築長城的成本。但到了明朝以後，中原王朝對北方的控制力愈來愈弱，河套這一段長城就退縮到榆林一線。秦、漢時期，這裡經常稱為河南（因在黃河以南），正是到明朝時才稱為河套。整個河套地區，榆林是個分界線，以北是一片沙漠，以南是黃土高原。榆林順著長城往東一點，就是山西的右玉縣，有個關口叫殺虎口（也叫西口），出了殺虎口往北，就是河套的敕勒川。清朝時，山西人常說的走西口，就是從這裡走出去，到河套一帶謀生。可以想見，河套一帶是多麼富饒。

秦朝滅亡時，匈奴人趁機占領河套，隨時可以南下劫掠，成為新創王朝的心腹大患。於是在平定

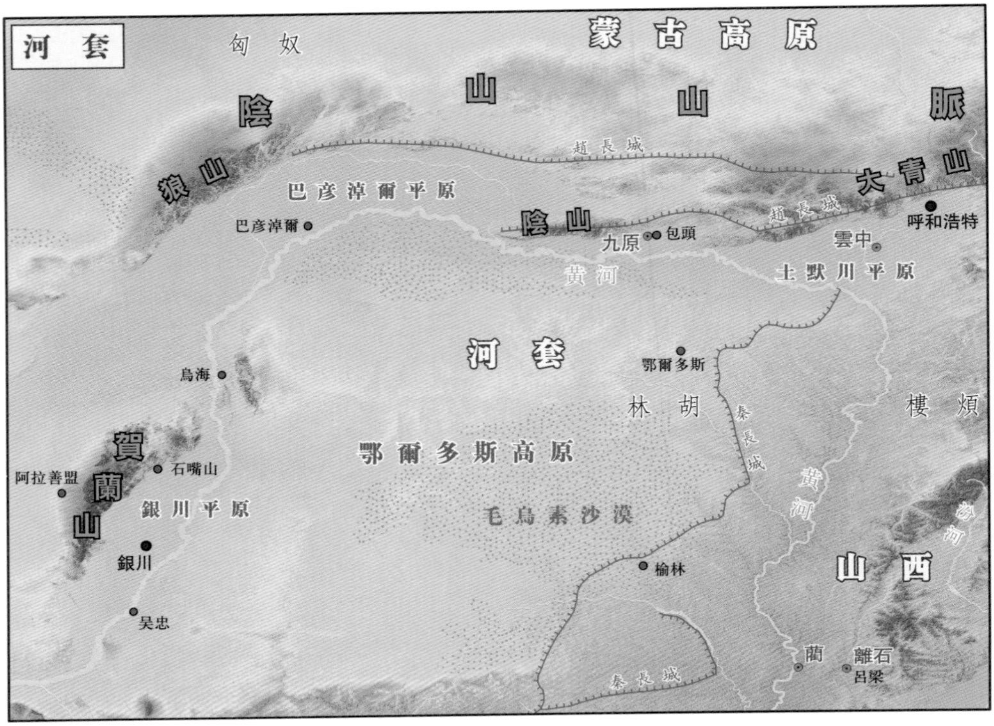
河套
匈奴
蒙古高原
陰山山脈
狼山
趙長城
巴彥淖爾平原
巴彥淖爾
陰山
九原
包頭
大青山
呼和浩特
雲中
土默川平原
黃河
河套
鄂爾多斯
烏海
林胡
秦長城
樓煩
賀蘭山
阿拉善盟
石嘴山
鄂爾多斯高原
銀川平原
毛烏素沙漠
銀川
榆林
山西
吳忠
藺
離石
呂梁
汾河

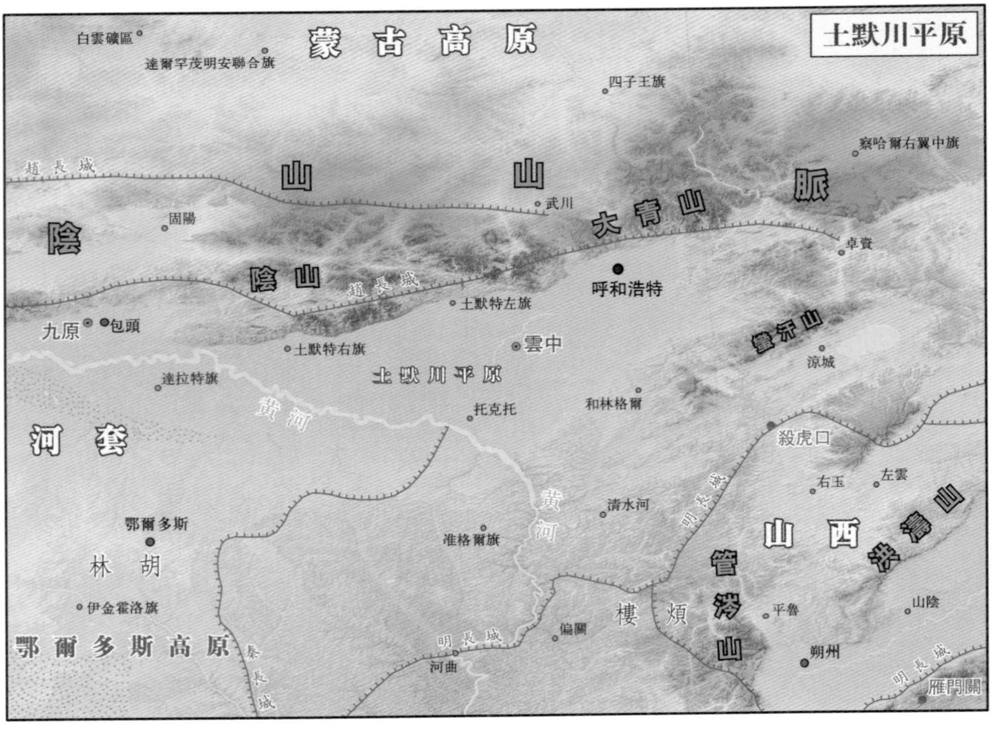
土默川平原
白雲礦區
達爾罕茂明安聯合旗
蒙古高原
四子王旗
察哈爾右翼中旗
趙長城
陰山山脈
武川
固陽
大青山
卓資
陰山
呼和浩特
土默特左旗
九原
包頭
蠻汗山
土默特右旗
雲中
涼城
達拉特旗
土默川平原
和林格爾
黃河
托克托
殺虎口
河套
右玉
左雲
清水河
明長城
鄂爾多斯
准格爾旗
山西
洪濤山
林胡
管涔山
伊金霍洛旗
平魯
山陰
樓煩
偏關
鄂爾多斯高原
秦長城
河曲
朔州
雁門關

天下後，劉邦打算一舉解決匈奴，把他們趕到長城以北。結果，西元前二〇〇年，就在大同的白登山，劉邦的三十萬大軍被匈奴四十萬鐵騎圍困了七天七夜，死傷無數，劉邦差點被俘，最後在陳平的建議下，賄賂了匈奴首領冒頓單于的妻子閼氏，才得以逃脫。

就是這一仗，劉邦才知道匈奴已經不是原來的匈奴，他的強大遠超乎想像。之前說過漢朝初創之時，是半分封、半集權的國家，中央能直接調動的資源僅限於關中和巴蜀，其他地方都被諸侯王控制。更河況中原地區從戰國時代到楚漢相爭，幾百年的時間，戰爭幾乎沒有停止過，民生凋敝，國力虛弱不堪，根本無法和處於蓬勃發展的匈奴抗衡。

春秋戰國時期，匈奴是眾多北方游牧民族之一，為什麼轉眼間就變得這麼強大？原因在於冒頓單于，他殺死自己的父親頭曼單于後，先後平定東邊的東胡和河西走廊的大月支，然後征服了樓蘭、烏孫、呼揭

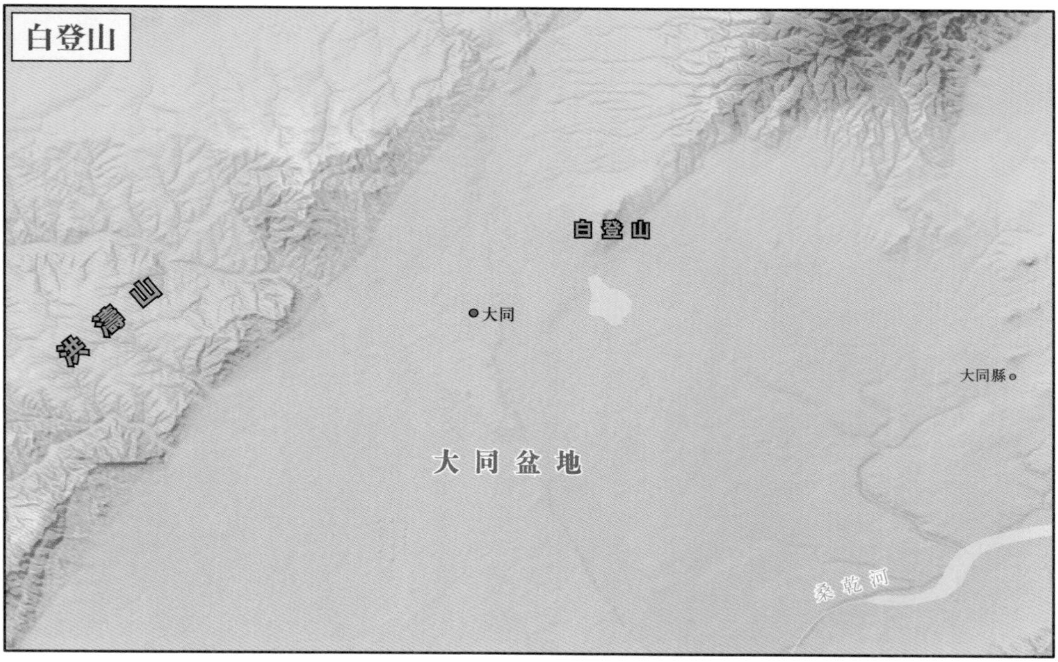

等二十餘國，控制西域大部分地區，以及北方的許多小部落，建立一個南至河套、北抵貝加爾湖、東達遼河、西至蔥嶺的超級大帝國。而此時的漢朝呢？版圖僅限於關中、巴蜀、河南、河北、山東、兩淮、荊襄、江南，嶺南已自立為南越國，更何況整個漢朝的函谷關以東都封給了諸侯王，如果硬碰硬，凶多吉少。劉邦再三權衡，最終妥協，不得已採取和親政策，以換取短暫的和平。

劉邦死後，惠帝劉盈繼位，但實際大權在太后呂雉手上。對內，呂雉是個心狠手辣的人，殺功臣，把以前劉邦的寵妃戚夫人做成人彘，眼都不眨一下。但對待匈奴的問題，卻一樣隱忍。

劉邦剛死時，冒頓借弔唁之機，寫了一封信給呂雉：「孤僨之君，生於沮澤之中，長於平野牛馬之域，數至邊境，願遊中國。陛下獨立，孤僨獨居。兩主不樂，無以自虞，願以所有，易其所無。」堂堂一國太后被這樣調戲，簡直是奇恥大辱，大臣們都看不下去，要出兵攻打匈奴。呂雉思慮再三，覺得還是不能得罪匈奴，於是回了一封信：「單于不忘弊邑，賜之以書，弊邑恐懼。退而自圖，年老氣衰，髮齒墮落，行步失度，單于過聽，不足以自汙。弊邑無罪，宜在見赦。竊有御車二乘，馬二駟，以奉常駕。」又派人送去宗室之女，以及車馬錢糧無數，繼續和親。

呂后掌權時，雖然大肆屠殺功臣，也殺了劉邦好幾個兒子，大力提拔呂氏家族的人，但對待匈奴繼續走劉邦的和親之路。在國內，呂雉廢除秦朝法家治國方針，採用黃老之學，休養生息。緊接著的文景之治，同樣以黃老之學治國，與民休息。文、景兩朝後，漢朝積攢了大量財富。尤其是景帝時期，雖然發生七國之亂，是一場大危機，但最終將其平定，並借此削弱諸侯王勢力，加強中央集權，使漢朝的實力大大增強。這時江山傳到了武帝手上，武帝不同於祖上，是個有擴張欲望的人，何況靠著祖宗積累下來的財富，他也有擴張的資本。於是在一番精心準備後，武帝打算教訓一下匈奴。

對外擴張前，武帝需要做兩件事。第一件是推恩令，削弱諸侯王的勢力，把全國的財富集中到中央；第二件是「罷黜百家，獨尊儒術」，從思想上加強人們對王權的順從。秦國用法家的方式加強君王的實力，但在思想上沒有解決人們對君王合法性的懷疑。董仲舒的儒家思想已經不是先秦時期的儒家，先秦時的儒家講究「民為貴，社稷次之，君為輕」，董仲舒強調的是「君權神授」和「三綱五常」。事實上，董仲舒的思想和商鞅一脈相承，都是強調君權，削弱民權，只不過一個從制度上用嚴刑峻法讓人們不得不接受，一個從思想上讓人們心甘情願接受。二者目的都是加強中央集權，加強統一。到這個時候，黃老之學的無為而治自然就被武帝扔到一邊去了。

有了這兩樣東西保駕護航，漢武帝就準備開疆拓土了。特別是北邊的匈奴，他的存在就是時時提醒著大漢王朝的恥辱。

經過和匈奴的幾場戰役後，漢武帝發現，因為有河套地區做跳板，匈奴南下劫掠太容易。於是他的第一個目標就是奪取河套地區。

西元前一二七年，漢武帝派大將軍衛青出擊匈奴，他採取迂迴的方式，先包抄匈奴人的後路，切斷河套與匈奴王庭（今外蒙古首都烏蘭巴托）的聯繫，然後南下反攻，一舉擊破河套地區的匈奴軍隊，占領河套。

河套易主，不但去掉了匈奴人南下侵擾的跳板，而且成為漢人進攻匈奴人的前線陣地。從此以後，在戰場上漢人節節勝利，連續收復陰山以南的數座城池，把匈奴人趕到陰山以北。唐朝詩人王昌齡說：「但使龍城飛將在，不教胡馬度陰山。」龍城飛將指的是李廣，抗擊匈奴的名將；陰山以北就是沙漠，把胡人趕出陰山，就意味著中原農耕文明的勝利。

但匈奴人的元氣並未受損，如果不徹底擊垮，還是會隨時南下侵擾。漢武帝想要徹底打垮匈奴，永保北方邊境的安寧，必須尋求盟友，這時他想到了大月氏國。

大月氏原本生活在河西走廊，後來被匈奴人擊敗，逃到西域。漢武帝從俘虜的匈奴人口中得知，大月氏一直想向匈奴人報仇，武帝就想到與大月氏聯合，左右夾擊匈奴。

可是，往西域的道路必須經過河西走廊，河西走廊已經被匈奴人占據，要想與西域取得聯繫，就得先打通河西走廊。

第十三章

河西走廊

從關中的蕭關出來後，沿著山谷往西，過黃河，左邊是高聳入雲的祁連山，右邊是一望無際的大沙漠，只有中間一條幾十公里寬的通道。在這條通道上，土地肥沃，水草豐美，因為在黃河以西，稱為河西走廊。

祁連山是青藏高原的北端，海拔四千公尺以上，綿延一千多公里，從甘肅的蘭州一直延伸到天山的腳下。北邊是匈奴人，南邊是羌人，祁連山的存在恰好阻隔了兩大蠻族的結合。祁連山頂終年積雪，融化的雪水滋養了山下的一片綠洲，就是河西走廊。雪水順山而下，形成無數條流淌在河西走廊上的河流，其中最大的一條就是弱水。

弱水從祁連山而下，一路穿山越嶺，西流至酒泉附近後北上，穿過浩瀚的沙漠，時隱時現，沿途孕育出點點綠洲，最後注入額濟納旗

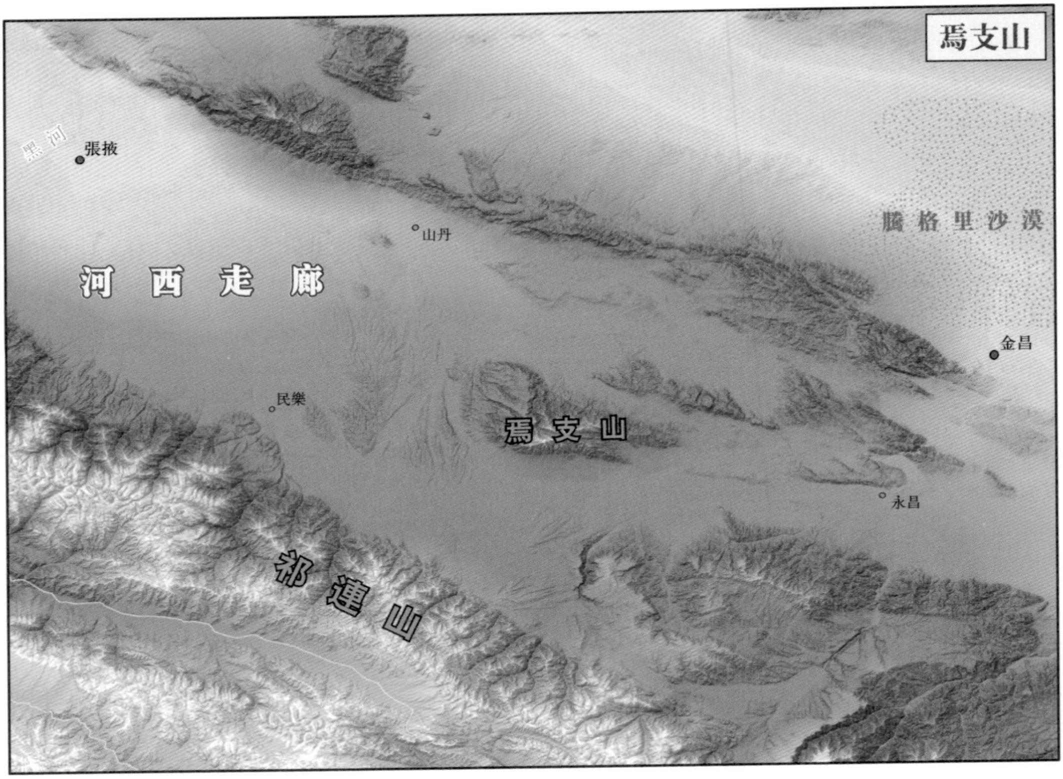

的兩個湖泊。《山海經》說：「（崑崙之丘）其下有弱水之淵。」《後漢書》記載：「（大秦國）西有弱水、流沙。」指的就是這裡，古人曾把祁連山稱為崑崙山。《西遊記》第二十二回描寫流沙河時這樣形容：「八百流沙界，三千弱水深。鵝毛飄不起，蘆花定底沉。」古人稱河西走廊以北這片沙漠為流沙，顧名思義就是流動的沙漠。至於弱水，古人認為不能載舟的水是因為水弱，所以稱弱水，實際上是河水太險，不能行船。沙漠裡的河流，時隱時現，一會兒在地面上，一會兒鑽到地底下形成暗河，當然不能行船。後來我們常用弱水比喻愛情，比如《紅樓夢》說：「任憑弱水三千，我只取一瓢飲。」

河西走廊的中間有座山峰，叫做焉支山，產一種紅花，抹在女人臉上很好看，於是匈奴

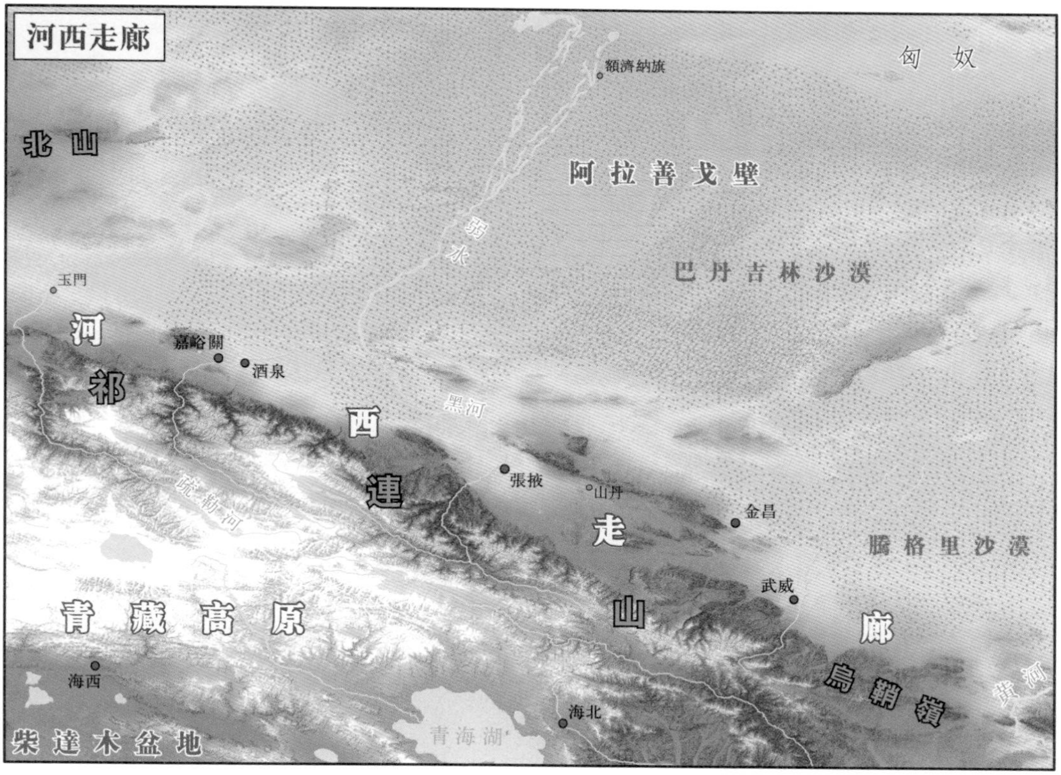

人把這種花叫胭脂，也把好看的女子叫閼氏，像單于的老婆就叫閼氏。焉支、胭脂、閼氏都是音譯詞，寫法不同，字音相同，意思也一樣。

匈奴人失去河套後，只剩河西走廊可以種糧食，對匈奴來說意義重大，漢武帝要奪取河西走廊，自然不是一件容易的事。但當時的漢朝和劉邦時期的漢朝已不可同日而語。

西元前一二一年，漢武帝派大將霍去病兩次從隴西（甘肅臨洮）出發，進攻河西。第一次，霍去病越過焉支山，向西五百公里，殺敵九千人；第二次，霍去病沿弱水北上，越過居延海（內蒙古額濟納旗，弱水的終點），深入大漠一千公里，殲敵三萬多。霍去病像開外掛一樣，在河西來去穿梭，如入無人之境。兩次大仗，沉重打擊了匈奴人的士氣。匈奴單于伊稚斜很生氣，要懲罰駐守河西走廊的首領渾邪王，渾邪王心想，我不能等死呀！乾脆帶著人和土地向大漢投降。匈奴人聽到這個消息後一片哀嚎，還作了一首歌：「亡我祁連山，使我六畜不蕃息；失我焉支山，使我婦女無顏色。」

過了兩年，霍去病和他的舅舅衛青兩人深入漠北，向匈奴王庭發起總攻擊。衛青打敗伊稚斜，伊稚斜突圍，向北逃竄；衛青追擊，不見敵軍；李廣迷路，未能參戰，羞愧自殺。霍去病深入沙漠一千多公里，殺敵七萬，封狼居胥。狼居胥山位於匈奴王庭旁，霍去病在這裡慶祝勝利。南宋詞人辛棄疾〈永遇樂．京口北固亭懷古〉裡說：「元嘉草草，封狼居胥，贏得倉皇北顧。」就是拿霍去病的事激勵後人，封狼居胥成為後來歷代武將的最高榮譽。這一戰，匈奴人元氣大傷，從此退居漠北，休養生息，河西走廊正式納入大漢朝的版圖。

漢朝在河西走廊設了四個郡，即武威、張掖、酒泉、敦煌。南北朝時期，張掖改名為甘州；隋朝時，酒泉改名為肅州，甘肅實際上是張掖和酒泉的合稱，河西走廊和隴右合起來就是古時的涼州。對漢朝來說，占據河西走廊有三個作用：

第一，獲取軍馬產地。

中國的腹地不產馬，從周朝開始，中國的馬主要來自一個地方——隴右（天水一帶）。秦國的始祖正是養馬有功才封了附庸，隴西也是秦人最早的根據地。春秋時，主要是車戰，其中重要的原因就是馬匹金貴。到了戰國，戰爭規模擴大，戰車的作用減小，但騎兵還是補充，步兵占了主導，也是因為馬匹金貴。漢武帝時期，開始鼓勵民間養馬，因為他意識到用步兵和匈奴人作戰，無論如何是打不贏的，在山地還可以應付，在平原吃虧無疑，如果要深入大漠，肯定是有去無回。騎兵的優勢就是，我想打你的時候就衝過來，你想打的時候我就跑了，你還追不上。漢武帝發現想戰勝匈奴人，就得以其人之道還治其人之身。這也是漢武帝後來對大宛馬耿耿於懷的原因，有好馬才能打勝仗。鼓勵民間養馬只能解決一部分問題，中原地區畢竟沒有草原，奪取了河套地區後，替漢朝增加一個馬匹來源。占領河西走廊後，更是如虎添翼，因為這裡也是良馬的產地。直到現在，還是軍馬產地，祁連山下的山丹軍馬場是目前全世界最大的軍馬場。從西元前一二一年霍去病的時代算起，養馬歷史已有二千一百多年。

第二，阻斷青藏高原的羌人和北方游牧民族的聯繫。

羌人顧名思義就是放羊的人，是游牧民族，同時是善戰的民族。長期以來，絕大部分羌人都活躍在青藏高原，受高原的氣候和資源影響，羌人的發展十分緩慢。唐朝時，松贊干布統一西藏，一時強大起來，連唐朝都不得不和他和親。宋朝時，有一支羌人（黨項羌）越過祁連山，來到賀蘭山下的寧夏平原，建立西夏國，西夏雖小，但連北宋都拿他沒辦法，最後是被蒙古人所滅。可以想像，如果沒有河西走廊，高原上的羌人和草原上的胡人連成一片，對中原王朝華夏文明就是致命的威脅。羌人後來從游牧轉變為農耕，並且引入佛教，才變得溫和不好戰，於是形成了今天的藏族。

第三，打通去往西域的道路。

祁連山的南邊是青藏高原，地形險惡，山頂終年積雪；北邊是一望無際的大沙漠。從中原的腹地前往西域，只有這一條路可走。直到今天，我們要去新疆，除了坐飛機過去之外，

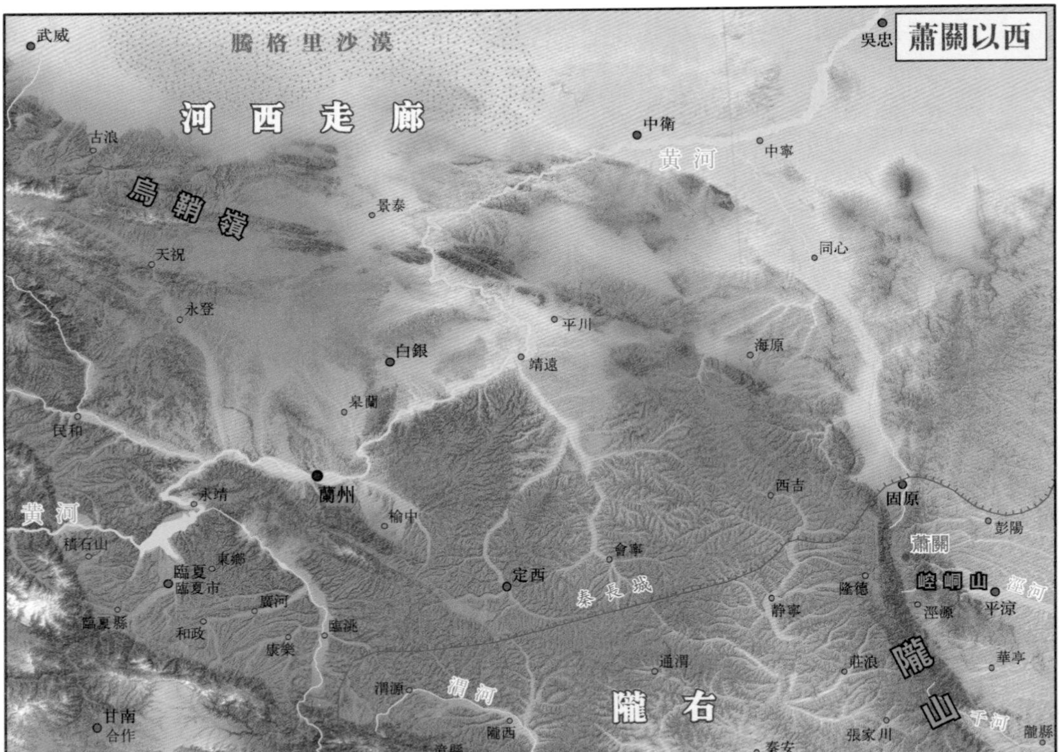

只有這條路可走。漢武帝時期，往西域的道路更是別無選擇。占領河西走廊後，還有一個意想不到的收穫，河西走廊的西端連著天山，正好切斷匈奴與西域諸國的聯繫，真是一舉兩得。

河西走廊和漢朝其他地方不僅文化不同，人種也不同。最早是烏孫人和月氏人，後來月氏人把烏孫人趕走，占據整個河西走廊。緊接著匈奴人又把月氏人趕走，幫烏孫人復國，等於替烏孫人報仇。被趕走的月氏人稱為大月氏，留下來沒走的稱為小月氏。漢人來的時候，這個地方人種混雜，有烏孫人、月氏人、匈奴人和羌人。

烏孫和月氏屬於白種人，羌人和漢人屬黃種人。匈奴自稱是黃帝後裔，那是故意往臉上貼金。匈奴是犬戎的一支，最早在陝西北部，

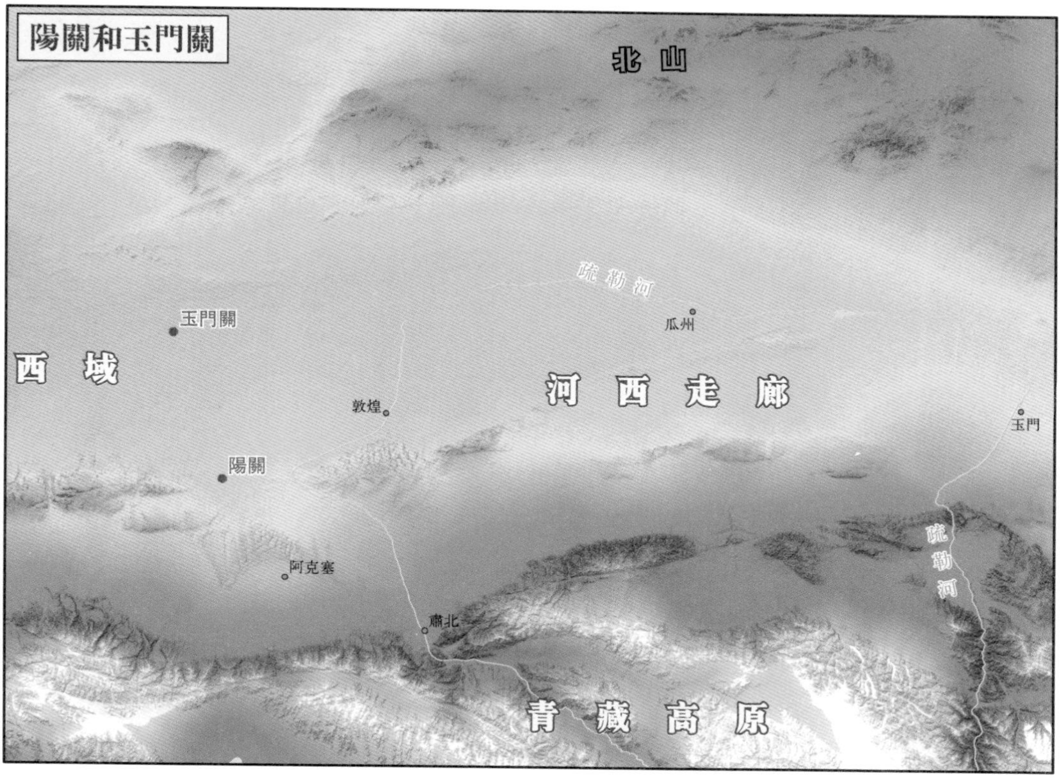

陽關和玉門關

和華夏族應該是近親。後來在秦國的不斷打壓下，逐漸逃到北方的草原，並融合其他的戎狄部族。等到匈奴人在北方草原強大時，實際上已經不是一個單純的民族，而是融合各個民族的混合體。

在匈奴人眼裡，河西走廊是塞外江南，但在漢人眼裡，這裡人文習俗和自然風光與中原大不相同。唐朝詩人到了這裡，總要發出一番蒼涼悲壯的感慨。像王維的「大漠孤煙直，長河落日圓。」說的就是他出蕭關後，西渡黃河，來到河西走廊看到的情景。還有王翰的〈涼州詞〉：「葡萄美酒夜光杯，欲飲琵琶馬上催。醉臥沙場君莫笑，古來征戰幾人回？」涼州指的是河西走廊和隴右，葡萄酒、夜光杯、琵琶都是翻譯過來的詞語，原本都是胡人用的東西，透過河西走廊傳到中土。王之渙的「羌笛何須怨楊柳，春風不度玉門關。」和王維的「勸君更盡一杯酒，西出陽關無故人。」說的都是這裡。陽關和玉門關都在敦煌郡，處於河西走廊的最西端，出了這裡就是西域，就是到了另一個世界，不知何年何月才能相見呢！

總結下來，漢人對匈奴主要有三大戰役：河套之戰、河西之戰、漠北之戰。漢人三戰定乾坤，從對匈奴的劣勢轉為強勢。

收復河套是拆掉匈奴人南下的跳板；占領河西走廊是端掉了匈奴人的糧倉，更重要的是，打通了去西域的道路。下一步，漢武帝就要向西域出發了。

第十四章 西域

玉門關、陽關以西，古代稱為西域。西域由北到南有三座大的山脈：最北邊的阿爾泰山、中間的天山、南邊的崑崙山。崑崙山以南就是青藏高原，三座山脈中間夾著兩個盆地：天山以北是準噶爾盆地，天山以南是塔里木盆地，盆地中間是杳無人煙的沙漠。天山和崑崙山終年積雪，無數的冰川融化成河水從山上流下來，注入沙漠，在山腳下滋養出一個又一個綠洲。漢朝時，每一個綠洲就是一個古國，當時稱為西域三十六國，實際的數量應該更多。

西域諸國以天山為界，分為南北兩部分，其中絕大部分分布在天山以南的塔里木盆地周邊。塔里木盆地南緣有且末、小宛、精絕、扜彌、于闐、皮山、莎車等國，稱為「南道諸國」；盆地的北緣有危須、焉耆、尉犁、烏壘、龜茲、姑墨、溫宿、尉頭、疏勒等國，稱為「北道諸國」；盆地西南、蔥嶺（帕米爾高原）一帶有蒲犁、無雷等國；盆地東端有車師、樓蘭（後稱鄯善）等國。這些國家語言不一，習俗各異，互不統屬，人口少則幾百，多則數萬，一般為幾千人到二、三萬人，龜茲人口最多，有八萬人。

早在攻打匈奴之前，漢武帝就派張騫到西域尋找大月氏國結盟，希望共同對付匈奴。張騫剛到河西走廊就被匈奴人抓走，匈奴人對張騫說：「月氏在我的後方，漢人怎麼能去？假如我要派使節到南越去，你們漢人能答應嗎？」於是就把張騫扣下，這一扣就是十年。十年後，張騫趁匈奴人放鬆警戒時逃了出來。等他歷經千辛萬苦進入西域，才聽說大月氏又換了地方。

大月氏從河西走廊被匈奴人打敗後，先遷到天山北邊的伊犁河谷，這裡有一片牧場，水草豐美；後來在匈奴的支持下，烏孫人打了過來，占領伊犁河谷，大月氏繼續南遷。烏孫人在河西走廊時，占據的僅是走廊的西端敦煌這一帶，現在有多大呢？天山以北幾乎全是他的！從烏孫後人（現在的哈薩克人）居住的地方想像一下，除了哈薩克外，還包括中國的哈薩克族、俄羅斯的哈薩克族所占據的地方。大月氏被趕出伊犂河谷後繼續南下，發現一個叫大夏的國家，於是把大夏滅了，在那裡落腳，重建家園，這個地方就是今天阿富汗所在地。

張騫到了車師國（吐魯番，天山南麓），聽到這個消息後，就沒有向北翻越天山，而是沿著天山南麓走，一路經過焉耆、庫車、疏勒，前面就是帕米爾高原（蔥嶺）了。

「帕米爾」是塔吉克語「世界屋脊」的意思，亞洲最大的幾座山脈都匯集於此：喜馬拉雅山脈、崑崙山脈、天山天脈。應該這麼說，整個歐亞大陸上，帕米爾就是屋頂，正是這個屋頂阻擋了東西方的交流。高原的東邊，天山以北是伊犂河谷和準噶爾盆地，以南是塔里木盆地；高原的西邊是阿姆河和錫爾河滋潤的「河中地區」和費爾干納盆地。高原上冰雪皚皚，寒風刺骨；人煙稀少，道路不通。張騫要走過這裡，可以想像難度有多大，這一趟下來，隨行的人員就死了不少。

張騫歷盡艱辛，翻過了帕米爾高原後，到達費爾干納盆地，發現一個國家，就是大宛（今烏茲別克斯坦境內）。張騫向大宛國王說明此行的目的，希望大宛國提供幫助，將來大漢國一定會重謝。大宛國早就聽說大漢很富有，也想和漢朝交往，但一直迫於匈奴的壓力，沒有成行。張騫這一來，大宛國很高興，熱情款待了張騫一行人，還派了嚮導和翻譯給他們。大宛並沒有和大月氏接壤，只能把他們送到西

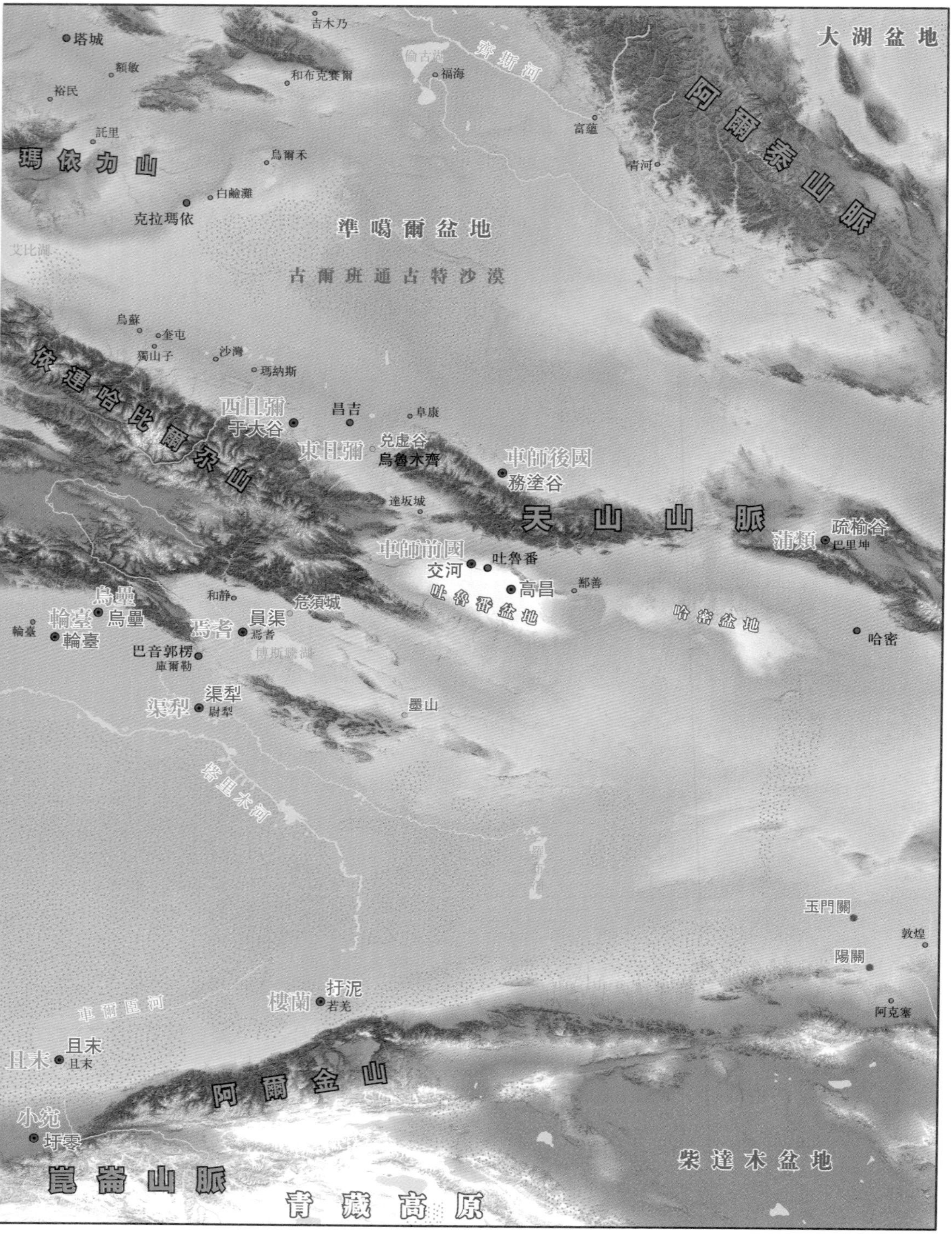
吉木乃
塔城
大湖盆地
額敏
和布克賽爾
福海
齊斯河
裕民
阿爾泰山脈
託里
富蘊
瑪依力山
烏爾禾
青河
白鹼灘
克拉瑪依
準噶爾盆地
古爾班通古特沙漠
烏蘇
奎屯
獨山子
沙灣
瑪納斯
依連哈比爾尕山
西且彌
于大谷
昌吉
阜康
兌虛谷
東且彌
烏魯木齊
車師後國
務塗谷
達坂城
天山山脈
疏榆谷
蒲類
巴里坤
車師前國
吐魯番
交河
高昌
鄯善
吐魯番盆地
哈密盆地
烏壘
和靜
危須城
輪臺
烏壘
員渠
焉耆
焉耆
哈密
輪臺
輪臺
巴音郭楞
庫爾勒
渠犁
渠犁
尉犁
墨山
塔里木河
玉門關
敦煌
陽關
打泥
樓蘭
若羌
車爾臣河
阿克塞
且末
且末
且末
阿爾金山
小宛
圩零
柴達木盆地
崑崙山脈
青藏高原

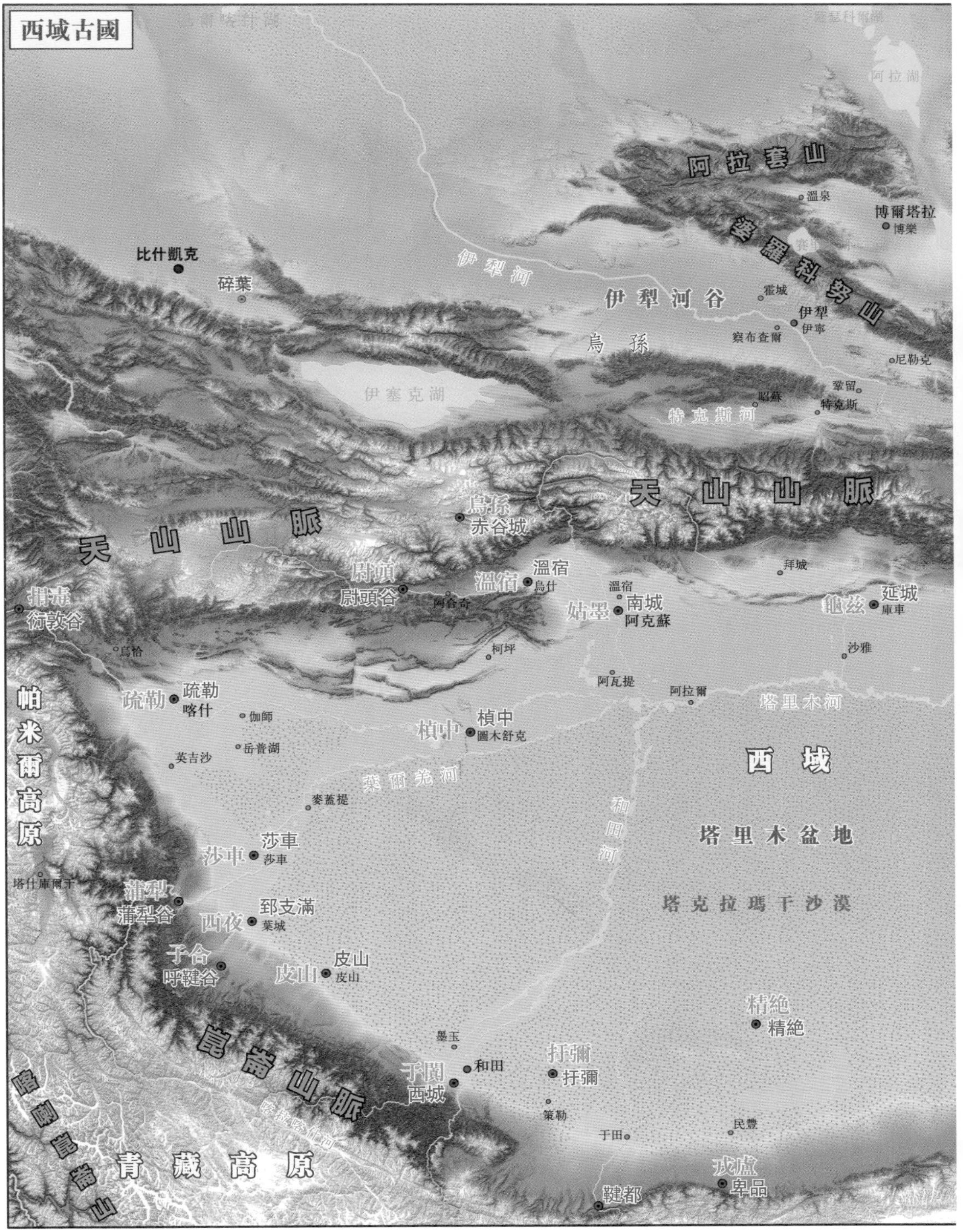
西域古國
阿拉套山
溫泉
博爾塔拉
博樂
婆羅科努山
比什凱克
碎葉
伊犁河
伊犁河谷
霍城
伊犁
伊寧
察布查爾
烏孫
尼勒克
伊塞克湖
鞏留
昭蘇
特克斯
特克斯河
天山山脈
烏孫
赤谷城
天山山脈
溫宿
溫宿
烏什
尉頭
尉頭谷
阿合奇
拜城
溫宿
姑墨
南城
阿克蘇
龜茲
延城
庫車
捐毒
衍敦谷
烏恰
柯坪
沙雅
阿瓦提
阿拉爾
塔里木河
帕米爾高原
疏勒
疏勒
喀什
伽師
楨中
楨中
圖木舒克
岳普湖
英吉沙
葉爾羌河
西域
麥蓋提
和田河
塔里木盆地
莎車
莎車
莎車
塔什庫爾干
蒲犁
蒲犁谷
西夜
郅支滿
葉城
塔克拉瑪干沙漠
子合
呼犍谷
皮山
皮山
皮山
精絕
精絕
墨玉
崑崙山脈
扜彌
扜彌
于闐
和田
西城
策勒
民豐
于田
喀喇崑崙山
青藏高原
戎盧
卑品
鞬都

邊的康居國。同樣的，康居國王一聽是大漢使臣，趕緊好酒好菜招待，然後派人把他們送到南面的大月氏。

十年前，從長安出發，歷經千辛萬苦，一路風餐露宿，張騫終於找到了傳說中的大月氏國。但讓他失望的是，大月氏國不想向匈奴人報仇了，哪怕是他們先王的腦袋曾經被匈奴人當尿壺。這是為什麼呢？因為他們占了一個好位置。大月氏搶的是大夏國的地盤，在媯水（阿姆河）的上游，水草豐美，氣候又好。就是前面提到的河中地區，帕米爾是整個歐亞大陸的分水嶺，離帕米爾最近、最富饒的土地就是河中地區。河西走廊也好，西域也好，最大的特點就是乾冷，原因是青藏高原擋住了從印度洋上吹來的暖溼氣流。而大月氏現在占據的河中地區，南面的興都庫什山是中亞地區最高大、地形最複雜的山脈（賓拉登的游擊隊就活躍在這一片山地），同樣阻擋了來自印度洋的水氣；但從這裡往西則是一馬平川，來自大西洋的水氣在盛行西風的作用下可

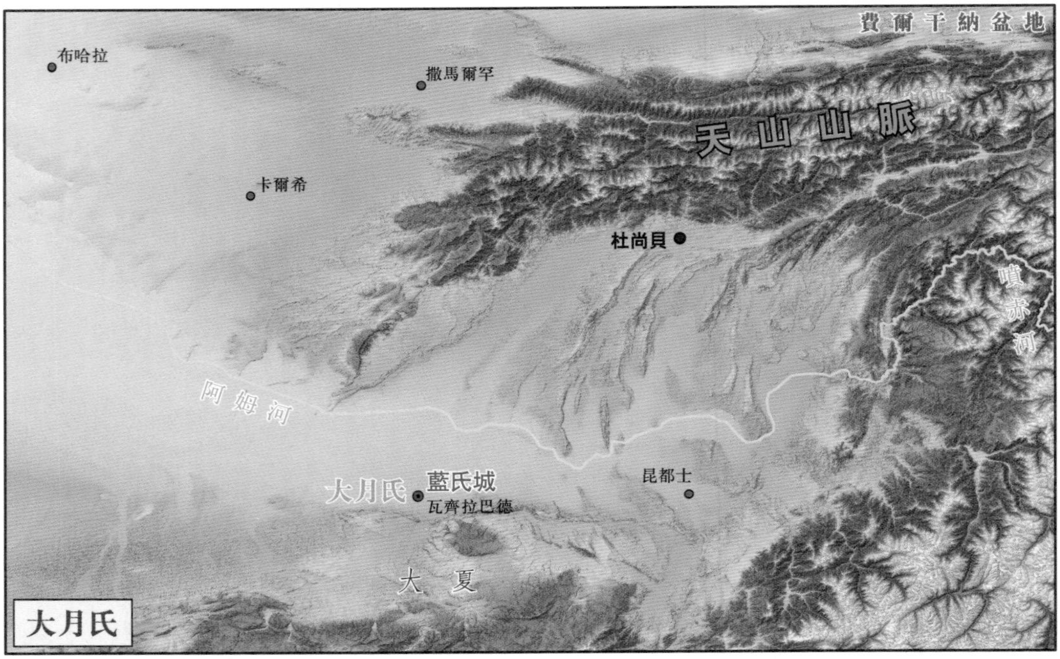

大月氏

以長驅直入，就是俗稱的「大西洋的最後一滴眼淚」。這裡的環境遠遠好過河西走廊和西域，更何況如果要去找匈奴報仇，還要千辛萬苦翻過帕米爾高原，穿過西域的茫茫大漠，九死一生，不切實際。

大月氏這麼考慮也有道理，這個地方確實比河西走廊要好，有發展前景。事實證明如此，大月氏國內部分別由休密、雙靡、貴霜、肸頓、都密五部翕侯管理，其中的貴霜後來統一了北到中亞、南到印度的大片土地，建立強大的貴霜帝國，還控制了大宛和康居，但向漢朝一直自稱為大月氏。當然，這是後話。

張騫不死心，在大月氏待了一年多，苦口婆心，大月氏還是不為所動，沒辦法，也算是個結果吧，準備回漢朝了。張騫去的時候沿著天山腳下走，結果被匈奴人抓了；回來時，他想如果沿著南邊的崑崙山腳下走，就不會碰到匈奴人了。於是再次翻過帕米爾高原，沿著崑崙山北麓走，經過莎車、于闐（今和田）、精絕，到了樓蘭。過了樓蘭後，到達羌人的地盤，以為安全了，沒想到還是在那裡碰見匈奴騎兵，於是又被抓了。張騫不知道當時正是匈奴氣勢正旺的時候，羌人也歸附了匈奴。

這一關又是一年多，張騫趁匈奴內亂跑了出來，逃回長安。從離開長安那天算起到回來，前後十三年，去的時候一百多人，回來只剩他和堂邑父兩個人。

張騫出使西域，雖然沒達成和大月氏結盟的目的，但帶回大量有關西域的資訊。正是這些資訊讓漢武帝大開眼界，下定決心要打通西域。五年後，漢人攻占了河西走廊；又過了兩年，漢武帝再派張騫出使西域，想拉攏其他國家共同對抗匈奴，即使不能成為漢朝的朋友，至少不要成為匈奴的朋友。這時匈奴經過漠北之戰，雖然傷了元氣，但實力還在。最關鍵的是，西域諸國還聽命於匈奴，源源不斷向匈奴上交糧食和稅收，要不了幾年，匈奴人吸足了西域各國的血，就會恢復元氣，捲土重來。而漢朝，經過連年的戰爭，國力已經吃緊。

第二次出使西域，主要是外交和貿易上的成果。張騫和副使幾乎到達了西域所有的國家，最遠還到過安息（今伊朗），這些國家都派出使者來漢朝。於是各國的使者在這條道路上來往不絕，商貿隨之發展起來。漢朝帶出去的商品主要是絲綢，這條路就被稱為絲綢之路，替漢朝帶來了巨大利潤，緩解了國庫空虛的危機。

匈奴人一看，好傢伙，在我眼皮底下玩得挺熱鬧。不行，我得阻止，這樣下去西域還是我的嗎？於是匈奴人開始唆使一些國家搞破壞。

比如最東邊的樓蘭和車師，在匈奴人的唆使下，經常殺漢朝使者，搶劫商隊，成為西域路上嚴重的障礙。漢武帝派趙破奴、王恢率七百輕騎突襲，大破樓蘭，後來又派趙破奴率兵平定車師。至此，西域東部安寧。

至於烏孫，漢武帝一開始想讓烏孫回河西走廊，烏孫不肯，只好採取和親政策。經過兩次和親後，烏孫逐漸倒向漢朝，等於斷掉匈奴人的右臂。和親看似不費一兵一卒，只需要一個女人。可對於一個國家來說，這是臉面問題，讓自己的女人去受苦，還叫什麼強國？烏孫和匈奴風俗一樣，老單于一死，他的女人都要嫁給小單于。當然，不是親媽，是後媽。但這個漢人也受不了，這不是亂倫嗎？其中有位細君公主就碰到了這個問題，她寫信向漢武帝求救，沒想到一向霸氣的漢武帝竟然這樣回答：入鄉隨俗。沒辦法，這個時候還不能和烏孫翻臉，漢朝還需要他在西邊牽制匈奴。

大宛國最吸引人的是大宛馬，也叫汗血寶馬。漢武帝想得到汗血馬，就派使者帶了大量金銀玉帛去換，結果大宛國聽命於匈奴，不換，還把使者殺了。漢武帝大怒，派李廣利率兵西征。

李廣利是什麼人呢？「北方有佳人，絕世而獨立。一顧傾人城，再顧傾人國。寧不知傾城與傾國，佳人難再得。」這首詩是五言詩的雛形，也可以說是五言詩的鼻祖。作者是李延年，詩裡的主人公是李延年的妹妹。正是因為這首詩，李延年的妹妹入了宮，成為漢武帝的寵妃，李延年成了寵臣。李延年還有個哥哥，就是李廣利，兩人都是沾了妹妹的光。

李廣利被封為貳師將軍，西征大宛。我們可以想像

一下，從長安到大宛，萬里跋涉，勞師遠征，這是兵家大忌啊！果然，李廣利帶著三萬漢軍，穿過河西走廊，進入西域後，一些小國紛紛警惕起來，做好了應戰準備，又發現漢軍不是來攻打自己，才鬆了一口氣。但他們又懼怕匈奴的威脅，全部關閉城門，拒絕提供糧草。三萬漢軍翻過帕米高原時，已經餓死了一大半，然後進入大宛，攻打郁成城又損兵折將，久攻不下，只好撤退。等他們回到敦煌時，已過了兩年，三萬漢軍只剩下三千人，一個個瘦弱不堪。

漢武帝大怒，不許李廣利進玉門關，又徵調十萬騎兵給李廣利，讓他第二次西征大宛，還派了幾十萬的後勤部隊替李廣利運糧。這一次，西域各國的態度忽然來了個一百八十度大轉彎，紛紛開城送糧。但當中也有一個例外，就是西域中部的大國——輪臺，和上次一樣準備迎戰。李廣利下令屠城，輪臺估計有三萬人，被殺得一個不剩。後來漢朝為什麼在輪臺設立都護府統管西域各國？就是因為這裡大換血，全部是漢人，好管理。剩下的小國都被震懾住了，無一不簞食壺漿，以迎王師。李廣利順利到達了大宛，經過四十天苦戰，大宛投降。李廣利殺掉大宛國王，另立一個聽話的國王，大宛臣服。西域各國聽說漢朝征服了大宛，十分震驚，紛紛遣使入漢，還把兒子留在漢朝做人質，表示臣服。

漢朝在輪臺設置西域都護府，管理玉門關以西諸國。從此，西域納入漢朝版圖。漢這個朝代的稱號變成一個民族的稱號。之前一直稱華夏人，從這時候開始稱漢人了。漢人控制西域後，開始往這裡大量移民，西域成為世界上最早的民族大融爐。在漢朝的擠壓下，匈奴的生存空間愈來愈小，一直退居漠北休養生息。後來經過內部鬥爭，五單于爭位，最終分裂為南北兩個匈奴。北匈奴郅支單于占據王庭，南匈奴呼韓邪單于南下投靠漢朝，後來娶了王昭君，歸順後被安置在河套地區。郅支單于痛恨漢朝幫助自己的弟弟，又害怕漢朝的攻擊，就西遷到了康居。

郅支單于一到康居，又為西域帶來很多不穩定的因素，時不時派兵欺侮一下康居、烏孫、大宛，還要他們向匈奴進貢，這些小國不敢反抗，只能向漢朝求救，漢朝派出的使者經常被殺。

這時是漢元帝時期，漢朝已經不像武帝時期那樣強悍，西域都護甘延壽拿匈奴沒轍。這時一個名叫陳湯的人奉命出使到西域，擔任西域副校尉，他觀察西域的形勢，對甘延壽說：「如果等匈奴人拿下烏孫、大宛，後果不堪設想，所有西域小國都會倒向匈奴。匈奴人傳統上擅長劫掠，並不擅長守城，如果我們調用屯田的漢軍，再加上烏孫國的士兵，直接攻城，他們跑都沒地方跑。」甘延壽覺得有道理，就想把這個想法上奏朝廷，但恰好他生病了。於是陳湯假傳聖旨，調動了西域各國的士兵和漢朝屯田的士兵，等甘延壽想阻止時已經來不及，部隊已經集結，只好跟著一起去打匈奴。

陳湯調集四萬多人，全殲郅支單于部隊，從此匈奴做為一個國家退出了歷史舞臺。從漢初開始到這個時候，北方匈奴的邊患才算徹底解除（後來五胡亂華的匈奴是南匈奴，已經漢化）。陳湯打敗匈奴時說了一句彪炳千古的話：「犯強漢者，雖遠必誅！」但陳湯因假傳聖旨，再加上搜羅了匈奴人很多財寶且據為己有，遭到朝廷很多人攻擊，後來一直過得不順，晚景很淒涼。

西漢末年，王莽篡權，國內大亂，西域一度失控。後來東漢派班超出使西域，平定動亂。但到了三國時期，群雄割據，再次丟失西域。不過好在司馬氏收拾殘局，逐漸收復西域。

北匈奴退出歷史舞臺後，北方草原上出現了權力真空，原先被匈奴人一直壓制的鮮卑人迅速崛起。鮮卑裡有幾個較大的部落，如拓跋氏、慕容氏、宇文氏等。一部分鮮卑人南下，加上原來在長城一帶的南匈奴，以及羌族、氐族、羯族，形成了五胡亂華的大亂世。最後是鮮卑拓跋部建立的北魏統一了北方，包括西域。另一部分鮮卑人繼續留在草原上，就是柔然。北魏和柔然同屬鮮卑人，北魏漢化後，視他們的同族柔然人為野蠻人，結果兩國長年征戰，花木蘭代父從軍的故事就是發生在這個時候。

柔然控制了貝加爾湖，趕走那裡的高車（也稱敕勒、車勒）人。高車人向西南逃竄，跑到了阿爾泰山一帶。隨著柔然的強大，和匈奴一樣，成為一個混合各人種、各民族的混合體，下面一幫被欺壓的小兄弟，除了這個高車外，還有個阿史那部，是柔然的「打鐵奴」。高車人一心想回到貝加爾湖，主要的部落包括回鶻，在回鶻部落的帶領下，他們終於向柔然發起攻擊，一度占領漠北地區。沒想到，打鐵奴阿史那部為了保護主人，起來把回鶻人打了下去。在阿史那部的語言當中，阿爾泰山被稱為突厥，於是他們以突厥為名，建立突厥國，慢慢把柔然打下去。柔然向東逃竄，最終分成了兩部，北部的蒙兀室韋（其中有個部落叫蒙兀，即後來的蒙古）和南部的契丹。這樣一來，回鶻在突厥的統治下，回不了貝加爾湖，就在阿爾泰山一帶活動，就是西域的北部。突厥人東征西討，很快建立了一個西到高加索山，東至大興安嶺的強大帝國。自然的，這時的西域就控制在突厥人手中了。

萬幸的是，經過五胡亂華後，建立了一個偉大的朝代——唐朝。李世民東征西討，滅掉突厥，疆土的最西邊已經到達河中地區。回鶻人在唐朝的默許下，回到了貝加爾湖。這時不光是大量的漢人進入西域，西域很多胡人也進入中原，有不少胡人在朝廷裡做官，安祿山就是其中一位。佛教也在這時大量傳入西域，唐三藏的活動範圍主要就是西域，還有河中地區和天竺。突厥人被滅掉半個世紀後，在漠北死灰復燃。回鶻人在唐朝的幫助下，消滅了突厥人的殘餘勢力，建立了回鶻汗國。這時青藏高原的吐蕃興起，他們向北越過崑崙山進入西域，企圖控制那裡，西域在唐朝和吐蕃之間幾度易手。

緊接著，安史之亂爆發。身處蒙古高原的回鶻人傾全國之力幫助唐帝國，最終平定叛亂。但回鶻汗國從此衰落，吉爾吉斯人趁機滅掉回鶻汗國。回鶻人又回到西域，在高昌建立高昌回鶻汗國。這個回鶻就是現在維吾爾族的祖先，只是翻譯的名稱不同罷了。

吐蕃衰落後，中國進入混亂的五代十國時期。這時的西域三國鼎立：東部的高昌回鶻，西部的由葛邏祿與回鶻建立的喀喇汗國，以及南部的于闐國。北宋時，這三個汗國都派使者向宋朝納貢稱臣，並以漢文化代表自居。當契丹人在中國北方被女真人打敗後，逃到西域，統一了西域各部，建立了西遼。十三世紀，原本被打到大興安嶺的柔然的一部——蒙古人興起。西元一二一八年，成吉思汗派大將哲別率領兩萬騎兵征討西遼，西遼滅亡。成吉思汗死後，西域和花剌子模（帕米爾高原以西的河中地區）被封給了次子察合臺，建立了察合臺汗國。察合臺汗國滅亡後，其後裔建立了亦力把里。明朝後期國力衰弱，退守嘉峪關，西域又分裂成好幾個小國。西元一六七八年，又一支蒙古人統一了天山南北，建立了準噶爾汗國。清朝時，從康熙到乾隆不停對準噶爾用兵，最後收復了西域。西域再次納入中國版圖，因為失而復得，把這裡稱為新疆。

隨著蒙古人衰落，從金帳汗國裡獨立出來的俄羅斯公國迅速崛起，並立刻向遠東擴張，占領了西伯利亞的廣大地區，成為中國北方最大的威脅。經歷過鴉片戰爭的清朝已羸弱不堪，俄羅斯透過非法占領、武裝移民、簽定不平等條約等各種手段，先後侵吞新疆四十多萬平方公里的土地。

十九世紀中葉，中亞地區的浩罕汗國首領阿古柏，在英、俄兩國的支持下侵入新疆，占領了天山以南的喀什噶爾、葉爾羌、莎車、和田、庫爾勒等地，沙俄趁機侵占天山以北的伊犂河谷。這時的清朝，在新疆只剩下塔城等少數據點。

西元一八七七年底，左宗棠擊敗阿古柏，收復了除伊犁地區以外的全部新疆領土。隨後，中俄簽訂《伊犁條約》，清政府收回被沙俄占領長達十一年的伊犁地區。這時，新疆大部分領土都已回歸，除了帕米爾高原上一萬多平方公里的土地外，這個問題遺留至今，就是現在中國西邊和塔吉克斯坦的未定國界外的部分。

清政府收復新疆後，設新疆省，實行與本部十八省同樣的行省制度，由巡撫統管當地的軍政事務。抗戰末期，蘇俄再次介入新疆事務。蘇俄煽動當地的少數民族在伊寧成立「東突厥斯坦共和國」，就是日後各種東突恐怖組織的源頭。也有人說，正是左宗堂收復新疆後，在給朝廷上的摺子中稱「故土新歸」，於是後來建省時就以新疆命名，「新疆」由地名正式確定為一個行政區劃名稱。

第十五章

深入塞北，直抵遼東

我們先了解一下長城的走向。燕山山脈的東端，一直延伸到渤海，在燕山和渤海之間，有一條峽長的走廊，起點就是山海關，一直到錦州，再往東就到了遼河，遼河以東稱為遼東，這條走廊稱為遼西走廊。長城以山海關為起點，沿著燕山山脈，向西接上了陰山；然後南拐，接賀蘭山，將河套圍起來後，再折向西，沿著河西走廊的北沿，直到嘉峪關。

這是主流的長城走向，不同朝代略有變動。比如戰國時燕國控制了遼東，東部的長城就把遼河包進去，一直到鴨綠江；明朝時丟了河套，中部的長城跟著退縮到榆林一帶。長城是農耕民族和游牧民族的分界線，長城沿線修建了很多關塞來抵擋游牧民族的入侵，所以稱長城以北為塞北。

長城以北，西起阿爾泰山，東到大興安嶺，這部分現在稱為蒙古高原，古人稱大漠或瀚海；南邊，也就是沿長城以外，大部分是沙漠，往北是草原。大興安嶺以東，是東北平原。大興安嶺是蒙古高原和東北平原的分界線，山嶺之中有幾條常年流淌的河流，也是連接兩地的通道。其中最主要的河流就是西遼河，上游

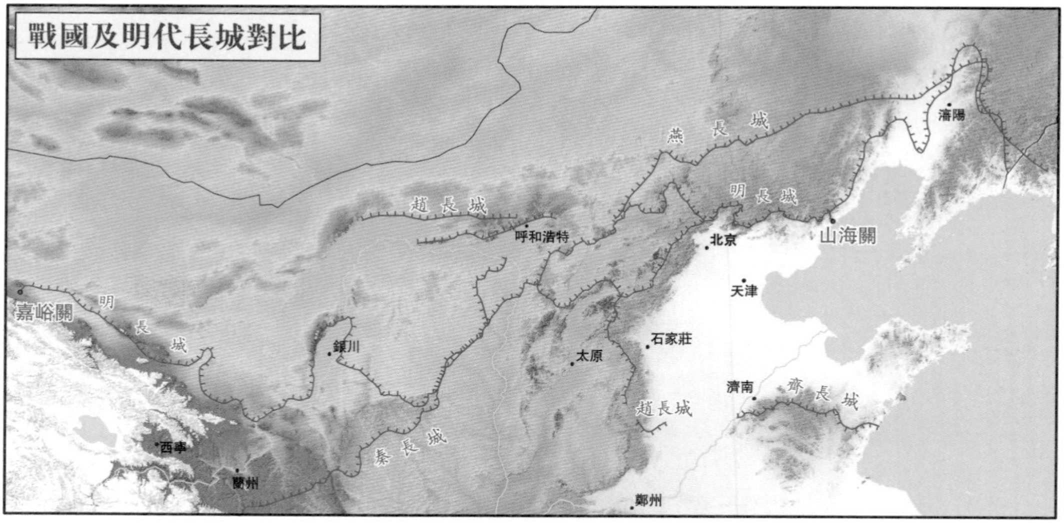

戰國及明代長城對比

稱為西拉木倫河，向西穿過大興安嶺直達蒙古高原，是草原民族進出遼東的主要通道。

商周時期，中國人對這裡一點也不了解，只知道住著一些蠻夷，甚至籠統地稱這裡為鬼方，意思就是鬼住的地方。到戰國時才發現，這裡大致生活著三個大部落：北部的匈奴，大興安嶺的東胡，以及東北的肅慎。中原華夏統稱這些人為胡人，東胡是因為在匈奴的東邊而得名。這時，身處中原北方的燕國、趙國開始修築長城，防止胡人南下而牧馬。

周朝時把中原文明地區稱為華夏，此外就是東夷、西戎、南蠻、北狄。東夷在山東和兩淮，後來逐漸融入華夏；南蠻以楚國和吳國為代表，也融入了華夏。但西戎和北狄，有一部分融入華夏，大部分被擠壓到河套和山西北部，匯入了匈奴的陣營。

應該說，匈奴不是一個民族，只是一個部落聯盟。華夏也不是一個民族，而是一個文明符號，民族的概念是近

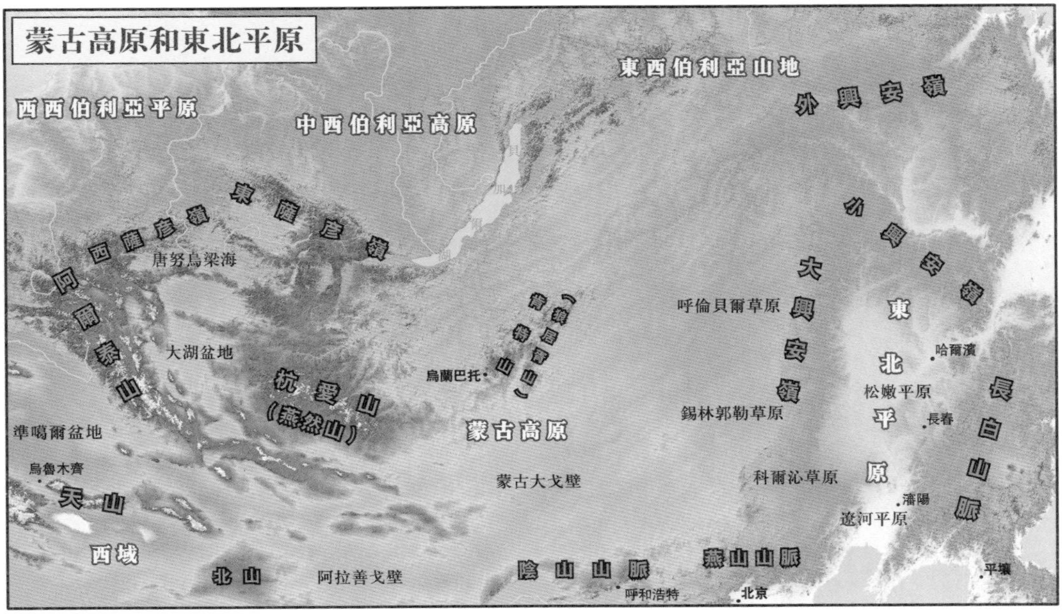

代西方人傳過來的。在此之前，中華文化從來沒有民族的概念，我們所說的族其實是指文化。比如「非我族類，其心必異」說的就是文化不同，想法肯定不一樣。典型的例子如朝鮮世宗大王推廣諺文（朝鮮的拼音文字）時，兩班官員反對理由就是：怎麼能放棄華夏正統的漢字，採用蠻夷的文字呢？當時的上層社會都用漢字，至於諺文，顧名思義，就是用口語拼寫的文字，底層人才用。中國進入春秋戰國相互滅國兼併時，匈奴人也在草原上做著同樣的事情。到戰國末期，匈奴已經統一了漠北高原，準備南下而牧馬了。

剛統一中國的秦國很強大，蒙恬用三十萬大軍大破匈奴，奪取河套，並且沿著大陰山修築長城，把匈奴人擋在長城以外。這時的匈奴日子很不好過，東面是東胡，時不時欺負他一下，西邊有月氏，南面是中國，都不好惹。但這時秦國亡

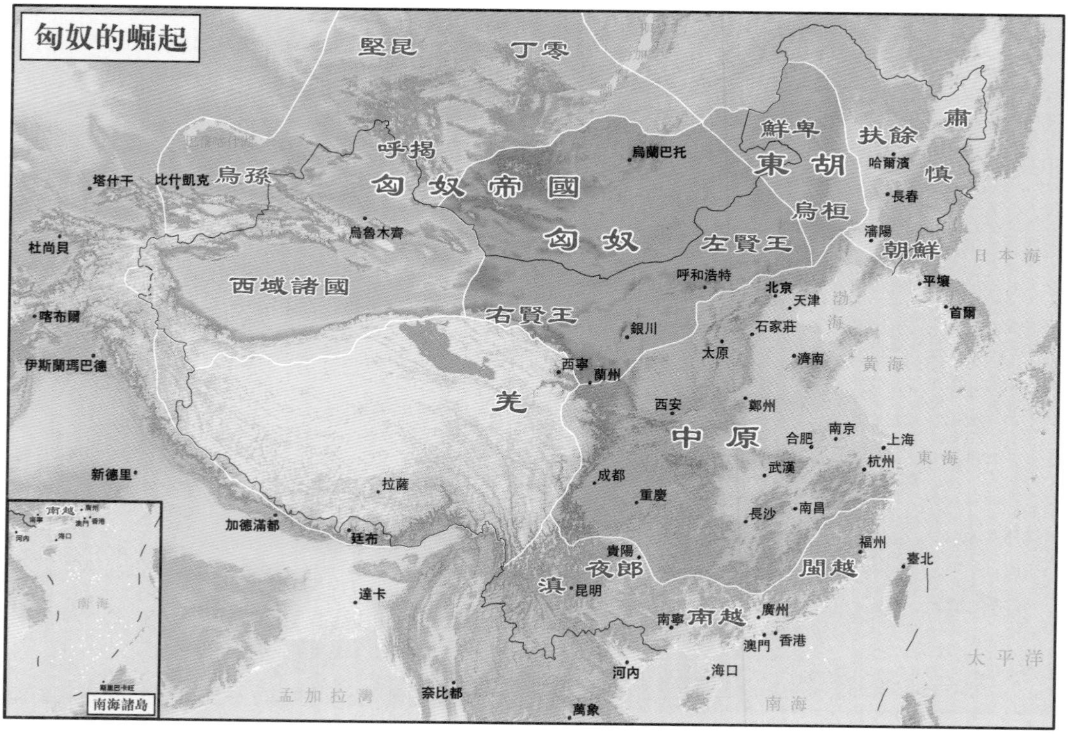

了，陷於內部混戰。匈奴出現冒頓單于，趕上這個好時機，匈奴人左右開弓，先打掉東胡。東胡的殘餘分成兩部分，北部的鮮卑和南部的烏桓。緊接著，匈奴又打敗河西走廊的月氏，迫使大月氏西遷。匈奴控制河西走廊後，又控制西域。然後趁中國內亂時，奪回河套地區。這時西起阿爾泰山，東到大興安嶺，北到貝加爾湖，南到長城，都是匈奴人的地盤。再往後的事大家都知道了，劉邦白登山之圍，差點丟了性命，文景之治，休養生息。直到漢武帝出現，匈奴人的好日子就到盡頭了。

漢武帝先吃掉東邊的烏桓，緊接著控制西邊的河西走廊和西域。沒有後顧之憂後，就著手對付匈奴。漠北一戰，匈奴元氣大傷，從此漠南無王庭。

前一章說過，北匈奴西遷後，蒙古高原上出現了權力真空。這時留在大興安嶺的東胡一支——鮮卑人就高興了，馬上西進搶占地盤，一個匈奴的翻版出現了。漢朝逐漸衰落，鮮卑趁機發展。中國歷史進入三國時期，鮮卑的小兄弟，另一支東胡部族——烏桓，這時完全是一個漢化國家，投靠了河北的袁紹。曹操滅掉袁紹後，要北征烏桓，目的就是徹底消滅袁紹的殘餘勢力。軍旅途中還在秦皇島留下一首「東臨碣石，以觀滄海」的詩句。

司馬家統一中國後，一心搞內鬥，對邊關的隱患視而不見。這時對中原虎視眈眈的游牧民族包含原先漢化的南匈奴、新起的鮮卑，還有羌、氐、羯。

羌是一個很古老的民族，和漢族同源，他們常說自己是黃帝後裔。遠古時有一批人在祁連山以南、隴山以西放牧，稱他們為古羌人。華北平原是由黃河的泥沙沖積出來，當華北平源稍稍穩定後，其中一批古羌人從山上下來，到平原發展出農耕文明，就是華夏族的源頭，留下來的那一批就是羌人。青藏高原是個突起地形，海拔和四周落差很大，但東北角（隴西）有一個很適合游牧的緩坡，東南角（雲貴）還有一個不太好用的緩坡。留下來的古羌人在隴西繁衍，人數愈來愈多，逐漸向青藏高原滲透，進入高原的部分就成為藏族的祖先；這部分最後還向雲貴高原滲透，形成彝族等西南少數民族的祖先。

在華夏人的眼裡，隴西一直是羌人的聚集地，三國時的馬超就有羌人血統，手下很多士兵都是羌人。這裡也是華夏人龍興之地，華夏人雖然遷走了，但對祁連山的記憶還在。在華夏人很多古書中（比如《山海經》），崑崙山一直是個神祕所在，那時說的崑崙山，其實是祁連山，所謂的瑤池就是青海湖。直到漢人打通河西走廊，看到了天山才發

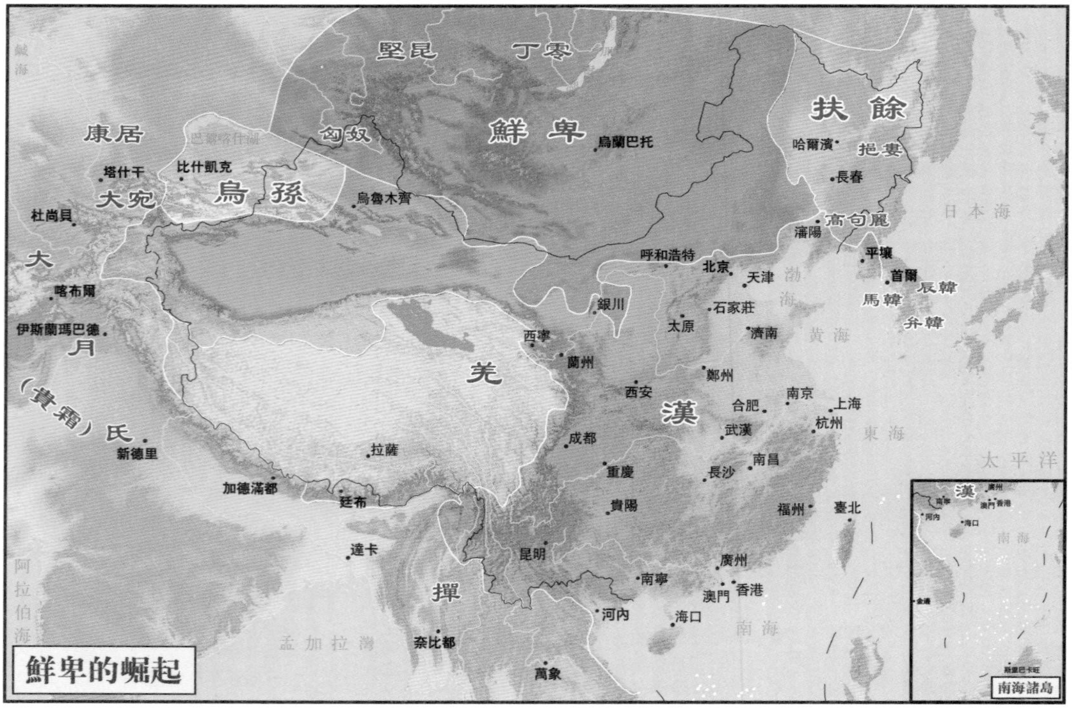

鮮卑的崛起

現，哦！還有更大的山，崑崙山應該說的是它；打通了西域後，發現一座更高、更大的山，於是又說，這才應該是崑崙山嘛！

一直留在隴西沒走的就是後來的羌人，保持著原始的游牧傳統。氐族其實和羌族同源；在隴西的羌人，有一部分逐漸與其他部族融合，形成氐族，也叫氐羌。羯族是匈奴的一支，這支隊伍很特殊，是白種人。匈奴本來就是一個混合的部落聯盟，征服西域和河中地區時，俘虜了大量白種人，後來就把他們編在一起。當時的白種人飽受歧視，被黃種人看不起，這群人就是匈奴的打手，地位很低。在這種環境下，他們只能抱團取暖，最後形成一個新的部族——羯族。

匈奴、鮮卑、羌、氐、羯這五個部族趁中原內亂時進來爭權奪利，就是五胡亂華。五胡只是概數，實際上北方各個部族幾乎都參與了。這些游牧民族雖然漢化得厲害，但文化水準都不高，創立國號無非就是漢、秦、趙、燕，全是以前中國人用過的，為了區別，就稱他們為前趙、後趙、漢趙、成漢、後燕、北燕等。五胡亂華時，各種血腥屠殺、內鬥外戰、政權更迭不計其數，前後持續了一百三十五年，最終以鮮卑拓跋氏建立的北魏統一北方而結束，造成漢人的第一次衣冠南渡。

再說沒有南下的那部分鮮卑人，他們就是前一章提過的柔然。收拾匈奴殘部後，開始東征西討，時不時南下而牧馬，搞得北魏非常頭疼，稱他們為蠻夷。花木蘭的「可汗大點兵」，打的就是柔然。

柔然內部也是各種部落混合，其中一支是最早生活在貝加爾湖的高車人（在此之前稱為丁零）。在阿爾泰山還有一支匈奴殘部突厥，柔然非常看不起他們，因此淪為打鐵奴。

北魏與柔然的對峙

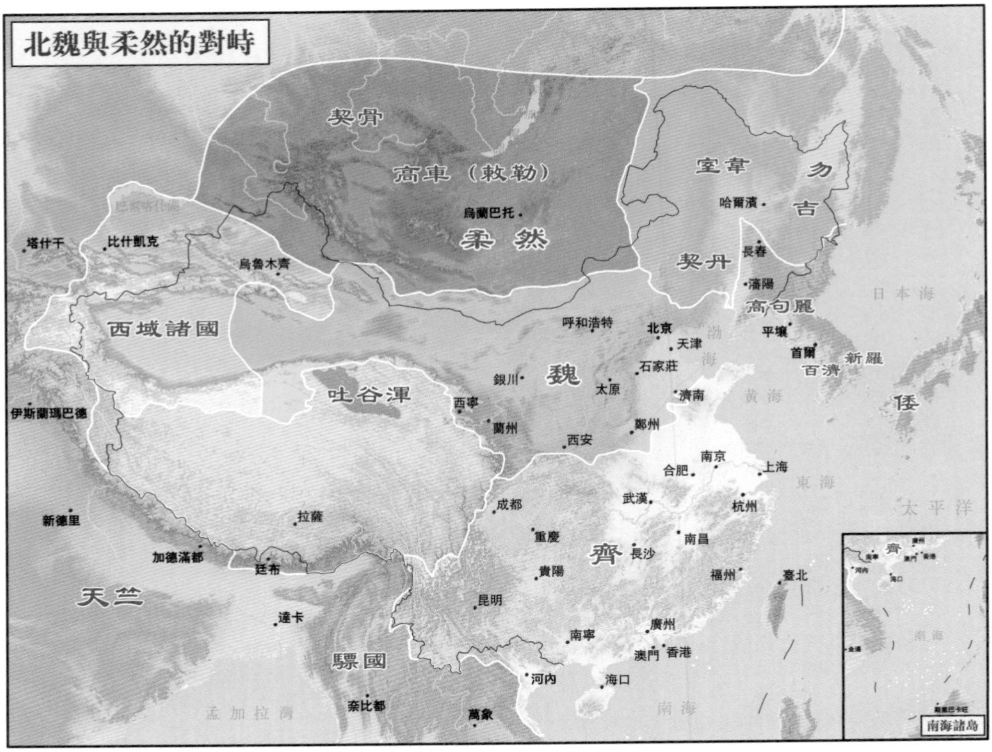

突厥的興起與分裂

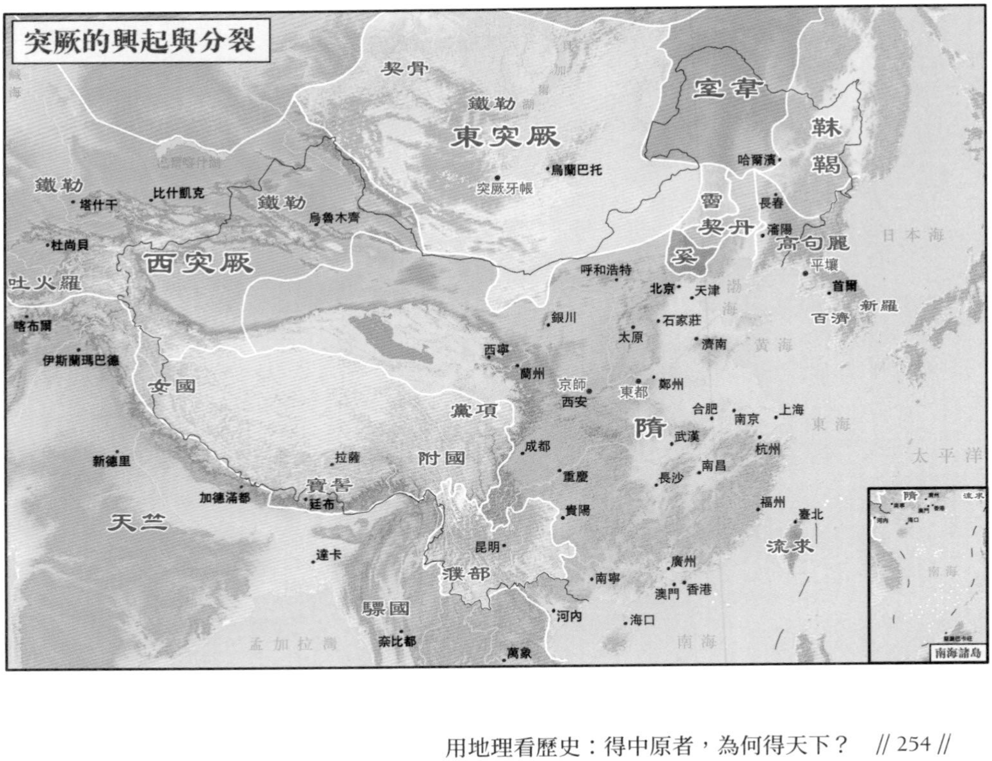

西域地區長年乾旱少雨，一是南邊的青藏高原擋住了印度洋的水氣，還有一個原因是北邊的阿爾泰山擋住了北冰洋的水氣。但阿爾泰山遠沒有青藏高原那麼高、那麼寬，所以北冰洋的水氣在這裡抬升後形成降水，滋養出很多肥美的草場。在廣大的西域，阿爾泰山一帶是雨水最豐富的地區，也是眾多部族繁衍生息的地方。

如前一章所述，高車人從貝加爾湖到這裡後逐步強大，於是起兵反抗；突厥護主心切，先站出來把高車打下去，吃下高車人的突厥也強大起來，他們起兵造反，開始東征，攻打柔然。草原上的部落很容易順風倒，沒有太多文化上的隔閡，反正在誰底下都是放羊打仗。柔然戰敗後逃回老家大興安嶺，又分成兩部室韋和契丹。

突厥不但占領蒙古高原，還占領了阿爾泰山以西的中亞地區。後來在隋朝的離間下，突厥分為兩部分，阿爾泰山以東是東突厥，以西稱西突厥。

突厥是個混合部落，大部分是高車人。當突厥開始衰落時，內部開始互相殘殺，原先幾個被壓制的高車部落開始有露臉的機會，比如葛邏祿、回紇、薛延陀。其中以回紇帶頭，得到唐朝青睞，還替他們取了個漢化的名字回鶻，最終在唐朝的支持下統一了蒙古高原，建立回鶻汗國；同時，另一支高車人葛邏祿在阿爾泰山以西也建立了自己的汗國。葛邏祿汗國在碎葉城一帶，就是李白的出生地。李白出生時，葛邏祿還臣屬唐朝，要是再晚點，等葛邏祿獨立了，他就成為胡人了，高車人幾百年後終於回到老家貝加爾湖。

隨著唐朝的衰落，一支突厥人的殘部——黠戛斯（唐代的翻譯，現在譯為吉爾吉斯，之前稱堅昆）從西北冒出來，打敗了回鶻人。回鶻人只得南逃，一部分在高昌建立高昌回鶻汗國，另一部分跑回阿爾泰山，和那裡同是高車人的葛邏祿人合在一起建立喀喇汗國。高昌回鶻汗國和喀喇汗國以回鶻人為主體，就是維吾爾族的前身。

黠戛斯人打敗回鶻人後，卻沒本事占據蒙古高原，這時曾被突厥人趕走的柔然一支——契丹人殺了回來，黠戛斯又被趕回老家放羊。

契丹人不僅占據蒙古高原，還向東滅掉渤海國，占據東北。說到這裡，我們得回顧一下為什麼東北會突然冒出渤海國，因為從這時開始，東北要慢慢擔綱主角了。

還記得前面說過從商周起，長白山以東有

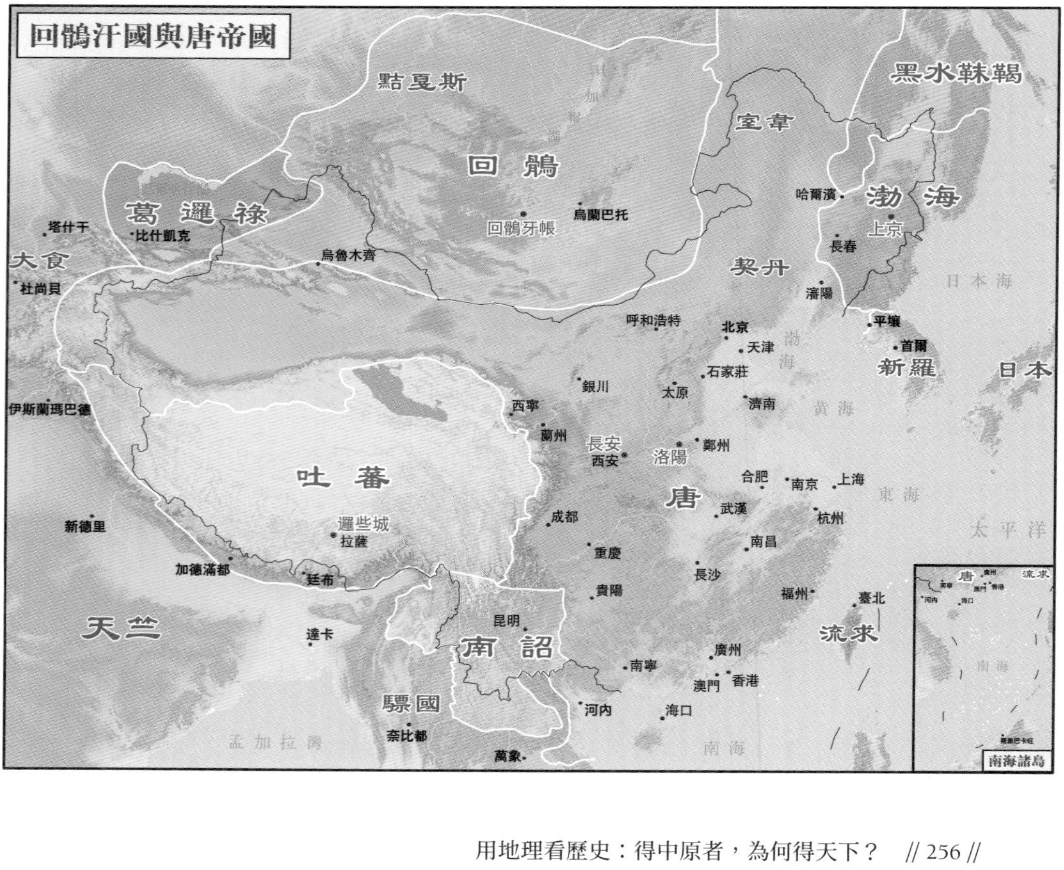

個肅慎，後來翻譯成女真，其實是相同意思。當時活躍於蒙古高原上的是游牧民族，喜歡到處劫掠，而在東北平原生活的是漁獵民族，生活相對穩定，多年來始終默默無聞，但也沒聞著。

肅慎向南擴張時，征服一個部族叫惠漠。惠漠一直不太聽話，實際保持半獨立的狀態。肅慎被匈奴打壓時，惠漠終於喘了口氣，其中一個部落「扶餘」漸漸崛起，統一各部，建立扶餘國。

西元前一世紀，扶餘國王子朱蒙因為與其他王子不和，逃到了「卒本扶餘」，建立高句麗國。高句麗反過來吞併扶餘國，還南下占領了朝鮮半島北部。半島南部是當地土著，其中一批扶餘人跑到南部，統治當地人，建立百濟。剩下的當地人也建立一個國家，叫新羅，

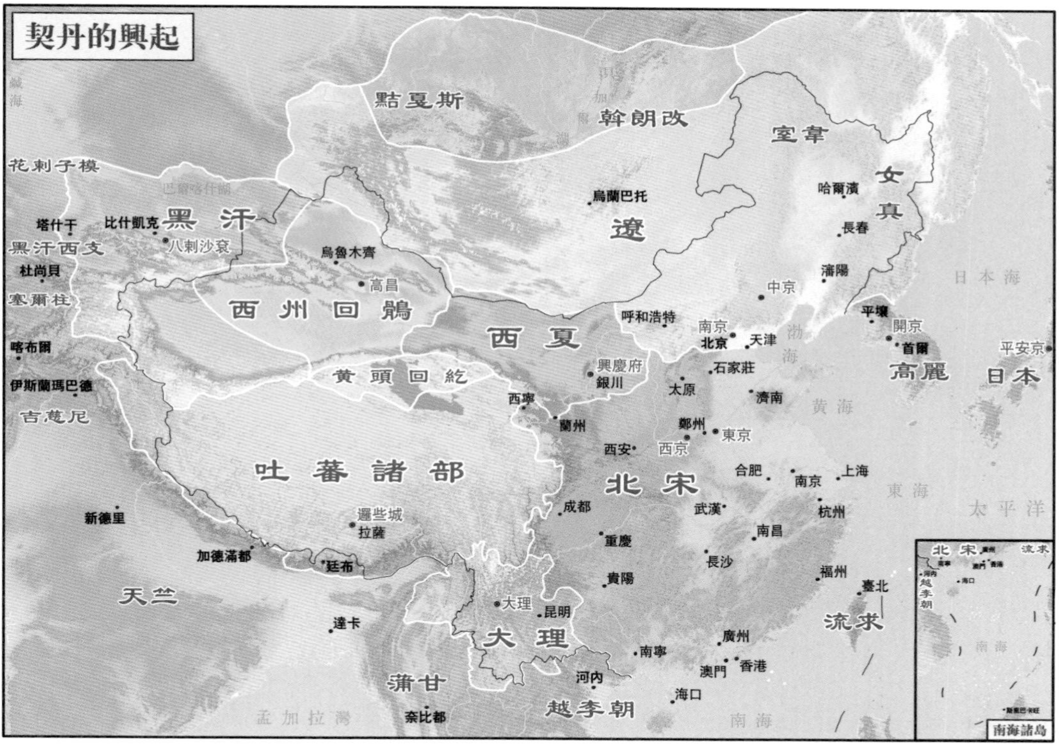

這就是朝鮮的三國時代。高句麗是漢化很深的國家，主體是周朝的箕子朝鮮，漢初的衛滿朝鮮，以及後來漢武帝時期的四郡。百濟上層也是扶餘人，下層百姓是當地人；新羅全是當地人，也叫三韓人，是現在朝鮮人的祖先。

高句麗是東北地區的霸主，隋、唐兩朝都有東征高句麗。隋朝因此亡國，後來的唐朝和新羅聯合，滅掉了高句麗和百濟，瓜分他們的土地，唐朝得到遼東，新羅得到半島北部，從這時開始，三韓人統治整個朝鮮半島。因為高句麗的影響太大，後來的三韓人借用這個名字，簡化為高麗，實際上高麗和高句麗沒有歷史傳承關係。

高句麗滅亡後，長期被壓制的肅慎（漢晉時稱挹婁，南北朝時稱勿吉）鬆了一口氣。肅慎下方有一支部族靺鞨迅速崛起，建立一個國家叫「震國」，後來唐朝冊封為「渤海國」。還有一部分更原始的靺鞨人沒有加入渤海國，仍在黑龍江一帶漁獵，稱為黑水靺鞨。渤海國立即成為遼東地區的大國，但與旁邊的契丹比起來，又顯得很小。

契丹滅掉渤海國，控制了東北，取國號叫遼。原來同門的室韋不再進行漁獵工作，從東北越過大興安嶺，到蒙古高原上游牧，收拾突厥殘部後，逐漸形成蒙古族，並成為契丹人的幫手，東征西討。

渤海國滅亡後，一個叫完顏函普的靺鞨人來到松花江一帶，振臂一呼，這些靺鞨人就跟著他走了。他們逐步占領東北的北部，還恢復了古老的名稱——肅慎，也就是女真。最後，他們在哈爾濱一帶模仿漢人稱帝，建了一個國家——金。

金國一方面聯合南邊的宋國抗遼，一方面煽動原渤海國的人起來造反。遼國靠近中原，漢化得厲害，戰鬥力隨之下降，又兩面受敵，疲於應付，終於敗亡，殘部跑到西域建立西遼國；原來的小跟班蒙古，此時只好轉向金國納貢稱臣。收拾完遼國，金國開始打宋國，就有了靖康之恥，金國占領華北，宋朝衣冠南渡到江南。

金人進入中原，漢化得更徹底，戰鬥力跟著下降。不過，金人雖然南下，仍有一支同門兄弟留在白山黑水之間過著原始的漁獵生活，就是之前提到的黑水靺鞨（遼稱他們為生女真，編入遼藉的為熟女真）。這一支女真人還保留漁獵民族的強悍戰鬥力，就是後來的滿洲人。

這時，留在草原上的小跟班蒙古，在金人南下後迅速崛起。金人的身分轉變了，無論在心理還是身分認同上，他們和漢人沒什麼區別了。他們一方面想要南下統一中國，一方面要對抗草原上的游牧民族。結果和遼國一樣兩面受敵，最終被蒙古人所滅。在蒙古人眼裡，金人被稱為北方漢人。

眾所周知，蒙古人橫掃歐亞大陸，沒有人能抵擋他們的鐵蹄。漢武帝讓「漢」這個字成為民族的稱號，蒙古人讓「蒙古利亞」成為黃種人的稱號。成吉思汗的主要目標是中國，就是學學以前的匈奴、突厥，但沒想到他的兒子們太能打，幾乎打下了半個地球；他死後，蒙古人在中國建立「大元」，取自易經「大哉乾元」。和過去的朝代比，前面多了個「大」字，後來的明、清紛紛效仿，稱大明、大清。大元是蒙古人的宗主國，蒙古人還建立了金帳汗國、窩闊臺汗國、伊兒汗國。這些汗國都是大元的僕從國，大元皇帝也是他們的盟主。

游牧民族一旦進入中原，往往比漢族更貪圖中原的富貴安逸生活，沒有人想再回到草原上過苦哈哈的日子，戰鬥力下降得很快。遼如此，金也是如此，有了前車之鑑，蒙古人始終抗拒漢化。但這種結果更糟，拒絕漢化導致上下兩層離心離德。蒙古人占據中原，統治不到一百年，就被朱元璋趕回草原。明朝認為自己替代元朝，但蒙古人認為他們並沒有亡，仍保留元的國號。為了區別，我們稱他為北元，北元後來分裂成韃靼和瓦剌。

蒙古人敗退後，原先在東北被蒙古人壓制的生女真就慢慢起來了。其中有一支建州女真，裡頭有個部落叫滿洲，裡面有位人物叫努爾哈赤，他統一女真各部，改女真為滿洲。如果站在整個東亞的角度看，這個時候很像三國：北邊的北元、東北的滿洲和南邊的大明。三股勢力鼎立時，滿洲最弱，但後起之秀的滿洲人，一邊收拾蒙古人殘部，一邊向

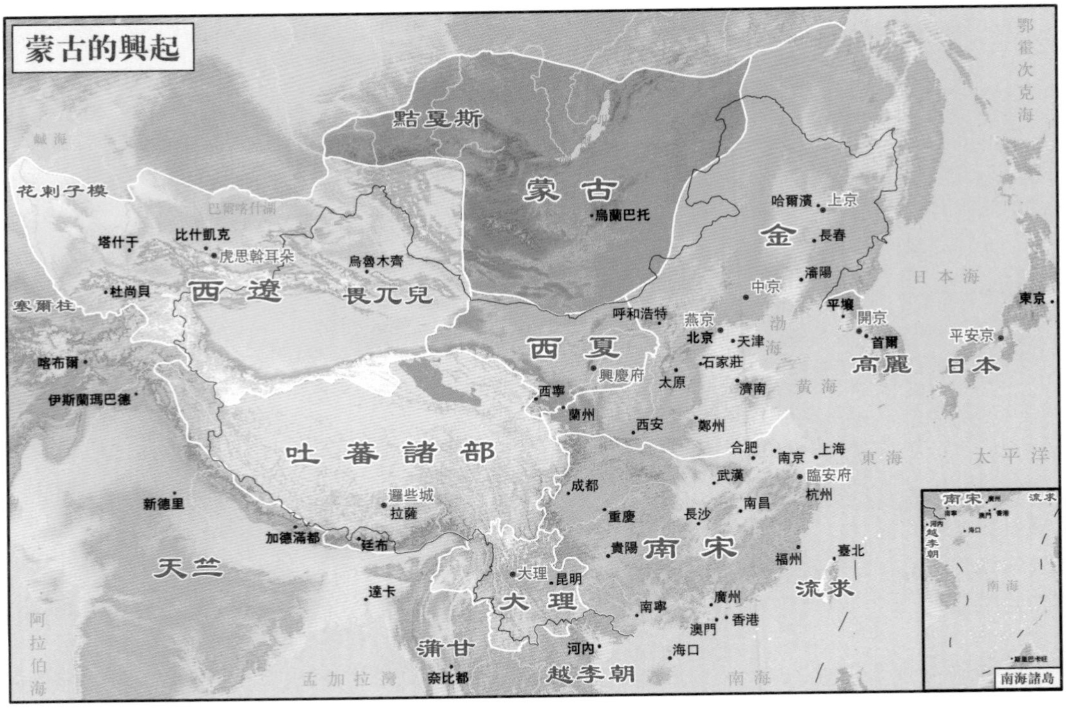

西進攻，先滅掉北元，然後南下滅掉大明，建立大清。

令人奇怪的是，蒙古人的衰敗，幾乎是排山倒海似地在全世界各地同時上演。隨著元朝被明朝驅逐，原來金帳汗國的統治者也不行了，俄羅斯從金帳汗國獨立出來。緊接著，其他汗國裡的蒙古人跟著被趕下臺。

獨立出來的俄羅斯一開始只是個小公國，在復仇的道路上，俄羅斯人一邊追逐跑回老家的蒙古人，一邊擴充地盤，最後成為龐然大物，直接與中國接壤了。說起這個俄羅斯，在近代史上，中國丟失的土地幾乎都和他有關，這個帶著蒙古人基因的戰鬥民族，帶給中國的傷害最大，也是永久的。

可以說，整個中國歷史就是不斷和北方游牧民族鬥爭融合的歷史。在冷兵器時代，游牧民族與農耕社會的衝突注定是前者占上風，因為從軍事上說，他們的作戰方式與生活方式一致。農耕社會作戰時，需要的徵召、裝備、調集、訓練這一系列費時費錢的程序，他們都省掉了，他們從小就騎在馬背上，武器就是他們日常游牧的工具。農耕文明一開始總是防禦，然後反擊，輸的多，勝的少。這種趨勢直到清朝康熙皇帝用紅夷大炮平息了葛爾丹叛亂才徹底扭轉。

林語堂曾經說過，正是由於有北方少數民族的新鮮血液不斷融入，中國人才能保持永久的活力，文明薪火相傳，延續至今。我不太同意這個觀點，無論是在東方還是西方，蠻族的入侵是各個文明中心都要面臨的問題，對文明的破壞遠比建設大得多。我們可以看到，除了中國漢文化外，世界上其他的文明，蘇美也好，埃及也好，還有印度、羅馬等，不管是原生文明還是次生文明，最後都在蠻族的入侵下中斷、消失，只有中華文明延續下來，這是不幸中的萬幸。我們今天能看懂二千多年前古人的書籍，對他們的事蹟感同身受，正是得益於這種文明延續。在外國人看來，簡直不可思議，他們二千多年前的書籍，首先能保存下來的極少，即便保存下來了，除了極少數專家學者外，一般人根本看不懂。所以說，漢文化的確太偉大了，在北方游牧民族不斷侵擾下，不但生存下來，而且在兼收並蓄中不斷發揚光大，這些游牧民族一旦進入中原，都不自覺地被漢化，最終成為華夏文明的一分子。

第十六章

兩次北伐

到上一章為止，我們對中國歷史上大的地理方位做了一個梳理，最後這兩章，舉幾個例子說明它們的作用，這樣大家印象會更深刻，也更好理解。先說兩次北伐吧！一是朱元璋反擊蒙元，二是國民革命軍北伐統一中國。

我們對朱元璋的第一印象是沒文化、窮苦人出身，從小沒讀過什麼書，但在軍事上，朱元璋絕對是個天才。朱元璋反抗蒙元的第一步是先取得南京，建立江南政權，但這時他僅占據江蘇一帶；第二步，朱元璋開始對原先一同抗元的兄弟們下手，先消滅陳友諒，取得湖廣、江西，再消滅張士誠和方國珍，占有浙江一帶，從江南到荊襄的整個南方都在朱元璋的掌控之下。占據了中國的半壁江山後，下一步，朱元璋的目標就是北方的元帝國。

至於怎麼滅掉元朝，當時有兩種方案，其中一種是常遇春提出的長驅直入、直搗元大都（北京）。朱元璋經過深思熟慮，認為這種方案太冒進，從江南穿過山東和中原，深入河北，風險太大。元朝在大都經營百年，城池堅固，一旦不能速取，孤軍深入，補給幾乎不可能，駐守中原、山東和河北的元軍必然會切斷明軍後路，到時進退兩難，後果不堪設想。朱元璋沒有採取冒進方法，而是採用穩紮穩打的方式：

中原四面都連接著元朝的地盤，並不好打。而山東只有西邊和中原相連，所以先打山東，再取中原。這樣一來，函谷關以東、黃河以南都屬於朱元璋的。按道理，占據山東和中原後，朱元璋該北渡黃河，直逼北京了。但朱元璋沒有，他沒有忘記關中，如果此時冒然北上，關中的元軍就會東出潼關抄他後路，朱元璋沒有急著北上，而是在平定中原後去搶占潼關。占據潼關後，派重兵把守，把關中的元軍堵死在裡面，麾師北上，一舉攻下大都。這時元朝大勢已去，只能退守大漠。最後占領大都後才開始向西，逐步收復山西、關中和隴右，統一全國。

第二次北伐在民國時期，這時嶺南已經開發起來，特別是廣州沿海一帶，鴉片戰爭後，做為港口城市逐漸發展起來了，這次北伐的大本營在廣東。

辛亥革命後，革命黨在南京成立了民國政府，但實際統治範圍很小，僅限於江蘇一帶，其他各地都是打著反清旗號，形成事實上的獨立。最主要的是袁世凱領導的北洋，掌控著清政府的實際大權，如果袁世凱支持清政府，革命黨的前景堪憂；如果袁世凱倒向革命，清政府就毫無還手之力。經過一番交涉，孫中山讓出大總統之位，袁世凱逼清帝遜位，滿清王朝就這樣滅亡了，袁世凱站到了革命的一邊。但只是一時的，或者說是表面的，做為舊式官僚出身的袁世凱不懂什麼叫革命，更不懂什麼叫共和，他已經習慣官僚政治、搞權謀，於是收買議員，操縱國會，最終把自己變成終生總統。這還不滿足，在一幫馬屁精的鼓動下，袁世凱最終稱帝。當然是君主立憲的皇帝，不是傳統君權至上的皇帝，但誰知道這是不是終點呢？於是全國一片討伐聲，袁世凱在討伐聲中病死，手下的北洋軍閥分裂成直系和皖系。其他各地方的軍閥也在這時相繼形成，各路軍閥為了爭奪地盤，擴充實力，連年混戰，民不聊生，中國又進入亂世。

要結束亂世，人們只能指望革命黨。這時孫中山已經死了，革命黨改組成國民黨，於是國民黨在廣州成立了國民政府，並以黃埔軍校為基礎組建國民革命軍。在全國的一片呼聲中，國民革命軍經過一番準備，準備北進中原、統一全國。當時的形勢是：國民黨占據嶺南，孫傳芳占據江東和兩淮，吳佩孚占據荊襄、河南、河北，張作霖占據東北、平津和山東，還有西北的馮玉祥和山西的閻錫山也各據一方。

國民革命軍從嶺南北上，第一個目標肯定是荊襄地區，然後順江而下控制江東；控制整個長江中下游後再圖謀中原。荊襄地區是吳佩孚的地盤，江東是孫傳芳的地盤，國民革命軍如果同時和兩路軍閥作戰，成功的可能性極小。國民革命軍最先採取的策略是，利用各軍閥間的矛盾，打擊吳佩孚，穩住孫傳芳。而這個時候呢，掌控北京政府的張作霖希望利用北伐軍的力量削弱吳佩孚的實力，江東的孫傳芳也樂得坐山觀虎鬥，保持中立。更難得的是，吳佩孚的主力去西北攻打馮玉祥了，長江沿線兵力空虛。國民革命軍看準時機，毅然北上。

三個月後，國民革命軍經過汀泗橋戰役、賀勝橋戰役、武昌戰役，席捲湖廣，占領湖南全部、湖北大部。這時孫傳芳坐不住了，一看局勢不妙，連忙從蘇、浙、皖調兵進入江西，進攻湖南。國民革命軍一看正好，省得再假惺惺地哄你了，反正已經拿下荊襄，和廣東連成一片，乾脆撕破臉，順江而下進攻江南。

從一九二六年八月到隔年三月，歷時半年多，國民革命軍大致拿下了江南和兩淮。整個中國的南方都在國民革命軍的控制下，局面一片大好，眼看馬上就可以挺進中原、勝券在握了。但就在這時，革命軍內部出現問題，就是寧漢分裂（寧是南京，漢是武漢），大致過程是：北伐初始，國共合作，到了武漢，革命黨把政府遷到武漢（武漢是辛亥革命的首發地）；占領整個長江中下游後，蔣介石開始清黨，把共產黨和國民黨的左派清理出革命軍的隊伍，並在南京另立了一個國民政府。寧漢分裂後，北伐大業只能暫停。

最後，汪精衛掌控的武漢國民政府和共產黨決裂，遷都到南京，與南京國民政府合二為一，就是寧漢合流。與此同時，被排擠出革命隊伍的共產黨在南昌發動起義，組建了自己的軍隊，開始國共對抗的道路。

寧漢合流後，蔣介石繼續擔任北伐軍總司令，繼續北上，占領了河南。這時，西北的馮玉祥和山西的閻錫山宣布加入革命軍，兩人都接受蔣介石的指揮。蔣介石在徐州誓師，北伐軍發起全線總攻，緊接著占領了山東。這時的北伐軍已經對北京形成合圍之勢，張作霖一看情況不妙，倉皇退出北京，想回到東北老家，結果到達瀋陽附近的皇姑屯時，被日本關東軍炸死了。北伐軍順利進入了北京，半年後，張作霖的兒子張學良在東北通電易幟，宣布效忠南京中央政府，北伐至此大獲成功。

說完兩次北伐後，我們再來說一說為什麼在中國歷史上，絕大多數都是北方統一南方，只有這兩次是南方統一北方。

先說地理上的因素，如果理解我講的各個地理方位特點就會明白，在中國歷史上，北方以中原為核心，南方以江南為大本營，如果發生南北戰爭，北方占有絕對的地理優勢。

南北雙方的爭奪焦點主要有兩個，一是襄陽，二是江淮。中原地處平原，在這兩點間奔走來往很便捷，距離短，都是平原，北方又多以騎兵為主，歷來打仗都不是只攻一點，聲東擊西是常用的方法。而南方呢，要在這兩點間互相支援就困難得多，從江南到江淮還好，有運河相連，運兵運糧都容易，但從南京到襄陽就非常不便了，先逆長江而上，再逆漢水而上，行船困難不說，路途又遠。兩邊一旦打起來，北方可以聲東擊西，南方就疲於奔命，時間一長，南方消耗不起，只能以失敗告終，所以歷史上「王師北定中原日」的例子很少看到。

但有例外，就是這兩次北伐，都發生在宋朝之後，這不是偶然現象，正是宋朝後，南方不僅在經濟上超過北方，最關鍵的是江南已經成為中國的文化中心。打仗不光靠經濟、軍事這些硬實力，還要靠文化的軟實力。宋朝以後，在中國人的心中，江南是中華文化的代表，江南政權自然代表著正統。

這是文化因素，還有一個是軍事因素。

歷來北方都是以騎兵制勝，但元朝時，蒙古人把馬場開到全國各地，於是南方也產馬，也有了騎兵，北方在兵種上就不再具備優勢了，這是第一次北伐。第二次北伐，已經到了火器時代，雙方在兵種上是旗鼓相當。兩次北伐時，雖然北方仍具有地理上的優勢，但在文化和經濟上已經落後南方，北伐才有成功的可能。

我們可以總結一下，宋朝以後，直到第二次北伐，南北雙方各勝了兩次：北方是蒙古人和滿族人各入主中原一次，南方是朱元璋北伐成功一次，國民革命軍北伐成功一次。如果把後來的抗日戰爭和國共內戰也算在內，也是南北各勝一次。所以說，宋朝以前，北方占盡地理、文化、經濟方面的優勢，南方不是對手；但宋朝以後，南北雙已經不分伯仲了。

第十七章

抗日戰爭

中國歷史上，地理要素對戰爭的重要性，例子比比皆是，但要說到利用地理條件改變歷史的進程就非抗日戰爭莫屬了。日本人對中國歷史和地理的了解一點也不比中國人差，他們的侵華策略也參考了中國歷史上游牧民族入侵的經驗。

日本人侵華的陰謀不是臨時起意，而是長遠的陰謀。甲午戰爭後，日本人便計畫如何吞併中國。一九〇〇年，八國聯軍侵華時，日本做為戰勝國之一，在戰後取得在京、津一帶駐兵的權力。八國認為義和團作亂，濫殺無辜，特別是濫殺洋人，清政府管不住自己的國民，既然你管不好，為了在華洋人的安全，我們替你管。庚子年後，根據《辛丑合約》，八國都可以在京、津一帶駐軍，清政府反而不行，袁世凱被逼得沒辦法，就在京、津大力發展員警，員警不算軍隊，洋人無話可說。中國的員警制度正是在這時開始的，當時是無奈之舉，在歷史上卻是一個進步。八國在京、津都有駐軍，日本也是其中之一。

庚子事變最大的惡果還不是這個，除了駐軍、賠款外，俄國人趁火打劫占領東北。占領東北原本是日本侵華的第一步，所以俄國人成為日本人的眼中釘，一九〇五年，日本人和俄國人在中國東北打了一仗，日本人戰勝，從俄國人手中搶走東北。正是這場戰爭，讓在日本留學的青年魯迅決心棄醫從文。

一九一四年，第一次世界大戰爆發，日本人對德宣戰，不是真的跑到德國開戰，而是因為中國的山東。在此之前，德國取得在山東的很多特權，特別是青島，這個城市就是德國人建的。日本人先占領青島，繼而占據山東，就是在這個時候，原先的八國聯軍因為自己家門著火，自顧不暇，都從中國撤軍了，京、津一帶的駐軍只剩下日本人。

補充一點，無論是俄國人占領東北，還是德國人占據青島，指的都是在這些地方獲得的治外法權，並不是真正占有主權。主權還是清政府的，只不過清政府管不了租借地內部的事務。租借地是零散的，並不是成片的，在租借地以外，大量的土地都是中國政府在管，也有軍隊，像東北有奉系軍閥張作霖，山東有奉系軍閥張宗昌。

現在局勢已經很明朗了，日本人占領東北和山東，又在京、津兩地有駐軍，華北被合圍，儼然是唾手可得。但誰知這個時候，國民革命軍一路挺進，北伐成功，中國又統一在國民政府下。日本人的陰謀詭計眼看受阻，再惺惺作態恐怕於事無補，於是乾脆撕下面具，在皇姑屯放了炸彈，先炸死東北軍閥頭子張作霖，緊接著發動九一八事變，徹底侵占東北。

九一八事變中，張學良不放一槍，把東北丟給日本人。這一次和以往不同，以往英法聯軍也好，八國聯軍也罷，他們占了中國很多地方，但都只是取得治外法權，建立租借地，主權還在中國。但這次日本人侵占東北，是赤裸裸地把這塊地方從中國割走，建立了滿洲國，這次激起中國人極大的憤慨。中國人突然發現，壞了，敵人打到家門口了！

從一九三一年的九一八事變，到一九三七年的盧溝橋事變之前，日本人先占據上海，取得上海的駐軍權，更為重要的是，隨後又占領山海關和張家口，控制了華北的北大門和東大門，鼓動華北獨立，想把華北變成第二個滿洲國。一九三六年，張學良發動西安事變，中國抗日民族統一戰線形成。這個時候，日本人不能再等了，於是發動盧溝橋事變，中、日正式全面開戰。

抗日民族戰線只是完成中國人精神上的動員，讓各黨各派放下內部矛盾，一致對外，但真要和日本人開打，光靠一腔熱血是不行的，還要靠實力。但這時中、日實力相差懸殊，如果硬拚，不光死傷難以數計，最後還得亡國，怎麼辦呢？國民政府想出的對策是：以空間換時間。就是利用中國特有的地形，拖慢日本人進攻的步伐，以換取時間。

日本是個資源貧乏的國家，打仗不能拖得太久，否則資源接濟不上，但他們武器精良，軍人訓練有素，適合速戰速決。中國地廣人多，但工業水準落後，裝備差，因為貧困，人員的身體素質很差，訓練也不到位，適合持久戰。

第一個問題，為什麼要以空間換時間？

現代戰爭不同於冷兵器時代的戰爭，在冷兵器時代，人口和糧草是最大的戰爭資源，只要有人，有飯吃，就可以打仗，至於武器，在戰場上打掃回來就可以重複利用。但火器時代不同，光有人和糧還不行，槍枝彈藥是消耗品，戰爭的勝負還要看國家的工業生產能力。也就是說，後方要有持續供應槍枝彈藥的能力，如果供應不上，這仗就沒辦法打了。而當時，中國的工業企業全在長江沿線，尤其在長三角一帶，中西部的工業幾乎為零。一旦發生戰事，日本人炸掉沿海沿江的工廠，中國只有投降的分了。以空間換時間的目的，就是要最大限度地拖住日本人的進攻步伐，讓中國有時間把長江沿線的工廠遷到內地、遷到大後方去。

還有一點就是集結軍隊，北伐勝利後，各地軍閥名義上聽從南京中央政府，實際上仍是各自為政。只有大敵當前，在全國人民一片抗日呼聲中，他們才願意聽從中央的號召。南京政府要整編軍隊，部署兵力，需要時間。像共產黨的軍隊，就是在這時被整編為國民革命軍第八路軍，簡稱八路軍，後來改稱為國民革命軍第十八集團軍；新四軍是國民革命軍陸軍新編第四軍的簡稱。國民革命軍簡稱國軍，當時八路軍和新四軍都是國軍的一部分。最後就是遷都，把首都從南京遷到重慶，做長期作戰的準備。隨著首都遷往重慶的還有各個學校、黨政機關等，這些都需要時間。

第二個問題，如何利用空間換時間？

我們可以假想一下，日本人已經控制了東北、華北和山東，輕易就能拿下中原，然後以中原為據點，分兩路南進，一路經兩淮取江南，一路克襄陽取荊襄，不用費太大的力氣，就可以控制長江中下游。剩下的地方可以慢慢收拾殘局，基本上不會遇到太大的阻力。日本人說三個月亡華，不是吹牛，是真有可能。

蔣介石的策略是，不能讓日本人從華北趁勢南下，華北到中原一馬平川，無險可守，何況這時已經修了鐵路，日本人的裝甲部隊可以沿鐵路飛速南下，中國根本抵擋不住；而是要想辦法讓日本人從東往西打，沿長江逆流而上，這樣日本軍隊每前進一步都很困難。如果對歷史有所了解就應該知道，在歷史上，由北往南成功的例子不勝枚舉，而由東往西取勝的例子少之又少。蔣介石就是要讓日本人放棄最容易走的路，去走最難走的路，中國才會有更多時間做戰略部署。

日本人會聽蔣介石的嗎？當然不會。於是有了淞滬會戰。這是中、日對抗以來，中國第一次主動出擊的戰役，也是中、日開戰以來規模最大、戰鬥最慘烈的一場戰役。中、日雙方共約一百萬人投入戰鬥，持續了三個月，日軍投入八個師團和二個旅團共二十萬餘人，宣布死傷四萬餘人；中國軍隊投入中央軍精銳和大批內地省分部隊（包括川軍、滇軍、桂軍、粵軍、湘軍等）合計八十餘萬人，死傷三十萬人。其中蔣介石的中央精銳損失了六〇%。從這個數字可以看出，中國投入的兵力是日本的四倍，死傷人數卻是日本人的七倍，充分說明了當時雙方的實力懸殊。打仗不是靠口號，是要見血見肉的。

淞滬會戰雖然在戰場上失敗了，但戰略目的卻達到了。日本人一開始以為只是一場小規模的戰役，不想派駐太多兵力。隨著國民政府不斷增加兵力，日本人不得不從本土增派兵力。但日本畢竟人口少，本土兵力不夠了，最終不得不把華北的兵力也調過來。這樣一來，日本從華北南下的戰略意圖被打亂了，三個月亡華的計畫不攻自破。

與此同時，閻錫山在山西發起太原會戰。這是華北戰場上規模最大的會戰，主要包括平型關戰役、忻口戰役、娘子關戰役等。平型關戰役有八路軍第一一五師（師長林彪、副師長聶榮臻）參與。太原會戰前後持續兩個月，日本參戰人數達到十四萬，傷亡二．七萬，中國參戰人數二十八萬，傷亡十三萬。太原會戰雖然以失敗告終，但牽制了華北的日軍南下，進一步打亂日本人由北而南的進攻計畫。

淞滬會戰後，中國軍隊退守南京。南京最終失陷，被迫遷都。到這個時候，日本人的大部分兵力都投入長三角，由北而南的作戰計畫徹底失敗，於是惱羞成怒，在南京大肆屠殺平民，造成震驚中外的南京大屠殺慘案。

但日本人也不傻，知道沿長江逆流而上困難重重，於是派遣華北的兵力南下，企圖與南方的兵力會合。國民政府當然看清了這一點，於是派遣大量兵力投入江淮重鎮——徐州，以阻斷日本南北兩股兵力的會合。於是徐州會戰爆發，雙方爭奪的焦點放在徐州東北方的臺兒莊。雖然中國軍隊一度取得臺兒莊戰役的勝利，但在日本不斷往南北兩線增兵的情況下，徐州最終也淪陷了。

更危險的是，徐州陷落後不久，日軍從華北南下，占據開封。眼看中原就要淪陷了，一旦中原淪陷，再加上上海、南京都已失守，整個中國南方就只剩下荊襄，肯定撐不了多久。於是，國民政府炸開了花園口的黃河南岸，洪水滾滾而下，雖然阻擋住了南下的日軍，但對黃河中下游的百姓造成了無以數計的損失，這起事件是中國抗戰史上最大的汙點。

日本人不得已只好沿著長江西進，一路拔下沿江的眾多據點，最後到達武漢。武漢保衛戰開始，規模比淞滬戰役還大，日軍參戰人數達三十多萬人，中國軍隊達一百一十萬人，雖然武漢最終也沒保住，但日本人經過這一戰，連病帶死損失十六萬人，元氣大傷，中、日雙方從此進入相持階段。

這時的形勢是，因花園口黃河決堤，中國南北被阻斷。北方（包括華北、山西）的主要城市掌控在日本人手裡，國軍只能退守幾個小的據點等待時機，大部分的抗日活動就是共產黨領導的游擊戰。主要戰場還是在南方，在長江沿線。日本人從上海沿長江深入內地，占據的主要是長江沿線的據點，離長江遠一點的山區城鎮還有大量的國軍部隊，不時地騷擾，日本疲憊不堪，難有大規模的用兵舉動。

日本人占領武漢後，主要的攻擊目標是荊襄地區的一些重鎮，並相繼占領襄陽、岳陽和宜昌。特別是宜昌，掌控著三峽的出口，只要從這裡打通三峽通道，上游就是國民政府的臨時首都——重慶，一旦占領重慶，中國就完了。日本人曾試圖從宜昌仰攻三峽，即使動用了現代化武器也沒成功，只好放棄，另想別的辦法。

日本終究是資源小國，戰時延長，再加上戰線過長、兵力不足，此時的唯一目標就是重慶，只要占領重慶，一切問題都迎刃而解。日本人經過仔細分析，要打入四川盆地，只有三條路可走：

第一條，從山西入關中，再從關中穿秦嶺到漢中，最後過劍門關到成都平原。這一條路，除了山西部分據點在日本人手中外，閻錫山的部隊還駐守在山西，呂梁地區有大量的共產黨游擊隊，潼關更是一夫當關、萬夫莫敵，更別說秦嶺了，山高水險；即使最終僥倖過了秦嶺，前面還有天下最險的劍門關。長路漫漫，孤軍深入，後勤補給是個大問題，這一去必定是九死一生，日本人放棄了這條路線。

第二條，從宜昌仰攻三峽。這是日本人最先考慮的方案，從淞滬戰爭開始，當日本人被國軍牽著鼻子不得已改由北向南為由東向西開始，日本人認為只要沿著長江逆流而上，到達宜昌，從宜昌攻入三峽，就可以直取重慶。更河況當時，國軍的水軍已經全軍覆沒，日本人完全掌握了長江水道的控制權，有了這條黃金水道，日本人可以從上海調兵，沿水路直接把軍隊和武器彈藥運到宜昌。但日本人顯然低估了三峽的防禦功能，更何況國民政府在三峽兩岸部署重兵，日本人在宜昌打了幾仗後，發現要從這裡打入重慶只是白白浪費生命，更何況兵力已經不足了，於是就放棄這一條路線，轉而尋求第三條路線。

第三條路線真的存在嗎？還真有，日本人也找到了，他們發現如果由岳陽往南，先占領湖南，再由湖南沿湘桂鐵路南下進入廣西占領桂林，繼而占領柳州，柳州正好有一條黔桂鐵路直通貴州的都勻，而都勻離貴陽僅咫尺之遙，一旦進入雲貴高原，就可以由貴州進入四川。

湘桂鐵路和黔桂鐵路都是戰時搶修的鐵路，主要目的是為了突破日本人的封鎖。在日本人控制了長江沿線後，緊接著控制沿海線，中國的戰略物資只能透過陸地運進來，其中最主要的通道就是廣西到越南的陸路，以及雲南到緬甸的滇緬公路。但湘桂鐵路和黔桂鐵路修通後，日本人首先看到了機會，準備沿這兩條鐵路打到貴陽。

從秦始皇統一中國開始，到後來漢武帝征討西南，以及三國時諸葛亮平定南中，都是從四川進入雲貴，這條道路已經存在了二千多年。反過來，從雲貴居高臨下，進入四川更容易。具體來說，從雲貴高原去往四川有兩條路：一條走貴陽往北，過畢節，沿赤水河而下，到達四川盆地的瀘州；另一條從昆明出發，沿普渡河進入金沙江，再沿金沙江而下，到達四川盆地的宜賓。瀘州和宜賓都在長江邊上，而且在重慶的上游，從這裡既可以進入四川腹地，更可以順江而下取重慶。

在抗日戰爭時期，貴陽就是重慶的南大門，如果貴陽有失，重慶難保。日本人選擇這條路，雖然有點繞路，但不遠也不險，再加上武漢、岳陽都在日本人手上，打下湖南就和湖北連成一片，後勤補給不是問題，於是日本人轉而向南，直逼長沙。

三次長沙會戰是中、日戰爭的轉捩點，在武漢、南昌相繼失守後，長沙成為屏障整個大後方的前線，從一九三九年九月到一九四四年八月，日本人集結兵力，先後四次對長沙發動攻擊。其中前三次由中國取勝，這是中、日開戰以來，中國取得的第一次重大勝利，極大地鼓舞中國軍隊的士氣，打破了日本人不敗的神話，也極大地挫傷日本人的銳氣。正是在長沙會戰時，日本的傷亡比例開始超過中國。

與此同時，日本人轟炸美國位於夏威夷的珍珠港，美國被迫捲入第二次世界大戰，成為中國的盟友。

第四次長沙會戰雖然失敗，長沙最終失守，但從戰略上講，中國軍隊把日本的主力牽制在湖南戰場長達五年，極大地消滅日本有戰鬥力的部隊，使日本人兵源後繼不足，疲態盡顯。正是這時，日本軍隊由於損失慘重，在國內招募大量未成年的對象入伍，但訓練不足，日軍的戰鬥力大大降低。當然，中國也耗盡了元氣，蔣介石在重慶發動「一寸山河一寸血，十萬青年十萬軍」的運動，號召知識青年參軍。知識青年本來是國家留著等戰爭結束後建設國家用的人才，但現在沒辦法，年輕人不夠了，先打贏這場戰爭要緊，只好忍痛派他們上戰場。

日軍占領長沙後，繼續向南撲向衡陽；衡陽最終失守，但日軍也遭受重創。緊接著，日軍沿湘桂鐵路連下桂林和柳州兩大戰略要地。日本人南下廣西，其實有兩個目的，一個是前面所說的，從廣西沿黔桂鐵路取貴陽，再從貴陽入重慶；另一個，對日本人來說更要命，一九四四年，隨著同盟國在世界反法西斯戰場的連續反攻，特別是美軍在太平洋上節節勝利，日軍參謀總部意識到，從東南亞到日本本土的海上交通線遲早會被美國人切斷。因此，從東南亞的馬來半島，經中國大陸到朝鮮釜山的大陸交通線，將成為日本人東亞戰場的最後生命線，但這條生命線在中國的河南、湖南和廣西等地受中國軍隊所控制。為此，一九四四年二月，日軍參謀總部向在中國的日軍下達了代號為「一號作戰」的命令。這一戰役，中國抗戰史稱為豫湘桂大會戰。到這個時候，河南和湖南都被日本占領，只剩下廣西了。

日本人占領柳州後，一部分軍隊南下，繼續打通到東南亞的道路，另一部分沿黔桂鐵路直撲貴陽。日本人從柳州向西，一路凱歌，蔣介石緊急調令軍隊從重慶南下，最後在都勻以南的獨山阻擋住日軍。獨山戰役成為中、日戰爭中，日方主動進攻的最後一場戰役。此後，日軍在中國的土地上再也無法前進一步。

一九四五年八月，美國在廣島、長崎投下兩顆原子彈，日本舉國上下人心崩潰，最終無條件投降。至此，歷時八年的抗日戰爭取得全面勝利。

有人會說，如果沒有美國的兩顆原子彈，日本人不會投降。美國人的兩顆原子彈，只不過是加快戰爭結束的進程，日本人的主要軍隊和物資都消耗在中國戰場上，美國人的主要作用是切斷了日本人的海上交通線，使日本陷入孤立無援的境地。以日本狹小的國土支撐不起一場曠日持久的消耗戰。最早的淞滬戰役，中、日戰力懸殊，中國軍人每傷亡七個人才換來一個日本軍人的傷亡；到長沙會戰時，雙方的傷亡接近一比一；衡陽戰役一開始，中國軍隊以少勝多的事情經常發生。實際上，到抗戰後期，日本已經是強弩之末了，從湖南戰場到廣西戰場，每下一城都費時費力，而且損失慘重。照這種趨勢發展下去，日本人遲早會扛不住。

應該說，中國能取得抗日戰爭的最終勝利，硬碰硬肯定不行，主要靠兩個東西：一是中國人不屈不撓的精神，另一個就是善用了中國地形，將日本人的閃電戰拖成持久戰，最終拖垮日本。

HISTORY 051

用地理看歷史：得中原者，為何得天下？

作　者—李不白
主　編—邱憶伶
責任編輯—陳映儒
行銷企畫—林欣梅
封面設計—兒日
內頁設計—張靜怡
編輯總監—蘇清霖
董 事 長—趙政岷
出 版 者—時報文化出版企業股份有限公司
一〇八〇一九臺北市和平西路三段二四〇號三樓
發行專線—（〇二）二三〇六—六八四二
讀者服務專線—〇八〇〇—二三一—七〇五
（〇二）二三〇四—七一〇三
讀者服務傳真—（〇二）二三〇四—六八五八
郵撥—一九三四四七二四時報文化出版公司
信箱—一〇八九九臺北華江橋郵局第九九號信箱
時報悅讀網—http://www.readingtimes.com.tw
電子郵件信箱—newstudy@readingtimes.com.tw
時報出版愛讀者粉絲團—https://www.facebook.com/readingtimes.2
法律顧問—理律法律事務所　陳長文律師、李念祖律師
印　刷—華展印刷有限公司
初版一刷—二〇二〇年八月七日
初版四刷—二〇二四年一月十二日
定　價—新臺幣四八〇元

時報文化出版公司成立於一九七五年，
一九九九年股票上櫃公開發行，二〇〇八年脫離中時集團非屬旺中，
以「尊重智慧與創意的文化事業」為信念。

用地理看歷史：得中原者，為何得天下？／李不白著．
-- 初版．-- 臺北市：時報文化，2020.08
288 面；17×23 公分．--（History 系列；51）
ISBN 978-957-13-8269-2（平裝）

1. 中國地理　2. 中國史

610　　109008826

ISBN 978-957-13-8629-2
Printed in Taiwan